庄子讲义

陈引驰 —— 著

中华书局

图书在版编目(CIP)数据

庄子讲义/陈引驰著. —北京:中华书局,2021.9
（2021.11重印）
ISBN 978-7-101-14793-3

Ⅰ.庄… Ⅱ.陈… Ⅲ.①道家②《庄子》-研究
Ⅳ.B223.55

中国版本图书馆 CIP 数据核字（2021）第 144457 号

书　　名	庄子讲义	
著　　者	陈引驰	
责任编辑	郭时羽	
封面题签	徐兴无	
装帧设计	毛　淳	
出版发行	中华书局	
	（北京市丰台区太平桥西里 38 号　100073）	
	http://www.zhbc.com.cn	
	E-mail:zhbc@ zhbc.com.cn	
印　　刷	北京市白帆印务有限公司	
版　　次	2021 年 9 月北京第 1 版	
	2021 年 11月北京第 2 次印刷	
规　　格	开本/920×1250 毫米　1/32	
	印张 13　插页 3　字数 320 千字	
印　　数	6001–11000 册	
国际书号	ISBN 978-7-101-14793-3	
定　　价	58.00 元	

莊子內篇養生主第三

郭象註　　　　陸德明音義

吾生也有涯

以有涯隨无涯殆巳

知者殆而巳矣

无近刑

緣督以為經

生可以養親

可以盡年

為善无近名為惡

而知也无涯

可以保身可以全

可以養親

庖丁為文惠君解牛手之所觸肩之所倚足之所履

膝之所踦砉然嚮然奏刀騞然莫不中音合於桑林之舞乃

宋刻本《分章标题南华真经》（中国国家图书馆藏品）

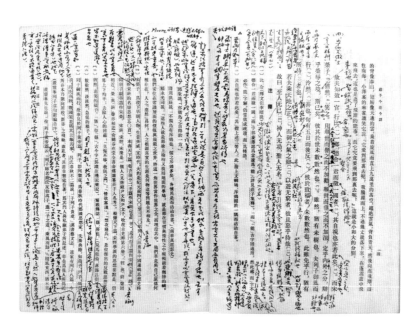

回想最初认真读《庄》，用的是国学基本丛书的《庄子集解》，上面有不少先父早年读书时的批注文字……

——陈引驰

陈谦豫先生批注《庄子集解》

陈引驰教授在复旦大学讲授《庄子》时批注的教本

陈引驰

复旦大学中文系教授、博士生导师，曾任中文系主任，现任中华文明国际研究中心主任。研究领域为中国古代文学、道家思想与文学、中古佛教文学、古典诗学、海外汉学等。著有《文学传统与中古道家佛教》《中古文学与佛教》《庄学文艺观研究》《无为与逍遥：庄子六章》《〈文苑英华〉与近世诗文思潮》等，译有《唐代变文》《中国中世纪的终结》《曹寅与康熙》等。自 2002 年起开设"庄子精读"课，深受学生喜爱与好评。

目录

引 言

道家老庄思想通说

一、翩然世间：道家的风格

谈到老庄，大家就会说：这是道家啊。道家和儒家是不同的，但是它们相反相成，在中国的整个历史上，在中国的文化中，儒和道又是互不可缺的。我们听说过"儒道互补"的说法吧？几乎每一位古代士人的心中，都一边藏着儒家，一边藏着道家——当他发达的时候是儒家，当他落拓的时候就变身成了道家，比如白居易就是典型。

那么，道家究竟具有怎样的风格和面貌呢？与儒家相比，它有怎样的特点呢？

1. 更广的影响

我们不妨从德国大哲学家黑格尔的眼光中先来看一看。黑格尔是位极其博学的人，不仅讲玄而又玄的思辨哲学，而且讲哲学史；不仅讲西方哲学，而且也讲东方，讲到中国。他读了《论语》和《老子》两部书，认定前者只是一些道德教诫，后者则含有哲学；他还讲了一句很不厚道的话：要想保存孔子在西方世界中东方大思想家的名声，他的书最好不要译为西方文字。

当然，黑格尔说的并不一定就对。孔子对中国人的社会生活、伦理观念乃至整个历史有莫大的影响，可以说他是中国文化整体上的最大的代表。不过，黑格尔的观察也有他的锐利之处，如果从更宽广的视野来看，《老子》更富于思辨性、精神性，或许给予了世界更多普遍意义上的启示。事实上，《老子》很可能是译为外文次数最多的一部中国传统典籍了，远远多于《论语》。

看自家的宝藏，不能只听洋人的，我们来客观地观察一下道家和儒家的差异，这样大概可以看出道家的特点何在。

2. 出世的取向

说到道家，我们想到的具体人物肯定是老子和庄子，而讲到儒家则是孔子和孟子。老庄和孔孟有一个很大的不同：孔孟的生平事迹，我们大致可以编出一个年表来，他们先做了什么事，后来又做了什么。比如孔子先是教书，后来在鲁国做了几年官，不得志，于是周游列国，推行自己的主张，可还是很不成功，最后回家继续带学生，又编订了好几部古代的典籍。然而，老庄的事迹却编不成年表。司马迁《史记》最早为他们作传，都只记了个别的事件就完事了：比如庄子，就是根据《庄子》中《秋水》和《列御寇》的故事而来的，其中讲楚国的大臣去请他到楚国做官，庄子不肯，说愿意像在泥中扑腾的乌龟那样苟活世间就好。老子呢？只记了一个孔子见老子问礼的事，老子关于礼仪方面什么也没说，只是答非所问地劝孔子去掉身上的骄气和欲望，要深藏若虚。儒家和道家之间的这个差别，其实就是入世与出世的基本态度不同的表现。儒家要入世，就会有许多事迹留在世上；道家则出世，不以世俗事务为意，那自然是神龙见首不见尾。

可是要说起来，其实先秦诸子里，老子的官算是做得最大的，他是"周守藏室之史"，也就是当时东周天子朝廷上图书档案文献的总管。大家知道，古代识字的人就很少，认字而且能掌握文献资料，就能拥有古今丰富的经验和智慧。老子这个职位是很重要的，比较孔子到五十岁才在鲁国做诸侯国的官，老子可算是"中央大员"啊。可是，老子虽然做了挺大的一个官儿，《史记》里记载他"居周久之，见周之衰，乃遂去"，老子看周不行了，就自己跑了。孔子呢，是"知其不可而为之"，天下越是糟糕越是要挺身而出来拯救。这很清楚，就是儒、道的不同：道家更注重的是出世的个人的独善，而不是儒家式的入世的兼济精神。或者用一种更简捷、更形象的说法，儒家是进取的，是做加法的，而道家是退让的，常爱做减法。《老子》里有这样的话："为学日益，为道日损。"做学问讲究积累，是强调"益"也就是增加的；而求道、行道则相反，讲究的是"损"，也就是减损，这不就是减法吗？

3. 个体的身心

与出世独善和入世兼济相关的，道家和儒家之间，还有一个显著的对比，就是儒家注重群体的关系，而道家则更注重于个体本身。

儒家关注群体，不是凭空而来的，是因为它所依据的就是西周初年以来的政治、社会制度。周初摧毁了殷商的统治之后，实施所谓"封建"，也就是分封建国，将以周王室同宗同姓为主体的诸侯分置到各地，这样在政治权利结构中的高低上下，与血缘家族内部的尊卑亲疏形成了叠合的关系，也就是所谓家、国一体。孔子有一次谈到他的政治主张，就是"君君臣臣，父父子子"。国君像国君，臣子像臣子，说的是政治关系中君臣要各自尽到各自的职责；父亲像父亲，儿子像儿子，则是在家族关系中父子扮演好各自的角色。显然，孔子是将国与家一起考虑的。在这么一个视野之中，个人是重重叠叠的关系网络中的一个点，比如他是某人的儿子，某人的父亲，某人的兄弟，某人的丈夫，某人的上级，某人的下属，等等，他的身份就是由这些重重关系所定位的。这种从西周初年"封建"开始，经过儒家演绎、升华的群体性观念，笼罩中国数千年，直到今天仍有很大的影响。

而老庄在很大程度上，是与此相反的。前面说到，老子见东周衰微，就跑了；庄子不愿去楚国为官，只愿自己在河边钓钓鱼，图个轻松快活。那么，道家更注重、更关心什么呢？是个人的修养，尤其是内心的修养，平和安宁，不为外界所困所扰。比如《庄子》就写到静坐养神，主张要"身若槁木""心若死灰"，内心淡漠平顺，外形呆若木鸡。这时，人的状态是松弛的，而非紧张的；是平静的，而非激越的。一句话，这是修养心神。除了心神，庄子对身体的琢磨，可能也到了相当的境界，他有一句话说："真人之息以踵，众人之息以喉。"一般人是用喉咙呼吸的，而修行得道的人则以脚后跟呼吸。怎么会以脚后跟呼吸呢？可能是练气功将气门练到脚后跟去了吧。总之，从庄子来看，道家是非常注重个体的身、心修养的。

4. 老庄的不同

老子和庄子，作为道家，与儒家自然有颇大的差别；那么，同为道家的老、庄之间，就是完全一致的吗？

当然不是。

首先可以说，将老庄归入道家，并不是老庄的自觉自愿，而是后人的"拉郎配"。先秦春秋战国时代的思想状况，如今惯常会说"百家争鸣"。但其实"百家"这个说法，就是双重的谎言：一是那时没有那么多的思想流派，二是先秦时代根本就不存在

"家"这个思想流派的概念。当时记述各种思想，乃至他们互相批判的时候，都是直呼其名，或称为某某子某某子的，比如老聃如何，庄周如何。"家"是汉代司马迁的父亲司马谈对之前的思想做集中的梳理和概括的时候喊出来的。而且如果看《史记》里记载的司马谈的原话，他所谓的道家或"道德家"中到底包含了哪几位思想家，并没有明言；到了更晚的写《汉书》的班固那里，才明确将老子、庄子的书归拢在一处，列在"道家"的名目之下，老庄二位才最终正式坐在同一个屋檐下了。

所以，如果起老庄二位于地下，告诉他们是所谓道家，他们一定感到莫名其妙，瞪目不知所对。既然在先秦时，老庄并无自觉的学派归属，而是各说各话，那么他们之间思想的不尽一致，就很容易想见了。

其次，老庄之间，留给后世的精神形象，也颇不相同。这是如何造成的呢？是《老子》和《庄子》这两部书所导致的。了解一位思想家，最重要的途径，当然是通过他的著作。《老子》这部书五千言，按照司马迁《史记》的记述，是老子看天下大乱，不可救治，于是离职跑出函谷关时，守关的人拦住他，逼着他将智慧留下，才写出来的。现如今最流行的本子，是八十一章的，经过三国时候王弼的注释。《老子》里全是格言警句，"道可道，非常道""信言不美，美言不信"等，可以说都是干货，是智慧的结晶。但是，其中却看不到老子的身影。《庄子》则不同，照司马迁的记述，当时他看到的文字有十余万字，汉代内容最丰富的《庄子》有五十二篇。而我们今天看到的《庄子》，其实是晋代郭象重编和注释的文本，分了内篇七篇、外篇十五篇和杂篇十一篇，共三部分三十三篇，约七八万字。我们看到的这个本子，虽然比司马迁看到的少了不少，但也足够丰富了，书中除了庄子的思想言谈，也记录了不少他的言行和故事，今天所了解的庄子的事迹，基本都没有超出此书的范围。比如，前面提到的庄子辞让楚国为官邀请的事，是司马迁在《史记》中记载的唯一的庄子的生平事迹，在《庄子》这部书外篇的《秋水》和杂篇的《列御寇》里都可以找到类似的段落。

就因为这两部书的差别，老子和庄子留给我们的风神就很不同：老子可谓是一位纯然的智者，而庄子则情智兼备，由《庄子》书里的庄子故事，我们可以看到庄子的喜怒哀乐。

最后，老庄两人的思想，自然有许多不同的侧重，这我们在后面还会谈到。

现在，我们已经大致了解了道家不同于儒家的几个特点，比如它更具有超越中国历史文化的普遍的思辨和启示，它偏向于出世的政治和社会姿态，它更多关注个体的身心修养等。总之，在风格上，相比儒家的积极进取，道家更呈现出谦退的做减法的倾向。也了解到同为道家的经典名著，《老子》和《庄子》两部书有很大的不同，并由此塑造了老子和庄子不同的精神形象。在这个基础上，我们随后就可以来分别谈谈老子和庄子了。

二、福祸相倚：老子的智慧

1. 道是个难题

《老子》是中国传统中一部了不起的经典，大概也是被译为其他文字次数最多的一部经典。它虽然只有五千言，古往今来倒真当得起"说不尽，道不明"几个字。"说不尽"自然是因为各家注说层出不穷，种种解释令人目不暇接；"道不明"则是那么多的阐释，却总好像没能说透，让人意犹未尽，感到犹隔一层。

这"道不明"的，首先是"道"。《老子》的"道"究竟是什么，历来聚讼纷纷，始终未能定于一尊。就是《老子》本身，也说得云里雾里。比如它说："道之为物，惟恍惟惚。"所谓"恍惚"，就是若有若无，飘忽不定的意思。

但这个"道"，却非常要紧，"道生一，一生二，二生三，三生万物"，世间万事万物都是"道"派生出来的。这么说，"道"的作用和功能可大了。《老子》自己也意识到这个"道"难以言说，打开书的第一章就是"道可道，非常道"，通俗地讲就是：可以言说出来的就不再是那个伟大的"道"了。好了，在《老子》这部书中就点出了："道"是玄虚缥缈的一种存在，"道"很重要因而得去理解、把握，可是你能说出来的、能表达出来的却一定已不是"道"了。

那我们该怎么办呢？或许我们可以借用李宗盛的一句歌词"爱情它是个难题"来说："道它是个难题"。

确实，要给"道"下个明确的定义真的挺难的，它本来就是一个概括性很强的表述，可以包涵各种可能，比如各家有各家的"道"。唐代的古文大家韩愈，反对佛教和道家，要重新张扬当时已很衰微的儒家，写了一篇大文章，叫《原道》。在这篇文章里，韩愈提出了一个很有启发的观点，说"道"是"虚位"，而"仁义"是定名。"定名"就是有确定的意义的概念，而"虚位"则是空框式的虚涵的概念，实在的各种意义都可以填入其中。对儒家来说，"道"的真实涵义就是"仁义"。这样的想法，其实庄子早就有了。《庄子》中曾提到"盗亦有道"，即强盗也有强盗的"道"。强盗的"道"借用了儒家的一套范畴来讲：事先能判断应否行动是"智"，能预测出财宝在哪儿是"圣"，行动时一马当先是"勇"，完事之后撤退在后是"义"，最后分赃平均合理是"仁"。庄子的这番总结出人意外，不过也可以带来启发："道"这个名头，不仅看它貌似的堂皇，更要看它实际的运作如何。

回到老子，我们来看看老子的"道"究竟是怎样发生作用的，由其实际的作用，或许可以确认它的存在和特点。

2. 世界的二元

"道"是如何作用的？先得知道老子对世界的基本认识方式。

在老子的眼光中，世界基本可以分为两相对立的二元，而非单极的。《老子》第二章就提到："天下皆知美之为美，斯恶已；皆知善之为善，斯不善已。"天下人一旦确立了美的一方面，丑的方面也就成立了；都明白何为善，恶也便相形出现了。世间相反相对的事物，都是互相依赖着存在的。这一章还举到一系列相反方面的对立存在，比如难易、长短、高下、前后，等等。其中，老子还曾特别谈到一组重要的对立方面：有、无。他说：你造个房子吧，不能都是实在的墙体，得有窗有门这些空的地方，这才成我们可以住的房子；你做陶器吧，一大坨黏土放在陶轮上转啊转，说到底是要掏出其中的空来，才成其碗啊罐啊的。总之，这个世界可以分为对立的两个方面，而这对立的两个方面还是互相依赖着存在的。

这么一个想法，是不是很特别呢？在我看来，一点儿也不特别，这是人们看待世界很基本的一种方式，在早期人类的头脑中和生活中就相当普遍了。小孩子听故事、看电影，总爱问谁是好人谁是坏人一类的问题；而人类学家经过大量的田野调查，指出即使未进入文明化阶段的部族，也很容易很普遍地区分白天与黑夜，区分事物的生与熟，区分环境的冷与热，在他们的眼中，世界基本就是二元的。

《老子》的想法，与这些未文明化的部族，与这些孩子的想法是一样的。我这么讲，并不是说老子的水准和小孩差不多，而是说老子的思想是基于人类非常基本的一些概念，他是集中了人类的集体智慧而更进一步。说老子的智慧是既往的人类集体智慧的结晶，并不是信口开河。我们都知道老子是东周朝廷守藏室之史，对于历代累积下来的文献史料非常熟悉，他比任何人都更有条件吸取前人的智慧。而且这一点在《老子》书中也是有确凿证据的。第二十二章开始，老子写道："曲则全，枉则直，洼则盈，敝则新，少则得，多则惑。"三字句的排比，讲的道理很精彩：只有卷曲才能成圆，一时的弯曲而后能得直，低洼处才能蓄积满盈，旧了才会翻新，少才便于牢牢拥有，而拥有太多反会迷惑到把握不定。说得真好！老子在这几句话之后做了引申阐释，最后说："古之所谓'曲则全'者，岂虚言哉！"——古人所说的"曲则全"等，真不是泛泛的虚言啊！这岂不是老子自己交代了"曲则全"等语的出处吗？它们都是过去人的话，而不是老子的创造，老子不过采用来加以阐说罢了。

3. 反者道之动

"曲则全"这段话，很有些辩证法，意思是要达到一个目标，有时得向相反的方向去，要具备相反的条件。过去说南辕北辙、缘木求鱼，照这番话的意思，向南走，有时真的须向北去。用老子进一步的发挥和提炼，就是"反者道之动"，道的运动都是朝相反的方向去的。至此，大概可以了解老子的理路了：他将世界分析为相反相依的两个方面，而这二元对立的双方，实际遵循着向对立面转化的规律运动、运作，也就是说，天下一切事物都会转向它相反的状态。

在我看来，老子最核心的观念就是这一点："反者道之动。"虽然千百年来，人们难以说清楚"道"究竟是什么，老子自己也说"道"难以表述；但从道的运作及运作规律，可以确定地知道，老子所谓的"道"是实际存在的，而且按照一定的规律发挥着作用。

这个"反者道之动"是普遍的，无论自然界还是人世间，都概莫能外。《老子》书中列举了人和草木：人生出来的时候，婴儿柔若无骨，很软很弱，但长大之后，筋骨坚强起来，尤其渐渐老去，胳膊腿脚都变得僵直发硬，是一个由柔而硬的过程；同样的，草木始生，柔得很，随风摆动摇曳，到了最后枯槁脆硬，说不定一碰就折了。两相比较，哪种状态好呢？当然是柔弱好：柔

庄子讲义

弱代表着初生，有无限未来；而当坚强刚硬，则近于灭亡之时了。《老子》说："兵强则灭，木强则折，强大处下，柔弱处上。"万事万物都是向着事物的对立面转化的，处在柔弱的地位，反而会渐渐强盛，而到了强大的巅峰，随后就是走下坡路，日益没落了。其实《老子》并不是不要强盛，它只是说要因循"道"的规律，因势利导，以柔弱的站位和姿态，等待着渐渐雄起，也就是《老子》里说过的"知雄守雌"。你不能逞强，不能用强，形象地说，遵循道之规律，人们应该学习的榜样是水这一天下最柔之物："天下莫柔弱于水，而攻坚强者莫之能胜。"水滴石穿，柔弱胜刚强。

在这样的思路里来看老子的"祸兮福之所倚，福兮祸之所伏"的论断，就不仅仅是实际经验的概括，而是紧密扣合"道"之规律的必然结论了。对于福祸相倚最有名的阐释，来自西汉初年的《淮南子》一书。这部书里，以一个有名的故事来说明福祸之间的不断转换：

> 近塞上之人有善术者，马无故亡而入胡。人皆吊之，其父曰："此何遽不为福乎？"居数月，其马将胡骏马而归。人皆贺之，其父曰："此何遽不能为祸乎？"家富良马，其子好骑，堕而折其髀。人皆吊之，其父曰："此何遽不为福乎？"居一年，胡人大入塞，丁壮者引弦而战。近塞之人，死者十九。此独以跛之故，父子相保。故福之为祸，祸之为福，化不可极，深不可测也。

大意是说：边塞上有一位先生的马，不晓得什么原因跑丢了，跑到塞外的胡人那儿去了。他的朋友们都很为他惋惜，来劝慰他。但这位先生却说：这事说不定是好事啊。过了几个月，跑丢的马带着塞外的骏马回来了，于是人们都为他高兴，恭喜他。他却说：这事说不定是祸事呢。因为家有骏马，这位先生的公子爱骑，结果摔断了腿。周围的人们又为之叹息不已，他却说：这事说不定是好事啊。过了一年，塞外的胡人大举进攻，年轻力强的都拿起武器加入战斗，死者十有八九，而这位先生的儿子因为腿断了，没有入伍参战，与老父亲一起倒都保全了性命。

从这个故事里祸福之间的不断轮转，可以生动形象地了解老子"反者道之动"的意思。世间的万事万物不会是凝定不变的，而变化的方向就是相反的对立面。所以当一种特殊情况降临的时候，不必大喜过望，也无须过于忧虑，不妨平静对待，做好事情变化的准备。

如果更积极一些，则利用"反者道之动"来达到你想要的结果。比如，《老子》书里讲过"将欲废之，必固兴之"，"将欲取之，必固与之"。这话听着很难理解，什么叫想要毁了对方，不妨提升他？事实上，三国时代的孙权，就曾运用过这一方式。当时天下大乱，群雄并起，逐鹿中原，其中曹操的势力最大，基本一统北方。孙权僻处江南，与曹操还是难以抗衡的，于是他上书劝进，让曹操加冕当皇帝。曹操当然看穿了孙权是要将自己抬上高架被火烤，成为众多反对者的众矢之的，没有上孙权的当。孙权的劝进，岂不正是"将欲废之，必固兴之"？至于"将欲取之，必固与之"，《韩非子》曾用一个小故事来说明：当时晋国的一位大人物想灭了山中的一个小国，但那小国据山险而守，攻取颇为费事，于是他称要赠山中小国一口大钟，山里人不明就里，受宠若惊，便开拓山路，迎接载着大钟的车辆，结果随着大钟而来的是晋国的军队，山中小国就此灭亡。

这些后人的诠释，听着很有些阴谋狡诈的味道，于是有些人也就批评老子的这些观点是有机心的，是教唆权谋。到底如何，挺难简单论定，或许《老子》有权谋的意思，但要达到一个目标，从相反的方面着手，而后借重道之规律，取得所企求的结果，在信奉"反者道之动"的老子来说，也是十分自然的吧。

4. 无为与顺道

由此，我们也可以看出老子思想里非常重要的一个特点，就是遵从天地自然的规律：依据"反者道之动"来为人处世是如此，而对世间的社会治理也是如此。我们说过，道家关注更多的是个体的身心修养，而不是社会人群的安排。但老子略有些特殊，他毕竟是周天子朝廷中的一位官员，与仅仅三心二意做了几天漆园小吏的庄子不同，政治统治的问题多少会进入他的视野，他对此不能不有一些感触和理解。这方面，老子基本可谓是一位放任者，不主张过多的人为意志介入社会治理之中，以人之道干扰了天之道。老子对此最有名的一句话是："治大国若烹小鲜。"治理一个国家，就像烹饪一条小鱼，不能随着自己的意志，翻来覆去地折腾，那会将小鱼翻烧成碎块的，怎么吃呢？还是应该让社会按照它自己的状况，自然生长、变化。能顺应社情民意的管理者、统治者，才是最好的管理者、统治者。《老子》给统治者排过一个等级：最好的统治者是百姓仅仅知道有这么一个人而已，这比大家都对统治者歌功颂德、感恩戴德要高明许多。从统治者的角度，不强加自己的意志，让人民自由自在地生活，即道家所谓的"无为"。

无论是这种"无为"，还是前面我们谈到的遵从"反者道之动"而因势利导、顺势而为，都体现了老子对于天地自然之"道"的尊重和依顺，基本的精神是一致的。

三、鲲鹏展翅：庄子的境界

庄子和老子，虽然都属于道家，但前面已经提到过，他们并不一样。我们之前也提到过，老子因为是东周朝廷守藏室之史，所以对于历史的经验特别有感触；而庄子一生只做过所谓漆园吏，是一个很小的官，所谓漆园，究竟是指漆树的园子还是一个地名，也没法弄明白，所以他的生活环境和日常接触的，可能与老子有很大的不同。比如，他常常在山林里行走，那个螳螂捕蝉黄雀在后的故事就出于《庄子》，是他在山林之中观察所得的事实和感悟；再比如，他常常待在河边，之前我们说过他拒绝楚国聘请的时候，就是在河边悠闲地持竿钓鱼。庄子更多地生活在自然的环境里面，他的视野是在更为自然的天地之间展开的。

在天地之间展开的视野和感受，会有什么不同之处呢？

我们不妨来看《庄子》的开篇。

1. 空间的突破

古代经典的开篇是很有意思的，有时候真的可以大概看出各自所包含的精神世界。《论语》开篇是"学而时习之，不亦乐乎"，呈现一位"敏而好学"，"不知老之将至"的教育家形象；《孟子》开篇是孟子见梁惠王的一番说辞，凸现的是周游列国，能言善辩，极力推展自己政治理念的政治家形象。《庄子》开篇则是鲲鹏展翅，推展出一个宏大的世界。这里不仅有人，而且有鱼有鸟，有大海有天空，这是一个包罗万有的世界，而不仅仅是人的世界。这才是我们身处其间的真实的世界，万物纷纭，并生并育，一起展示着自己的色彩声息：

> 北冥有鱼，其名为鲲。鲲之大，不知其几千里也。化而为鸟，其名为鹏。鹏之背，不知其几千里也。怒而飞，其翼若垂天之云。是鸟也，海运则将徙于南冥……水击三千里，抟扶摇而上者九万里，去以六月息者也。

是说：北海有一条鱼，名字叫"鲲"。鲲非常大，不知有几千里。鲲变化为鸟，名字叫"鹏"。鹏的背，也不知有几千里。鹏奋起腾飞的时候，它的翅膀就像天边的云……这鲲鹏击水三千里，而后盘旋上升九万里，乘着六月的大风飞去。

今天我们祝福别人前程远大，常常用"鲲鹏展翅"或者"鹏程万里"这样的成语。它们的来历就在这里。"北冥有鱼"这节文字，令许多人醉心，大概因为是其展现的宏大境界：你想，数千里之大的鲲鹏，一飞冲天九万里，鲲鹏的天地得有多辽阔！

不过，从现实的立场来说，不可能有数千里之大的动物，无论是鱼还是鸟；也不可能高升到九万里的高空，那里已然超出大气层之外了，鲲鹏没法呼吸视听。那么这个开篇意义何在呢？

既然这不是现实的情形，那应该说主要是一个精神境界的形容。你感觉到随着鲲鹏的高升，自己超脱出了平常的世界，跳出日常的格局。这是空间维度上的极大拓展。雨果有一句名言："比大陆广阔的是大海，比大海广阔的是天空，而比天空更广阔的是人的心灵。"心的世界是至大的，只是一般人们忘却了去展开它而已。

当你超然上升到一个更高的境界，原来的一切本身并没有改变，但它的意义却不同了。《庄子》中有一个著名的寓言：在小小的蜗牛的左角上有一个国家，右角上也有一个国家，两国之间不断争战，死者成千上万。(《则阳》："有国于蜗之左角者，曰触氏；有国于蜗之右角者，曰蛮氏。时相与争地而战，伏尸数万，逐北旬有五日而后反。")在蜗牛角上的这两个国家看来，所争者自然非常要紧，不惜付出惨重的生命代价；然而在我们看来，这样的厮杀实在可笑得很。为什么有如此差异？因为我们站在一个更高的立场上观照。同样的道理，如果站在鲲鹏高飞所在的宇宙立场，回顾有限格局中人类的种种作为，是不是一样很可笑？

这不是退一步海阔天空，而是"欲穷千里目，更上一层楼"之后的心胸豁然开朗。

2. 时间的突破

空间的限制是比较直观的，另外一个基本的向度是时间，世间的种种都是存在于时空之中的。鲲鹏展翅，呈现的是空间维度的大境界，而庄子对于时间的有限，也有着清醒的觉悟。他曾说："朝菌不知晦朔，蟪蛄不知春秋。"(《逍遥游》)——早上出生，晚上就枯死的菌芝，不会知道一个月的时光；春生夏死，夏生秋死的蝉，不会知道一年的时光——这两句提示人们要在时间维度上突破自我的局限。

世间万物，都存在于时间、空间之中。人们承受的拘限，也就来自这两方面。

空间的限制比较直观，"山外青山楼外楼"，在你目力所及的世界之外还有另外的天地，或许那里是北方的不毛之地（《逍遥游》所谓"穷发之北"），也或许那是西方的极乐净土。而时间的限制，相形而言，就比较抽象。非洲草原上的动物们，也能知道在遥远的地方，有一片丰美的草场可以栖居，因而不顾山高水长、千难万险奔逐而去，但它们恐怕难以了解在这样的空间移动中，时间在无情流逝，在奔向生命新希望的同时，也在奔向死亡。

动物更多地活在当下，人则有更多的时间意识，更了解时间的意味。孔子就曾站在奔流而去的河水边感叹："逝者如斯夫。"只是人们常常会忽视时间的脚步，尤其是年轻的时候。在时间的河流中浮游长度越短，越容易轻略它的存在，就如同朝菌和蟪蛄，它们对一日的晨昏、一年的春秋，都不可能有了解。不过，人的情形，确实比较复杂些，百年之寿，大体是相同的，但对时间有限的意识，却是随着你日渐失去与它长相守的机缘而增长的，讲得直白就是：失去的越多，你才越明白。在这个意义上，人，要更痛苦。

要突破时间的限制，超越有限的人生，儒家的想法是要努力作为，留下善行善业，在身后依然有益于人群和社会。庄子或许不这么想，他更多地希望能打开我们精神的空间，从更高远的视野来观察我们的生活，把握我们有限生命的意义，而不要局限在眼下的蝇营狗苟。人生没有那么多过不去的坎，也没有那么多不能放下的执着。苏东坡有一首词，是经历了几乎让他丧命的文字狱"乌台诗案"，被贬到黄州之后写的，那晚他喝醉了酒，回家的时候家中的小童鼾声大作，敲门都不应，东坡忽然感悟到："长恨此身非我有，何时忘却营营？"这其实来自庄子的启发，《庄子》

里面就有"汝身非汝有也……是天地之委形也"（《知北游》）的话，即：你的身体并不是你所真正拥有的，只不过是天地自然暂时托付给你的这么一个形体而已；既然如此，就不妨坦然接受这样的事实，"全汝形，抱汝生，无使汝思虑营营"（《庚桑楚》），好好保全你的身体和生命，不要忧心忡忡、辛苦操劳，自自然然地过好这一生。

3. 文化的突破

庄子不仅意识到空间和时间的有限性，更了不起的是意识到文化的有限性。

人不仅是物质的存在，还是文化的存在。我们所生长的文化环境，是帮助我们成长的条件，但也可以是一种限制。

《庄子·秋水》里有一个著名的故事：当夏天涨水期水流浩大的时候，河伯为自己的壮阔非常自得，但当它东流到海，面对浩渺无际的大海，不禁自惭形秽。海神北海若于是这样开导河伯："井蛙不可以语于海者，拘于虚也；夏虫不可以语于冰者，笃于时也；曲士不可以语于道者，束于教也。"意思是说：井里的青蛙，无法让它理解大海，是因为它被生存的地域限制住了；夏天的虫子，无法让它理解冰雪，是因为它被生存的时节限制住了；固执于偏见的人，无法让他理解大道，是因为他被所接受的教育限制住了。

这番话，前两句是比喻，后一句是关键。"井底之蛙"识见狭隘、自鸣得意，是因为被所居住的"虚"即废井的有限空间给限定了；"夏虫不可以语于冰"，突出的是"时"的维度；这两句，将我们前面提到的空间、时间两个维度包揽无遗。最后这句"曲士不可以语于道者，束于教也"，"曲士"是指识见寡陋偏执的人，他之所以不能明道，是受到了他所接受的知识和教养的限制。一般都认为知识、教养是正面的，但在道家看来，未必。当你高度关注某一点某一方面而不及其余的时候，你就会有很大的盲区。任何文化都不能放之四海而皆准，《庄子·逍遥游》里，庄子老家宋国，有人到南方的越地去卖礼帽礼服，但是越人的头发都是剪短的，文身而裸体，礼帽礼服之类对他们完全多余。（"宋人资章甫而适诸越，越人断发文身，无所用之。"）我们知道，宋人是被周推翻的殷商人的后裔，殷人的传统礼帽礼服，毋庸赘言具有鲜明的文化象征意味，然而企图将自己的文化象征不顾条件推销到越地去，那不能不说是反而受困于自己的文化认知了。

这种对于多元文化的意识，对于文化相对性的认识，在今天地球村的时代，当然是比较好理解了，而在庄子的时代，不能不说是非常之敏锐、非常之先进的。

庄子敞开自我，面对天地自然，充分意识到我们面对的空间、时间和文化的局限，因而表达了这三种局限的突破意向，由此达到一个更为高远和宽广的境界。这在先秦时代诸子的视野中，是罕见的，对今天也还有启示意义。

四、朝三暮四：如何看世界

我们谈到了庄子对于时、空和文化的局限有充分的自觉，进而力图突破而升华到更高的境界。但这是一种精神上的方向，升腾之后也还是要回头面对现实的世界，而不能只管仰头远眺天边的云霞。

1. 齐物的真义

那么，庄子回望俗世，是怎样的一种姿态呢？

立足于高远的境界，回看世间的种种事物情状，庄子表现出的是一种居高临下、等齐关照万物的姿态。《庄子》里的《齐物论》，其实就是这么来的：庄子认为世上万物之间种种高下、大小、贵贱等的差别，都是不恰当的，万物应该是平等的。

人们往往误会了"齐物论"，以为庄子讲的是万事万物不管如何千差万别，都是一样的。怎么可能呢？庄子会分不清明暗、轻重？他会以为自己穷困潦倒饿肚子，和那些端居高位脑满肠肥的家伙，是一样的？

庄子只是要说，当你突破了有限的、个别的、片面的立场，你就会了解那些无论世俗如何褒贬如何抑扬的种种事物，都有它们作为整个世界一部分存在的理由和意义，都有它们即使互相对立也无法互相完全排斥的关联。弘一法师临终写下四个字："悲欣交集"，人生的欢乐和悲哀是错落交织在一起的，两者当然是不同的，但一定要分出此是彼非、此高彼下，则完全无法做到，它们都是人生必然的部分。

说得抽象了？来看庄子讲的一个故事：朝三暮四。

朝三暮四是一个成语，今天的意思已经变得庄子自己都认不得了，通常指一个人心意不断变化，没个准头，飘来荡去，定不下来。但庄子当初在《齐物论》里，可不是这么个意思：养猴子的人喂猴子吃果子，说"早上给你们三个，晚上给你们四个"，猴子们大怒；养猴人改口说"那早上给你们四个，晚上给你们三个"，于是猴子们都心满意足了。

猴子的问题在哪儿呢？猴子没有整全的视野，不能通览全局，听说早晨给的果子少，就不高兴了，根本没有联系到晚上给得多这一情况；告诉它们晚上的份额减少，而早晨的果子增加了，它们立刻转怒为喜——猴子看到的只是眼前的利益。这也难怪，动物基本是活在当下的，它们没有历史感和对未来的谋划。

人与猴子是近亲，猴子犯的错误，人也一再犯。多少人只顾眼前，急功近利，而缺乏远虑？当下和未来都是你要经历的，你不能为了当下而不计未来，否则，杀鸡取卵就是很正当的了。

多数人没有整全的视野，足够聪明的人有；但这也存在一个如何与众人相处的问题。或许，可以仿效养猴者，因顺猴子们的愿望，而最后的结果其实一样，橡果的总数并没有增减，不同的是，调整之后，皆大欢喜。除了猴子的喜悦，我们好像也听到了庄子似有若无的笑声。

养猴者之所以值得效法，就是因为他能把握全局，在全局的视野之下，朝三暮四和朝四暮三是没有区别的，都是可以成立的。如果一味看到世间的种种差别，固执于这些差别，在庄子看来，都是站在片面立场上的结果。所以，猴子的立场不可取，而养猴者的立场才是恰当的。

2. 道的高境界

养猴者与猴子不同，说到底，在境界。

庄子对这两种境界，分别谓之"道"和"物"。"道"与"物"之间隔着鸿沟，它们属于不同的世界。"道"是整全的，超乎个别的"物"之上，所以对于贵贱之类区别，并不执着，故曰"以道观之，物无贵贱"——从道的立场来看，世间万物齐同，无分贵贱。至于"物"，则是个别的、自我的，因而种种区别性的范畴如贵贱、小大，作为确立自我的重要标志，被突出出来；通常的情形是赋予自我更高的价值地位而加以肯定，同时对他者作出较低的价值评断加以贬斥，即所谓"以物观之，自贵而相贱"——从事物自身的角度来看，万物都自以为贵而互相贱视。

这样的情况在历史和现实中是很多的。比如百家争鸣的时代，有所谓"道不同，不相为谋"（《论语·卫灵公》）的说法。司马迁《史记·老子韩非列传》将孔子的这句话移来评说儒、道之争："世之学老子者则绌儒学，儒学亦绌老子，'道不同，不相为谋'，岂谓是耶？"身处争论漩涡之中，争得不亦乐乎时的态度，可想而知；但是到了后代、到了今天，我们当然不会偏执或儒或道的立场，再去争个面红耳赤。人们津津乐道的，是中国文化传统中的儒道互补，它们共同构成中国文化的精神传统——这才是庄子所首肯的站在周全的"道"的立场上的姿态。

3. 反省你自己

庄子的"齐物论"给予人们的一个很大的启示，就在于对我们自身的认知和判断，要有充分的反省，不能自我中心，不能自以为是。

《齐物论》里面，有一段听起来很奇怪的话："天下莫大于秋豪之末，而太山为小；莫寿于殇子，而彭祖为夭。"—— 天下的事物，没有比秋天鸟兽身上长出的毫毛的末端更大的了，而泰山却算是小的；没有比未成年而夭折的婴儿更长寿的了，而据说活了七八百岁的彭祖却是短命的。

太山就是泰山，先秦时代就以高大著称。李斯在劝谏秦王不要驱逐来自其他诸侯国的才士能人的时候便说过："太山不让土壤，故能成其大；河海不择细流，故能就其深。王者不却众庶，故能明其德。"（《谏逐客书》）然而庄子却说"太山为小"，实在是非常可异之论。

然而，这看似荒谬的论断后面，确有庄子的洞见。

人们看待事物，其实是有一个特定立场和视角的。说蚂蚁小，说大象大，都是以自我形象为标准的，只是通常我们不会特别提出来，以致有时候连自己也忘记了这些说法建立在比较的基础之上。庄子特意突出的就是这一点：既然事物之间的情状都是相比较而言的，那么站在不同的立场、采取不同的视角，对事物的观照就是不同的，甚至可以与我们通常的印象截然不同。秋天鸟兽身上新生的体毛看似微末，但在更微末的角度来看，它们可以是巨大无比的；泰山在我们人类看来固然很高大，但在天地的大范围中，则微不足道。站在朝生暮死的小虫的立场，未成年而夭折的小孩子寿命已长得不可想象；而彭祖七八百岁的寿命，相对沧海桑田而言，不过短短一瞬间。所以，庄子的说法听着诡异，但背后有他的理路，他是在提醒世人，世上的一切因为观照角度、立场的差异，并不是胶着的，并不是固定不变的。

对这一点，之前我们提到过《秋水》篇里河伯与北海若的相遇，显示得非常清晰：河伯当初自以为浩大无边，但抵达北海若面前时才见识了海真正的无边无际，这时，海之大是显见的；然而，北海若很清醒，他接着就告诉河伯，自己相对于天地，不过沧海一粟而已。海之"大"，骤然转为"小"，关键正在观照立足点的转移。

人们看待事物时，不也可以由此获得些启示吗？如果你站在自己一方看待他者，那么当然你正确，而对方错；但你换一个立场来看呢？别人也会认为他是正确的，而你是错的。

这说明，世间许多事，其实要看从什么角度来观照。比如一味从差异的角度看，那么即使是非常相似的双胞胎，也能分辨出细致的差异；专门从相似的角度来看，则人们常常会说："你孩子和你太像了！"但我们都知道，即使最相像的父子，也不会比双胞胎的相似程度更高。

超越个别的、固着的立场，我们可以超越偏狭的见解，有时候还能转化心境，更坦然地面对生活中的忧伤愁绪。宋代的大文豪苏东坡，有一篇名文《赤壁赋》，写他与友人泛舟夜游赤壁，友人感叹山川长存，而人的时光却飞速流逝，生命太过短暂，不禁黯然神伤。此时苏轼的劝慰，就显然脱胎于庄子的观念："自其变者而观之，则天地曾不能以一瞬；自其不变者而观之，则物与我皆无尽也。"——从变的角度来看，一切都在变化，天地也没有一刻停止过变化，否则如何有沧海桑田呢？从不变的角度来看，则我们与万物一样，都没有终结，我们不是都存在于天地之

庄子讲义

间么？最终，苏轼和他的朋友转悲为喜，高高兴兴地喝醉了酒，躺倒在船上，一觉睡到次日天明。

4. 融通的心怀

转换视角，是更开放地看待世界的一种方式；说到底，提升境界，超越个别片面的立场，以融通包容的心怀面对世界，是最根本的，而且，由此，你看到的世界也会超乎寻常。

庄子和他终身的辩友惠子之间，有一次著名的濠上之辩。

庄子和惠子在濠水的桥上游玩。庄子说："白鱼优哉游哉地游出来，这是鱼的快乐啊！"惠子说："你又不是鱼，从哪儿能知道鱼的快乐？"庄子说："你又不是我，怎么知道我不知道鱼的快乐？"惠子说："我不是你，所以不知道你；同样的道理，你也不是鱼，所以你不会知道鱼的快乐。这不就完了嘛。"庄子说："让我们回到话题开始的地方吧。你问我'从哪儿能知道鱼的快乐'，明明是已经知道了我知道鱼的快乐，才来问我'从哪儿知道'的。我就是在这濠水上知道的啊。"

庄子和惠施在濠上论辩的场景，多少年来萦绕人们心间。

惠施是古代著名的名家，也就是讲究名实关系的逻辑学家，他坚持清晰的理性分析，在现实的层面上，认定庄子是不可能知道鱼是否快乐的。是啊，虽然据说有所谓通鸟语的人，比如孔子的女婿公冶长，但现实中似乎没见过。然而庄子仍肯定鱼是快乐的。如果严格分析庄子应对惠施的话语，在逻辑上确乎是有问题的：他将惠子质疑他无从知道鱼之快乐的"你从哪儿能知道"，转换成了实实在在的一句问句，回应说：我就在这里、就在这濠水之上知道的。显然，这不是周洽的逻辑，最多显示了机智。

然而，庄子便不对吗？

世间不仅是现实，世间不仅有逻辑。庄子展示的是一个通达天地自然，与万物沟通无碍的心灵。鱼游水中，我游梁上，同样的自在率意，鱼我双方是融通的。鱼乐，实是我乐的映射；我乐，故而鱼亦当乐。杜甫有两句诗："感时花溅泪，恨别鸟惊心。"（《春望》）不妨移来作为佐证，只是一哀一乐而已。

庄子坚持自己的观感，反对的正是惠子的细琐分辨。这个世界有时候是不能分拆开来加以了解的，"七宝楼台，眩人眼目，碎拆下来，不成片段"（张炎《词源》）；人的情感往往也是不能也不必分析的，分析的时候感情就已不在，比如情人之间开始分析计较，离分手就不远了。

庄子想要强调的是，在整个天地自然的视野中看，人与世上万物之间是融通的、和谐的，是能够互相理解、互相感受的。人与人之间，乃至人和鱼之间不是隔绝的，就像庄子《齐物论》里那个著名的蝴蝶梦：庄子做梦成了一只快乐翻飞的蝴蝶，当他醒来，一时闹不清自己是不是蝴蝶做梦成了庄周……庄周和蝴蝶不同，是站在人类理性立场上的判断；但只有在庄周梦蝶或者蝴蝶梦庄的相关相通之中，才有这个世界的美和全部——梦，不是我们人生必然的一部分吗？

五、朴素为美：自然与本真

1. 尊重个体性

之前我们说到，庄子特别强调要从天地自然的高远境界来观照世间万物；但庄子并不因此而忽略万物各自的特性，他的"齐物"观念其实非常肯定万物各有其存在的理由，不能相互贬低、相互否定，这不就是对个体的尊重吗？

《庄子》有一则寓言故事，说南海的帝王叫儵，北海的帝王叫忽——这儵和忽都是形容时光飞逝的词——中央之地的帝王是浑沌。儵和忽时常到浑沌所在的地方相会，浑沌对他们很好。儵和忽就打算要报答浑沌的恩情，商量说："人都有七窍来看、听、饮食、呼吸，只有浑沌没有，我们试着给他凿开七窍吧。"于是他们每天给浑沌凿开一窍，到了第七天浑沌就死了。

儵、忽二位给浑沌"日凿一窍"，看来确实是出于好心，但他们似乎不懂世间万物缤纷多彩的道理，而以"人皆有七窍"的一般状况来要求所有人，不顾万物各自的品性，将单一面貌强加于人；本来浑沌虽然眉毛胡子一把抓，显得很是怪异，不过他在自己的状态里活得好好的，他不是还很好地招待了儵、忽二位吗？你要抹去他的个性，就是置其于死地。

《庄子》一再讲到这一点，书里还有一个故事：鲁国城郊飞来一只很大的海鸟，鲁国国君很高兴，就毕恭毕敬将海鸟迎进太庙，演奏《九韶》这样庄严的音乐取悦它，奉上美酒和牛羊供它吃喝，每天如此；那海鸟如何呢？目光迷离，神色忧郁，不吃一口肉，不喝一口酒，郁郁寡欢，三天就死了。《庄子》说这是"以己养养鸟也，非以鸟养养鸟也"，也就是说，这是以养人的方式养鸟，不是以养鸟的方式养鸟。"以鸟养养鸟"，就是尊重不同于我的其他的特性、其他的方式啊。

2. 朴素与本真

由对世间万物不同特性的肯定和尊重，更进一步，便是要保存万物各自的本真，或者说本来面目。

《庄子》里对所谓美有一个著名的说法："朴素而天下莫能与之争美。"（《天道》）意思是说"朴素"是最美的。今天，"朴素"这个词很平常，对庄子这句话，人们或许会理解成：简单平淡就是最美的。我不想直截了当地说这么解释就是错，不过，绝不是庄子真正的本意。不妨问一下：老虎身上的斑纹，很是繁复，这算美吗？

其实，这里所谓"朴素"，不应当从朴素简淡的美学风格上去理解，而要从"朴""素"本来的意思说起。这里的"朴"，指未经砍伐加工的树木，东汉王充的《论衡》有解释："无刀斧之断者谓之朴。"凡是经过剪叶修枝的树，都不算"朴"了。"素"则是未曾染过的布帛，现在说"素面朝天"，就是这个意思，指没有涂抹妆饰。那么"朴"和"素"合在一起，成为一个词，它们之间的共同点构成了"朴素"的真正意旨，即保持了本来性状、未经装点改易。

这层意思，《庄子》有一个譬喻讲得清楚而精彩：百年的大树被剖开，一部分做成祭祀时用的尊贵酒器"牺尊"，而且涂饰得色彩青黄斑斓，其余部分则被抛弃沟壑。这两者，在世俗的眼光看来，或许有美丑高下之区别，但在丧失其本来性状上则是一般无二的。很清楚，在庄子心中，至高的不是美，而是保守本性的纯真，美是本性之真的结果。那么，回到前面我们问过的问题，老虎的斑纹虽然斑斓多彩，与简单素淡一点儿搭不上边，但它也是天生如此的，出自本真和天然，所以，可以想见，庄子一定会颔首认可其美，而不会强指为丑的。

　　明白了《庄子》"朴素而天下莫能与之争美"的真意，即保守天然本性就是美，那就可以真正理解他讲东施效颦故事的意思了：西施因为心脏有病，常常皱着眉头；和她同乡的一位丑女看见了，觉得很美，回家路上也按着胸口，皱起眉头。村里的富人看见她的丑态，紧紧地关上大门不敢出来；穷人看见她的丑态，带上妻子、孩子跑得远远的，不敢接近她。

　　《庄子》的评论是："彼知颦美而不知其所以美。"——她虽然知道皱眉很美，却不知道皱眉为什么美啊。

　　为什么呢？让我直截了当地说：因为西施有心脏病。

　　西施之颦，之所以美，其实不在她是美人因而一切皆美，而是因其"病心"，这是出自真"心"的。而东施效颦之所以丑，也不是因为她原本就丑，而是她并未"病心"，其颦非出本心，纯属模拟造作。东施一意追求世俗所认同的美，矫揉伪饰，导致丧失了自己的本真。可以设想，如果西施没有"病心"而"颦"，恐怕庄子也会笑话美人的吧。

　　这种违逆自己本性、盲目认同并追逐世间一般价值的作为，是庄子一贯讥讽的。《庄子》那个有名的"邯郸学步"的故事，也不妨从这个角度去理解：燕国寿陵地方的一位年轻人，到赵国的邯郸去学那里的步态，结果没学好新的，原来走路的步法也忘了，只好爬回老家去。这不也是失其本来固有特性的结果吗？

3. 本心与本性

为保持原来的状态，保持本真，庄子有时候甚至显得有点儿极端。

人类进化过程中，一个重要的里程碑就是制造和使用工具，人们不再是赤手空拳打天下，应付种种外在的威胁和生活的难题。然而，在《庄子》中有一个人却反对新工具的使用。

孔子的弟子子贡，有一次经过汉水南岸，看到一个老人正在灌溉菜园。他开隧道、通水井，抱着瓦罐以水浇菜，看他很吃力，收效却很小。子贡就向他推荐用力少、收效大的抽水机械，用木头砍凿而成，前面轻，后面重，水可以抽得很快。老人听了之后，非但没有感谢子贡，而且忿然变色，指责子贡说：运用机械是行机巧之事，有了机巧的事，必定启动人的机巧之心；内怀机心，心灵就不再纯真质朴，于是精神不宁，那么怎么承载得了大道呢？我不是不知道运用机械，而是因为它会启发机心，所以不那么做罢了！

从实际表现上看，老人确实是排斥机械的，但他的话也很明显地表明，他是醉翁之意不在酒，反对的根本原因不在机械，而在因为要使用机械便会生出机心，使得本性就此扭曲。

由此，我们可以看到，庄子从对世间万物特性的尊重，到强调要尊重天下万物的本真和本来面目，最后，追到人本身，保持本心、本性的自然、纯真，成为了庄子非常重视的一个方面。

对本心、本性的重视，在整个中国文化史上，都是很有影响的一个观念。很多士人都借庄子的思想，来表达坚持自我本性的立场和态度。

比如竹林七贤里的嵇康，身处在曹魏皇室和司马氏集团的争斗冲突之中，身边的朋友也逐渐四分五裂，各奔前程，像七贤中的山涛就跑出来做官了，并且推荐嵇康也进入官场。嵇康因此写了一篇有名的《与山巨源绝交书》，表达了自己断然拒绝的立场。当然在那样的政治形势之下，他也不方便直接表露自己的政治态度，所以说了一大通自己如何不合适官场的话：比如自己很懒，不耐烦天天批阅公文、书牍来往，甚至连小便也要憋到忍不住的时候才去如厕；比如自己很脏，不爱洗澡，身上虱子不少，与人说话时动不动要去摸、捉虱子，所以绝对穿不得官服……读他这篇文章，常常会被这些奇异好玩的内容吸引，以为这就是魏晋时代放诞不羁的风度。其实，这些都是面上的话，嵇康讲这些，其实是要向山涛表明自己的脾气、性格：与山涛能进入官场不同，自己的本性实在是不适合那些繁文缛礼的；而人生最重要的事，乃是"循性而动"，也就是依循着自己的本性去生活。所以，你山涛走你的阳关道，我则自行我的独木桥。这不正是对本心、本性的遵从和坚持吗？

说到对本性的遵从和坚持，不能不提到比嵇康晚一些的陶渊明。他是中国历史上第一位田园诗人，可这不是生就便如此的。陶渊明壮年也曾有十多年断断续续的求仕生活，出入当时几位权倾一时的风云人物身边。但最终他的选择是归隐田园，依照他自己诗文里的说明，是"悟已往之不谏，知来者之可追；实迷途其未远，觉今是而昨非"，是他反省自己，最后觉得"少无适俗韵，性本爱丘山"，自己的本性还是更适合自然的园田而不是官场红尘，于是，不如归去，"开荒南野际，守拙归园田"。陶渊明了不起，就在他对自己的本性有清醒的认识和自觉，听从本心的召唤，做出人生的重大抉择。

维护本心、本性的真纯，甚至影响到后来传入中国而与儒家和道家三足鼎立的佛教。我们都知道，佛教里面的禅宗，是最为中国化、影响也最大的佛教宗派，它对庄子思想的吸取也是众所周知的。比如禅宗六祖慧能的《坛经》里，讲如何修行，如何实现佛性，就特别强调佛性与人的本性是相同的，认识和维护自己的本心、本性，就是实现佛性的关键。《坛经》的比喻是：人的本心、本性，如同日月，本自皎洁；只是因为后天的种种污染，如同乌云遮蔽了日月，才晦暗不明。所以，需要做的就是拨开云雾见日月，明心见性，识得自家本心、本性，就是修行，就是成佛。

再往后，晚明从心学里杀出来的李贽，还提倡所谓"童心"，也就是保持原初"绝假纯真"的赤子之心，认为由此"童心"，才会涌现真正的文学。

这一系列例证，都说明了庄子突出自然、本真的思想，确实是一个很重要的思想贡献。

第一讲

庄子形象与《庄子》构造

一、我们为何要读经典

经典的重要和意义，在今天不必多言了；其实，传统的学问之道便是以典籍为基础、为核心的。

经典的一个表征就是语言乃至观念的延展性和生命力。据说《圣经》和莎士比亚是西方人引用最多的。说到《庄子》，这部书归属于古代哲人庄子名下，在精神层面上为古往今来无数人所熟悉并倾心向慕，"道家"在很大程度上以庄子为代表形象——老子的思想固然影响很大，但作为情、智兼具的形象似乎还是无法与庄子相比并的——作为中国最重要的精神传统之一，而与儒、释两家鼎立。如果以上面所谓的引述来考察，至少可以举出一点，《庄子》中的成语非常之多。略略列举，就有诸如：

鹏程万里、扶摇直上、越俎代庖、大相径庭、不近人情（《逍遥游》）

沉鱼落雁、朝三暮四（《齐物论》）

庖丁解牛、踌躇满志、游刃有余、薪尽火传（《养生主》）

螳臂当车（《人间世》）

相濡以沫、莫逆之交（《大宗师》）

虚与委蛇（《应帝王》）

断鹤续凫（《骈拇》）

识其一不识其二、大惑不解（《天地》）

得心应手（《天道》）

不主故常、东施效颦（《天运》）

吐故纳新（《刻意》）

望洋兴叹、贻笑大方、井底之蛙、管窥锥指、邯郸学步（《秋水》）

呆若木鸡、鬼斧神工（《达生》）

君子之交、似是而非、螳螂捕蝉黄雀在后（《山木》）

亦步亦趋（《田子方》）

白驹过隙、每下愈况（《知北游》）

空谷足音、运斤成风（《徐无鬼》）

鲁莽灭裂（《则阳》）

得意忘言、得鱼忘筌（《外物》）

捉襟见肘（《让王》）

摇唇鼓舌（《盗跖》）

分庭抗礼（《渔父》）

能者多劳、探骊得珠（《列御寇》）

学富五车、栉风沐雨（《天下》）

另外，今见《韩非子》中的著名寓言"自相矛盾"，《谷梁传疏》"哀公二年"引作《庄子》佚文。以上举例或许挂一漏万，总之单就此题便大可做一篇"《庄子》成语考"。仅此而言，《庄子》就堪称古代重要的经典。

读经典的一个好处就是可以把握关键，以一当十。古书汗牛充栋，好像一辈子都读不完，其实最关键的书还是有限的，读了一些最重要的典籍，其余的也就势如破竹，略无疑难了。当初陈寅恪遇到前辈夏曾佑，夏说：你好啊，懂外文，可以读许多书，我把中国书都读完了，没事干啦！初听一定感到很奇怪，仔细想想很简单：中国重要的典籍就那些，读了它们，纲举目张，便得其要领。以往讲究读书都是如此的，比如读史书一定先读"前四史"，不是说读了"前四史"就可以了解唐、宋、金、元、明的历史，而是说基本的条理、原则都在那儿了，再读起来不费劲了。读书得读关键经典这个道理，够境界的学者都知道。钱锺书"文革"后访问美国的时候参观一家大学图书馆，别人介绍他看了许多珍本、善本书，特别说及有些是举世独有的，他哈哈大笑；人家问他为什么笑，他答：原来天底下有这么多我不必读的书呵。确实，不少世上独一无二的书未必是值得读的。由此来看《庄子》，它作为子书，有些特别之处，虽然不似杂家以兼综为主，但也包容甚广，涉及道、儒、名[1]、法等家，[2]读之对诸家皆能从正面或反面增强了解，或可收事半功倍之效。

1. 儒家与庄子

这里仅以儒家为例，历来就有学者认为《庄子》的主旨是表彰儒家而非反儒的。比如唐代的古文大家韩愈，他不仅是一代文豪，更以复兴儒道为己任，虽然他在《原道》等文章中力斥老子之学，其《送王埙秀才序》于庄子则以为出自儒学一脉：

[1]庄子的朋友惠施是《庄子》中非常突出的一个人物，其人便是先秦名辩之学的重要代表，《天下》篇"惠施多方"以下一节，记载了许多名学论题，亦是公认的古代名学重要史料。《庄子》中庄子与惠施有许多论辩，甚至他也曾被视为"辩士"，见《至乐》篇"庄子之楚见空髑髅"一节。

[2]对于先秦诸子的辨析，乃至逐渐确立"家"的概念，从周秦汉文献中看，呈现一个逐步建构的过程：先秦综而称之者唯"儒"与"墨"，但前者为一职业，后者为一组织，最初皆非就学术脉络而言；余者如《庄子·天下》《荀子·非十二子》等，率称某子而已；西汉司马谈"论六家要旨"（《史记·太史公自序》）乃有"六家"的分别，至班固《汉书·艺文志》，"九流十家"才最终成立。

吾常以为孔子之道大而能博，门弟子不能遍观而尽识也，故学焉而皆得其性之所近；其后离散分处诸侯之国，又各以所能授弟子，原远而末益分。盖子夏之学，其后有田子方，子方之后，流而为庄周，故周之书，喜称子方之为人。

宋代肯定庄子与儒家的联系者渐多，苏轼《庄子祠堂记》质疑《庄子》中《让王》诸篇的主要理由就是"以为庄子盖助孔子者"，林希逸《庄子鬳斋口义》也说《庄子》的"大纲领大宗旨未尝与圣人异也"。

明代杨慎以为庄子"未尝非尧舜""未尝罪汤武""未尝毁孔子"（胡应麟《少室山房笔丛》卷二十七引），袁宏道《广庄》称："庄去孔圣未远，七篇之中，半引孔语，语语破生死之的，倘谓蒙庄不实，则《中庸》亦伪书矣。"

清代著《庄子雪》的陆树芝从另一角度论及庄子与儒家不相违背："恐先圣之道寖以微灭，又重悲夫惑于异说者之迷而不知所返也，于是乎抗怀高寄，而作《南华》。《南华》者，以异说扫异说，而功在六经者也。"（《读庄子杂说》）姚鼐提出"子夏之徒述夫子语，子夏者，以君子必达于礼乐之原，礼乐原于中之不容己而志气塞乎天地"，"庄子之书言'明于本数'及'知礼意'者，固即所谓'达礼乐之原'，而'配神明、醇天地''与造化为人'亦'志气塞乎天地'之旨"。（《庄子章义序》）[1]章学诚也曾断言"荀、庄皆出子夏门人"（《文史通义·经解上》）。

近代章太炎不同意庄子出子夏一脉的说法，以为"庄生传颜

————————
[1]姚鼐所引云云大抵出《天下》。《天下》篇或以为未曾涉及孔子等诸儒家，而其实开篇的总论部分所论即是，林希逸《庄子鬳斋口义》已指出该篇"既总序了，方随家数言之，以其书自列于家数之中，而邹鲁之学乃铺述于总序之内，则此老之心，亦以其所著之书皆矫激一偏之言，未尝不知圣门为正也。读其总序，便见他学问本来甚正"。

氏之儒"（《菿汉昌言》卷一），于其承儒家之学而来则并无异词；其后郭沫若在《十批判书》的《庄子的批判》一文中承章说而发挥之；此外钟泰《庄子发微》亦力辩"庄子之学，盖实渊源自孔子，而尤于孔子之门颜子之学为独契"（《庄子发微序》）。这些意见或许未必能成定论，但《庄子》与儒家之关系确乎不是贬斥、排诋那么简单，[1] 由《庄子》可以从一个特定的角度理解儒学是无疑的。

2. 道家与庄子

除了诸子各家，《庄子》对于了解道家的多层内涵也有助益。先秦时代其实并无"家"的概念，当时皆以"子"称论，如《庄子》的《天下》篇、《荀子》的《非十二子》及《解蔽》等都是如此。各家的说法是到汉时才逐渐流行，经整齐诸子之言，乃出现所谓儒、道、墨、名、法、阴阳等各家。[2]

"道家"一名，最初其实是指黄老之学，这在《史记》的《魏其武安侯列传》中看得最清楚，其中记载："太后好黄老之言，而魏其、武安、赵绾、王臧等务隆推儒术，贬道家言，是以窦太后滋不说（悦）魏其等。"显然，"黄老之言"与"道家言"是一回事。也就是说，所谓"道家"最初主要指黄老之学，在后代的观念中才逐渐发生指意偏移，谓所谓老庄之学。黄老之学承自稷下齐学，融汇了老子之"道"与刑名法术之学。《庄子》对于作为黄老之学的道家，亦有表现。《天道》篇中有一大段话，其中含如下文句：

　　夫帝王之德，以天地为宗，以道德为主，以无为为常。

---

[1]《庄子》中涉及孔子、颜渊的文字甚多，有些确实不是一味贬抑的，如钟泰提出的《寓言》篇中"庄子谓惠子曰'孔子行年六十而六十化'"一节便是。

[2] 参《史记·太史公自序》记司马谈论六家要旨一节。

无为也，则用天下而有余；有为也，则为天下用而不足。故古之人贵夫无为也。上无为也，下亦无为也，是下与上同德，下与上同德则不臣；下有为也，上亦有为也，是上与下同道，上与下同道则不主。上必无为而用天下，下必有为为天下用，此不易之道也。

古之明大道者，先明天而道德次之，道德已明而仁义次之，仁义已明而分守次之，分守已明而形名次之，形名已明而因任次之，因任已明而原省次之，原省已明而是非次之，是非已明而赏罚次之。

对这些表述，王夫之《庄子解》称"与庄子之旨迥不相侔者，盖秦汉间学黄老之术以干人主者之所作也"，判定其属于黄老之学的谱系，是很敏锐的。前面一节，指出所谓"无为"其实是在上为君者的专利，而在下为臣者则须努力有为，不可混同。[1] 稷下之学主要的著述代表《管子》有《君臣》篇，说过："上之人明其道，下之人守其职，上下之分不同任，而复合为一体。"慎到亦游稷下，[2]《慎子》的《民杂》篇有曰："君臣之道，臣事事而君无事，君逸乐而臣任劳，臣尽智力以善其事，而君无与焉，仰成而已。"《韩非子》的《扬权》篇里也明确指出了"君不同于群臣"的原则，[3]《主道》并且进而说明了何谓"无为"："明君无为于上，群臣竦惧乎下。明君之道：使智者尽其虑，而

---

[1]《在宥》篇也有类似的话："无为而尊者，天道也；有为而累者，人道也。主者，天道也；臣者，人道也。"

[2]《史记·孟子荀卿列传》："慎到，赵人……学黄老道德之术。"

[3] 胡文英的《庄子独见》以为上引的《天道》篇这番话"议论颇似韩非、慎到"，即有见于此吧。

君因以断事，故君不穷于智；贤者敕其材，君因而任之，故君不穷于能。有功则君有其贤，有过则臣任其罪，故君不穷于名。是故不贤而为贤者师，不智而为智者正；臣有其劳，君有其成功。此之谓贤主之经也。"这其实已经涉及了上引《天道》的后一节，它标举"天""道德"为归依，而"形名""因任""是非""赏罚"等指的乃是在上者操纵臣下，实施治理的程序，即明其职守，循名责实，而后定其是非、赏罚之类。《韩非子》的《扬权》篇也有与此类似的话："君臣不同道，下以名祷，君操其名，臣效其形，形名参同，上下和调也。"所谓"形名"具有现实的意义，以职守名分为准律责臣下，以求名实之合，换句明白些的话说，就是要求臣下尽其名分而"有为"罢了。其后，《淮南子·要略》也有可以补充揭明此一观念的文字："《主术》者，君人之事也。所以因作任督责，使群臣各尽其能也，明摄权操柄，以制群下，提名责实，考之参伍，所以使人主秉数持要，不妄喜怒也。"由此可见，《天道》的这些话语背后，蕴含着从先秦到汉初一个重要的学术传统，而从《庄子》则可略窥其消息。

　　在开始读《庄》之前，我们还得就庄子其人及其书做些说明。

二、《庄子》中的庄子

庄子生活的年代，大约是战国后期，准确的年月无法认定。学者们按照《史记》中记述的"与梁惠王、齐宣王同时"，又辞楚威王之聘的线索，以及《庄子》书中涉及的人与事的时间，作出了种种推考，皆不能一致；[1]不过，大抵是在公元前四世纪中叶至公元前三世纪前叶。

作为道家的代表人物，早期的老子和庄子，与儒家代表人物如孔子、孟子不同，他们的生平事迹很不清楚，弟子也没有那么显赫——虽然我们从《庄子》的《山木》《列御寇》等篇知道，至少庄子也是有弟子的。[2]弟子不是那么有名，自然没有编纂《论语》或者退而与弟子著《孟子》那样的事了。老子的事迹，在司马迁的《史记》里面已经不能很分明；而《史记》记述的庄子，除司马迁的评说之外，真实的生平事件其实就是《庄子》的《列御寇》和《秋水》里面曾记载的"辞相"而已。所以，如果一定

---

[1]梁启超《先秦学术年表》（载《古史辨》第四册，上海古籍出版社，1982年）作公元前375至公元前300年，马叙伦《庄子年表》（载《庄子义证 庄子天下篇述义》，浙江古籍出版社，2019年）作公元前369至公元前286年，钱穆《先秦诸子系年通表》（载《先秦诸子系年》，香港大学出版社，1956年）作公元前368至公元前268年。
[2]庄子弟子至少有一位我们知道他的名字是"蔺且"（《山木》）。

要说庄子的生平事迹，其实最重要的资料来源还是《庄子》一书。

不过，《庄子》里的庄子事迹，是否一定就是实录呢？应该说，其中有庄子本人生活的影子，但似乎又不是完全真实的纪事。玩味这些有趣的故事，庄子将自己投入其中，很有寓言的味道。

首先，庄子无疑始终处于贫困之中。有时，他甚至需要向人求贷以维持生计：

> 庄周家贫，故往贷粟于监河侯[1]。监河侯曰："诺。我将得邑金，将贷子三百金，可乎？"庄周忿然作色曰："周昨来，有中道而呼者，周顾视车辙中，有鲋鱼焉。周问之曰：'鲋鱼来！子何为者耶？'对曰：'我，东海之波臣也。君岂有斗升之水而活我哉？'周曰：'诺，我且南游吴越之王，激西江之水而迎子，可乎？'鲋鱼忿然作色曰：'吾失我常与，我无所处。吾得斗升之水然活耳，君乃言此，曾不如早索我于枯鱼之肆。'"（《外物》）

监河侯的推托令庄子很是恼怒，这可想而知，不过他没有直接表达自己的情绪，而是讲了一个故事，生动传达了自己的意思。如果熟悉《庄子》，即刻就可以辨认出这是他一贯的言谈、行文的风格，即所谓"寓言"——"藉外论之"。《逍遥游》以鲲鹏始，《秋水》以河伯遇北海若始，都是这样的"寓言"方式。

据《史记》的记载，庄子担任过漆园吏，不过，在《庄子》中倒记着他倚凭织屦为生：

> 宋人有曹商者，为宋王使秦。其往也，得车数乘。王说

[1] 监河侯，《说苑》作魏文侯。（陆德明《经典释文》）

之，益车百乘。反于宋，见庄子曰："夫处穷闾厄巷，困窘织屦，槁项黄馘者，商之所短也；一悟万乘之主而从车百乘者，商之所长也。"庄子曰："秦王有病召医。破痈溃痤者得车一乘，舐痔者得车五乘，所治愈下，得车愈多。子岂治其痔邪？何得车之多也？子行矣！"（《列御寇》）

织屦显然不算好生计，所以"处穷闾厄巷"而"槁项黄馘"。

因为贫穷、困窘，不仅形象和住处很糟，服饰自然也不会好，庄子穿的是破衣烂衫：

庄子衣大布而补之，正絜系履而过魏王。魏王曰："何先生之惫邪？"庄子曰："贫也，非惫也。士有道德不能行，惫也；衣弊履穿，贫也，非惫也，此所谓非遭时也。王独不见夫腾猿乎？其得楠梓豫章也，揽蔓其枝而王长其间，虽羿、蓬蒙不能眄睨也。及其得柘棘枳枸之间也，危行侧视，振动悼栗，此筋骨非有加急而不柔也，处势不便，未足以逞其能也。今处昏上乱相之间，而欲无惫，奚可得邪？此比干之见剖心征也夫！"【一】（《山木》）

所谓"大布"就是粗布，不仅粗布而且还打了补丁，就这么去见魏王了：这或者是因为庄子实在没有更好的衣服可以多少装饰一下了，或者他根本就不拿见魏王这件事当回事儿，当然更好的理解是两者兼而有之吧。

虽然从这些情形，可以清楚地看出庄子过着困窘不堪的生活，然而他未尝丧失自己的生活尊严，而且对有损有辱自己的言行丝毫不假辞色。曹商为宋出使秦国荣归后的得意，受到庄子无情而苛狠的讽刺，他的世俗意义上的成功——当时往来各国的士人最高的理想不过就是"说人主"而"出其金玉锦绣，取卿相之尊"[1]——其品质被贬抑得不能再低下了。而对魏王所形容的"惫"，庄子坚持说自己这般形象只是因为"贫"即贫穷，他将"惫"界定为"士有道德不能行"，说处在"昏上乱相之间而欲无惫"，那是不可能的事——细细玩味，似乎庄子有些自相矛盾，先前他一口否定了自己是"惫"，而这里却又说处今日之世难逃于"惫"。不过，这没有什么了不起的，庄子最后一转骂得痛快骂得爽，这是最要紧的：这不仅为自己无论是"贫"还是"惫"作了彻底的辩护，而且毫不客气地将魏王之类都骂进了，"昏上"还不直接刺激吗？最后还提出了一个历史上著名的忠臣比干，剖他心的是人人皆知的昏暴之君商纣！骂国君到这地步还能设想更上层楼吗？

庄子对于他所不屑的人物，绝不宽贷，那是一贯的；即使是他的朋友，比如惠施：

> 惠子相梁，庄子往见之。或谓惠子曰："庄子来，欲代子相。"于是惠子恐，搜于国中三日三夜。庄子往见之，曰："南方有鸟，其名为鹓雏，子知之乎？夫鹓雏，发于南海而飞于北海，非梧桐不止，非练实不食，非醴泉不饮。于是鸱得腐鼠，鹓雏过之，仰而视之曰：'吓！'今子欲以子之梁国而吓我邪？"

类似的故事还有见于《淮南子·齐俗训》的一个："惠子从车百乘以过孟诸，庄子见之，弃其余鱼。"惠施其实不仅善于口辩而已，他在魏国任事还是很有作为的，从世俗的角度不妨说颇为成功，

[1]苏秦语，见《战国策》的《秦策》。

内政方面如《吕氏春秋·淫辞》记："惠子为魏惠王为法，为法已成，以示诸民人，民人皆善之。"至于外交，则《战国策·楚策》载："五国伐秦，魏欲和，使惠施之楚。"然而，即使是朋友，即使他获得了相当的成就，庄子仍然坚持自己的态度，将魏国比拟为"腐鼠"，而将惠子比拟作守护"腐鼠"的"鸱"，也实在是贬抑至无以复加的地步了。

　　庄子对于魏王、曹商乃至惠子所悠游其中的世俗世界，持强烈的抵拒姿态，甚至可以说是傲慢过度，或曰其傲在骨。但这不是吃不到葡萄的狐狸的故作姿态的反激表现。庄子本人也曾有机会进入世俗的名利场，但他断然拒绝了：

　　　　或聘于庄子，庄子应其使曰："子见夫牺牛乎？衣以文绣，食以刍叔。及其牵而入于大庙，虽欲为孤犊，其可得乎！"（《列御寇》）

这事在《庄子》中还保存了略有不同的记述，见于《秋水》：

　　　　庄子钓于濮水。楚王使大夫二人往先焉，曰："愿以境内累矣！"庄子持竿不顾，曰："吾闻楚有神龟，死已三千岁矣，王巾笥而藏之庙堂之上。此龟者，宁其死为留骨而贵乎？宁其生而曳尾于涂中乎？"二大夫曰："宁生而曳尾涂中。"庄子曰："往矣！吾将曳尾于涂中。"

结合这两段记叙，庄子拒绝的理由很明白：不是因为别的，而是因为进入世俗的官场、名利世界，从根本上违逆了他的生活信念。他不要那些种种的外在荣饰及身后的显贵，他所希望的只是自由自在的生。在"方今之时，仅免刑焉"（《人间世》）的时代里面，"殊死者相枕也，桁杨者相推也，刑戮者相望也"（《在宥》），要求得安然的生都是那么不容易的事，为什么还要投入充满危险的境地呢？说庄子逃遁规避也好，说他高蹈超越也好，关键在于他坚持了自己的生活信念；一切违反这一信念的行为，即使是举世醉心向慕的，也将不顾而放弃。生命中的追求或许可以出自冲动，而放弃一定是理智省思的结果。

庄子辞相算是他全部生活中最有名的一件事了，《史记·老子韩非列传》记述庄子的传记中，实在的事迹其实只有这一件，而看得出来，司马迁的记述是错综《庄子》中的两处记载而成的：

> 楚威王闻庄周贤，使使厚币迎之，许以为相。庄周笑谓楚使者曰："千金，重利；卿相，尊位也。子独不见郊祭之牺牛乎？养食之数岁，衣以文绣，以入大庙。当是之时，虽欲为孤豚，岂可得乎？子亟去，无污我。我宁游戏污渎之中自快，无为有国者所羁，终身不仕，以快吾志焉。"

这里，明确点出聘请庄子的楚国国王是楚威王，从年代上看，大抵相合。【二】不过，即使对这一有多种文献记载的庄子事迹，也有人提出质疑：

> 楚聘庄周为相，愚按史无其事，而列御寇、子华子凡方外横议之士，多自夸时君聘我为相而逃之。其为寓言未可知。又时君尚攻战权术，未必有礼聘岩穴之事。虽孟子于梁、齐，亦闻其好士而往说之，非聘也。纵其聘之，何至预名为相而聘之？（宋黄震《黄氏日钞》卷五十四）

如果作为严格的史实加以真实性的考究，庄子辞相的事或许确实有许多可以推敲、质疑的地方。不过，我们在前面已经说过了，作为寓言，它在事实上的真实性或许不必苛求，重要的是它真切地体现了庄子的精神取向，他是一个在污浊的世间坚持自己生活信念的人，他是能够超越当下的世俗攀求而守护自己本来生命的人。对此，"辞相"不是一个极好的呈现吗？在对这一意义的呈现中，"辞相"还不够真实吗？

最后，应该提出，庄子并非一个仅仅对现实持严厉态度的人，他有自己的生活世界，其中最大的乐趣就是与人们展开情智兼具的论辩，而他最好的辩友应该就是他曾严加讥讽的惠施：《逍遥游》《德充符》《秋水》篇的最后，都记载了庄子和惠子之间的辩说。虽然似乎庄子对惠施的观点很不以为然，批判的时候毫不留情，但庄子对惠施确实抱有深切的情谊：

> 庄子送葬，过惠子之墓，顾谓从者曰："郢人垩慢其鼻端若蝇翼，使匠石斫之。匠石运斤成风，听而斫之，尽垩而鼻不伤，郢人立不失容。宋元君闻之，召匠石曰：'尝试为寡人为之。'匠石曰：'臣则尝能斫之。虽然，臣之质死久矣！'自夫子之死也，吾无以为质矣，吾无与言之矣！"（《徐无鬼》）

这里面透着真正的、深刻的同情和悲哀。[1]

补释

【一】处困境而不沮丧，从容面对，有《让王》所记孔子事可以并观："孔子穷于陈、蔡之间，七日不火食，藜羹不糁，颜色甚惫，

---

[1]庄子的生死意识，可参后第五讲第二节中相关论述。

而弦歌于室。颜回择菜，子路、子贡相与言曰：'夫子再逐于鲁，削迹于卫，伐树于宋，穷于商周，围于陈蔡，杀夫子者无罪，藉夫子者无禁。弦歌鼓琴，未尝绝音，君子之无耻也若此乎？'颜回无以应，入告孔子。孔子推琴喟然而叹曰：'由与赐，细人也。召而来，吾语之。'子路、子贡入。子路曰：'如此者可谓穷矣！'孔子曰：'是何言也！君子通于道之谓通，穷于道之谓穷。今丘抱仁义之道以遭乱世之患，其何穷之为！故内省而不穷于道，临难而不失其德。天寒既至，霜雪既降，吾是以知松柏之茂也。陈蔡之隘，于丘其幸乎！'"孔子的弟子原宪也有类似于庄子分辨"贫""惫"的话："孔子卒，原宪遂亡在草泽中。子贡相卫，而结驷连骑，排藜藿入穷阎，过谢原宪。宪摄敝衣冠见子贡。子贡耻之，曰：'夫子岂病乎？'原宪曰：'吾闻之，无财者谓之贫，学道而不能行者谓之病。若宪，贫也，非病也。'子贡惭，不怿而去，终身耻其言之过也。"（《史记·仲尼弟子列传》）

【二】《韩诗外传》（《太平御览》卷四七四引）谓聘庄子者为楚襄王："楚襄王遣使者持金千斤，白璧百双，聘庄子欲以为相。庄子曰：'独不见未入庙之牺乎？衣以文绣，食以刍豢，出则清道而行，止则居帐之内，此岂不贵乎？及其不免于死，宰执旌居前，或持在后，当此之时，虽欲为孤犊，从鸡、鼠游，岂可得乎？仆闻之：左手据天下之国，右手刎其吭，愚者不为也。'"（案：《后汉书》之《仲长统传》及《马融传》皆有此语，分别为"左手据天下之图，右手刎其喉，愚者犹知难之"，"古人有言：'左手据天下之图，右手刎其喉，愚夫不为'"；又《文子·上义》："左手据天下之图，而右手刎其喉，虽愚者不为，身贵于天下也。"各处之"国"俱作"图"。）然时代似不密合。钱穆《先秦诸子系年考辨》八十八《庄周生卒考》则疑此庄子为庄辛而非庄周。（香港大学出版社，1956年，第269页）

三、篇目·分篇·真伪

关于《庄子》一书，这里打算谈三个问题：篇数、分篇和真伪。

1. 篇数

《庄子》书今本三十三篇，这是晋代郭象以来的面貌。

在此之前，《庄子》一书最多曾有五十二篇，《汉书》的《艺文志》就是这么记载的。后来司马彪以及孟氏的注本所依据的，按照陆德明《经典释文·序录》的说法，就是这个五十二篇的本子。孟氏不知何时人，司马彪则是晋人，说明从汉代以来五十二篇的《庄子》这一本子，当时依然完整保存。

不过，在此同时或之前，[1]数十种《庄子》注本[2]中已经出现了篇数较少的本子。陆德明《经典释文·序录》记崔譔和向秀的本子都是二十七篇。虽然《隋书·经籍志》称崔氏为"东晋

---

[1]司马彪注《庄子》的年代，当较下文提及的崔譔、向秀为迟，《世说新语·文学》刘孝标注引《秀别传》："秀将注《庄子》，先以告康、安，康、安咸曰：'此书讵复须注？徒弃人作乐事耳！'及成，以示二子，康曰：'尔故复胜不？'安乃惊曰：'庄周不死矣！'"嵇康、吕安之被杀在魏景元三年（262），则向秀注《庄》必在此前。至于司马彪之注，《晋书》本传记载："泰始（265年始）中……注《庄子》。"
[2]《世说新语·文学》篇中记述，在向秀之前，"注《庄子》者数十家，莫能究其旨要"。

议郎",但他的时代应该在向秀之前。[1]此外,晋时还有一位李颐的《庄子集解》是三十或三十五篇的。

历史上最多的五十二篇本《庄子》里面,其实并非完全是所谓《庄子》的篇章,因为据陆德明《经典释文·序录》的记载,其中有"解说三",就是说有三篇是《庄子》的解说性文字,而非《庄子》本文。这三篇"解说",今天还约略可以知道个大概,其中至少有两篇当归属汉初淮南王刘安名下。《文选》的李善注中,数次引及刘安的《庄子后解》[2]及《庄子略要》[3],它们应该就是所谓"解说"的篇章。对此有一个非常有力的佐证:日本高山寺藏《庄子》抄卷残本的《天下》篇之后有一段文字,其语句有与陆德明在《经典释文·序录》中引述的郭象语恰相符合的,因此这段文字应该是出自郭象之手;而正是在这段文字中谈及当时《庄子》篇章的混杂情形,其中一例便是"或出淮南",是以知其时《庄子》书中必包含有出自《淮南子》的篇什。[4]

既然五十二篇中有三篇不属《庄子》本文,而是所谓"解说",这么说来,历史上《庄子》最多有四十九篇之夥。除如今传世可知的三十三篇外,还有十六篇已为郭象所删裁。不过,其中有若干篇名,还可以依稀考见。司马迁《史记》的《老子韩非列传》述及庄子著作的时候说:

---

[1]《世说新语·文学》刘孝标注引《秀本传》:"秀游托数贤,萧屑卒岁,都无注述,唯好《庄子》,聊应崔譔所注,以备遗忘。"是则崔在秀前无疑。

[2]《文选》卷三十五张景阳《七命》注:"《庄子》曰:'庚市子肩之毁玉也。'淮南子《庄子后解》曰:'庚市子,圣人无欲者也。人有争财相斗者,庚市子毁玉于其间,而斗者止。'"

[3]《文选》卷二十六谢灵运《入华子岗是麻源第三谷》注:"淮南王《庄子略要》曰:'江海之士,山谷之人,轻天下、细万物而独往者也。'"又卷三十一江文通《杂体诗·许征君》注、卷四十五陶渊明《归去来》注、卷六十任彦升《齐竟陵文宣王行状》注亦引及此语。

[4]《淮南子》今传世者实仅为其"内篇",其"外书""中篇"则已湮没不见;故此,姚振宗《汉书艺文志条理》卷二便推断:"今《淮南》内篇无《庄子略要》《庄子后解》,或在《淮南》外篇三十三篇中。"

其学无所不窥，然其要本归于老子之言。故其著书十余万言，大抵率寓言也。作《渔父》《盗跖》《胠箧》，以诋訾孔子之徒，以明老子之术。《畏累虚》《亢桑子》之属，皆空语无事实。

这中间除了与今本相同的篇名之外，如《亢桑子》大约就是今杂篇之首的《庚桑楚》，[1] 而《畏累虚》或者要算已佚篇目的篇名了。[2] 陆德明《经典释文·序录》引郭象语曰："一曲之才，妄窜奇说，若《阏奕》《意修》之首，《危言》《游凫》《子胥》之篇，凡诸巧杂，十分有三。"此语又见诸上文提及的日本高山寺所藏钞卷《庄子》杂篇《天下》之后的文字：

夫学者尚以成性易知为德，不以能政（攻）异端为贵也。然庄子闳才命世，诚多英文伟词，正言若反。故一曲之士，不能畅其弘旨，而妄窜奇说。若《阏亦（奕）》《意循（修）》之首，《尾（危）言》《游易（凫）》《子胥》之篇，凡诸巧杂，若此之类，十分有三。或牵之令近，或迁之令诞，或似《山海经》，或似《（占）梦书》，或出淮南，[3] 或辩刑名，而参之高韵，龙蛇并御，且辞气鄙背，竟无深澳（奥），而徒难知，以因（困）后蒙，令沉滞失乎（平）流，岂所求庄子之意哉？故

[1] 后世有援据《庚桑楚》篇造作伪书的故事："道家有庚桑子者，代无其书。开元末，襄阳处士王源撰《亢仓子》两卷以补之，序云：'《庄子》谓之庚桑子，《史记》作亢桑子，《列子》作亢仓子，其实一也。'源又取《庄子·庚桑楚》一篇为本，更取诸子文义相类者，合而成之，亦行于代。"（刘肃《大唐新语》卷九"著述第十九"，中华书局，1984年，第137页）

[2] 司马贞《史记索隐》如此以为："畏累虚，篇名也，即老聃弟子畏累。"张守节《史记正义》则不以为然。"《庄子》云：'庚桑楚者，老子弟子，北居畏累之山。'……言《庄子》杂篇《庚桑楚》已下，皆空设言语，无有事实也。"

[3] "或出淮南"，当即谓《庄子后解》《庄子略要》等属于"解说"的部分。

皆略而不存。令（今）唯哉（裁）取其长，达致全乎大体者，为三十三篇者（焉）。太史公曰："庄子者，名周，守（宋）蒙县人也。曾为漆园史（吏），与魏惠［王］、齐［宣］王、楚威王同时者也。"[1]

如果将这段文章与《经典释文·序录》中陆德明有关《庄子》的文字比较，则后者"几乎把这篇文章采用了一半，不仅是明明标出'郭子玄'云云一段而已"[2]。从这段文字里面，可以见到若干今本《庄子》所无的篇名：《阏奕》《意修》《危言》《游凫》《子胥》。另外据《北齐书》的《杜弼传》称，杜弼曾注《庄子》的《惠施》篇，[3] 故而还有所谓《惠施》一篇；有学者进而认为《惠施》即今本《天下》篇最后"惠施多方"以下一节。[4]

这样，综而言之，现今可知的《庄子》佚篇大约有《畏累虚》《阏奕》《意修》《危言》《游凫》《子胥》《惠施》等；还有约十篇则连篇名也不能知晓了。

2. 分篇

现在传世的《庄子》，分内、外、杂三篇。

内篇七：《逍遥游》《齐物论》《养生主》《人间世》《德充符》《大宗师》《应帝王》。

外篇十五：《骈拇》《马蹄》《胠箧》《在宥》《天地》《天道》《天运》《刻意》《缮性》《秋水》《至乐》《达生》《山木》

---

[1] 文中讹字后以圆括号标出正字，脱字以方括号补之。

[2] 王利器《〈庄子〉郭象序的真伪问题》，见《晓传书斋集》，华东师大出版社，1997年，第390页。王先生更以为这才是真正的郭象《庄子序》。

[3]《北齐书·杜弼传》："耽好玄理，老而愈笃，又注《庄子·惠施》篇、《易》上下《系》，名《新注义苑》，并行于世。"

[4] 王叔岷《庄子校释》"自序"（商务印书馆，1947年）及谭戒甫《现存庄子天下篇研究》（《中国哲学史论文初集》，科学出版社，1959年）。

《田子方》《知北游》。

杂篇十一：《庚桑楚》《徐无鬼》《则阳》《外物》《寓言》《让王》《盗跖》《说剑》《渔父》《列御寇》《天下》。

这样的分篇结构是如何形成的，是否有义例蕴含其中呢？

陆德明《经典释文·序录》详尽给出了古时各种《庄子》文本的篇数和结构：如司马彪注本内篇七、外篇二十八、杂篇十四、解说三，合计五十二篇；崔譔注本内篇七、外篇二十，合计二十七篇；向秀注本内篇七、外篇二十，合计二十七篇；郭象注本内篇七、外篇十五、杂篇十一，合计三十三篇。陆德明称五十二篇本《庄子》"言多诡诞，或似《山海经》，或类占梦书，故注者以意去取，其内篇众家并同，自余或有外而无杂"。这话似乎有些含混，所谓"众家并同"，究竟是仅仅指内篇共计七篇之数为"众家并同"，还是说内篇所包括的七篇在内容上也是"众家并同"的，曾有不同的理解；[1]不过，仔细推敲陆德明的意思，前文"言多诡诞"云云着重在内容上，则应该是指内篇的篇章内容相同。

书分内、外篇，应该是汉代以后才有的情形。

我们知道，先秦时代的文字基本都是以篇章形式流传的，最典型的例证见《史记·老子韩非列传》："韩非者，韩之诸公子也，喜刑名法术之学，而其归本于黄老；非为人口吃，不能道说，而善著书。……作《孤愤》《五蠹》《内外储》《说林》《说难》十余万言。……人或传其书至秦，秦王见《孤愤》《五蠹》之书，曰：'嗟乎，寡人得见此人与之游，死不恨矣！'李斯曰：'此韩非之所著书也。'秦因急攻韩。"这也就是当时的文章已然有内、外之分，而整本的著作还没有分内、外篇的道理——当时一家的

---

[1] 王叔岷《庄子校释》即以为各家的内篇篇数相同，而具体篇目则不一。

庄子讲义

56

著作本就不是以整本书的形式传布于世的。

现今知道明确将整本著作分内、外篇的人是淮南王刘安，《汉书》本传说："（淮南）招致宾客方术之士数千人，作为内书二十一篇，外书甚众，又有中篇八卷。……初，安入朝，献所作内篇新出，上爱秘之。"这里清楚表明，所谓"内书"就是"内篇"。如果考虑到淮南王曾著《庄子后解》与《庄子略要》，而他们又附益在《庄子》书后，按照当时编录者在所编录的文集之后附缀己作的通例，[1]淮南王刘安及其门下很可能编纂过《庄子》一书；也就是说，早期《庄子》的编辑成书及其分内、外篇的体例，大约是出自淮南王刘安。[2]

《庄子》在汉代就已形成了内、外篇的分别，还有一个确凿的证据，是《经典释文》的《庄子音义》引到崔譔注《齐物论》"夫道未始有封"时的话："《齐物》七章，此连上章，而班固说在外篇。"也就是说，至少至班固时《庄子》确然已经分内、外篇了。

如果说内篇大致是确定的，那么就外、杂篇的分别而言，各本确实不是确定而一贯的。从今天郭象本的内、外、杂篇来看，并非晋之前《庄子》原本的格局，而是经过了他的重新编次。在郭象之前，照《世说新语·文学》中的说法，向秀没有能完成《秋水》《至乐》两篇就过世了，而陆德明著录向秀的《庄子》注本二十七篇只有内、外篇两部分，除内篇七篇之外，其余二十篇当皆属外篇。【一】而查考《经典释文》引涉的向秀注，则今属外篇的《天道》《天运》《刻意》《达生》《山木》《田子方》《知

[1] 这在《楚辞》等集的编纂过程中可以看得非常清楚。参汤炳正《〈楚辞〉成书之探索》对《楚辞》篇次排列的解释，载《屈赋新探》，齐鲁书社，1984年。
[2] 学者另有以《庄子》内外篇之分出自刘向之校雠，参余嘉锡《古书通例》卷三《论编次第三》"古书之分内外篇"条（上海古籍出版社，1985年，第113至114页）。刘向之校《晏子春秋》，析分为内六篇而外二篇。

北游》(《秋水》《至乐》自不必说)无向注,而杂篇的《庚桑楚》《徐无鬼》《则阳》《天下》等则向秀曾加注解。这么来看,至少就向秀和郭象两本来说,向秀本属于外篇的有被郭象移入杂篇者。如是,则今本外、杂篇的分别,实出自郭象一己的编定。

《庄子》分篇的理据何在?郭象及以前的编纂者或注者都没有清楚地说明。唐代的成玄英在他《庄子疏》的序里有一个说明:

> "内"则谈于理本,"外"则语其事迹。事虽彰著,非理不通;理既幽微,非事莫显。欲先明妙理,故前标内篇。内篇理深,故每于文外别立篇目,郭象仍于题下即注解之,"逍遥""齐物"之类是也。自外篇以去,则取篇首二字为其题目,"骈拇""马蹄"之类是也。

这是从理、事的分趋上来看待全书分篇的,并且提出了内篇"理深"而"幽微"的观点。这在后代许多论者那里得到响应。不过,复杂的是,内篇与外、杂篇的相形之异,后来渐渐与所谓《庄子》各篇是否出自庄子本人之手即所谓的真伪之辨纠缠到了一起。

3. 真伪

说到真伪,亦即哪些篇章出自庄子之手是为真、哪些篇章非出庄子之手是为伪的问题。原先人们大抵没有将此视为一个问题,[1] 宋代疑古之风渐盛,《庄子》的真伪之辨于是突显出来。苏轼的《庄子祠堂记》在这一潮流中可谓代表,他以为司马迁《史记》有关庄子"其学无所不窥,然其要本归于老子之言"的说法

---

[1] 明代归有光等的《南华真经评注》引唐代韩愈的话,以为《盗跖》"讥侮列圣,戏剧夫子,盖效颦庄、老而失之者",《说剑》"类战国策士之雄谈,意趋薄而理道疏,识者谓非庄叟所作"。这些话不知所据,且属片言只语,影响自不能与宋人如苏轼并比。

是"知庄子之粗者":

> 余以为庄子盖助孔子者。……庄子之言，皆实予，而文不予，阳挤而阴助之，其正言盖无几。至于诋訾孔子，未尝不微见其意。其论天下道术，自墨翟、禽滑厘、彭蒙、慎到、田骈、关尹、老聃之徒，以至于其身，皆以为一家，而孔子不与，其尊之也至矣。然余尝疑《盗跖》《渔父》，则若真诋孔子者。至于《让王》《说剑》，皆浅陋不入于道。

他进而推究《寓言》之末老子居舍事，与《列御寇》之首列子食于十浆事可以相关，以为"是固一章也"，他且以为"凡分章名篇，皆出于世俗，非庄子本意"，所以他认定《让王》《盗跖》《说剑》《渔父》四篇是"昧者"插入《寓言》和《列御寇》之间的伪篇。（《苏轼文集》卷十一《庄子祠堂记》）

现在看来，苏轼的感觉很是敏锐，但其论据基本不成立。

首先，他以为"庄子盖助孔子者"，《庄子》书所呈现的面目显然不能支持他的说法，可不必赘言辩说；其次，他以为"凡分章名篇，皆出于世俗，非庄子本意"，而古代著述篇章在前而成书在后，就成书而分篇分章以致混入伪作，这也实在没有什么有力的证据。不过，自苏轼之后，分辨《庄子》篇章真伪的倾向便渐成气候，明代宋濂的《诸子辨》和清代姚际恒的《古今伪书考》等都是辨伪学史上的名著，他们都支持苏轼的观点，将《让王》等四篇认定为"伪"。后来的一些考察更进而从名物制度着手，指出书中的许多事件、名物出于庄子身后，如《胠箧》"田成子十二世有齐国"非庄子所能得知，《天道》出现"十二经"之名不是先秦时代所应有，等等，故而这些篇章都非庄子手著，皆属伪篇。

　　超越个别篇章的考察，就《庄子》全书而论，不少学者进而认定《庄子》内篇出自庄子本人手笔，而外篇和杂篇非出其本人，乃是庄子后学的补充阐说。这几乎就成了一种主流的见解。[1]其实，这里面包含着重大的观念谬误，即从《庄子》应该是庄子本人的著作出发，来推考所谓的真与伪。清代章学诚在《文史通义》的《公言》篇里就指出：“凡称子书，多非自著。”这首先是因为子书中有些著作本来就是诸子述而不作，而出诸门下后学记录纂集的，比如《管子》之类；[2]其次即使成书之后，子书在传承中也经过各代的修订、重编，前述《庄子》流传即然；再次就是子书在先成篇章而后屡经编集的过程中，会层累附益相关的篇章，这些附益的部分当然可能是新收集而得的诸子成篇，但更多的情况是收录了那些后学的相关著作。[二]所有这些都表明，古代的著述、传承自有其通例，与后代尤其是现代的情况是完全不同的。

　　从这个角度来看《庄子》，所谓真伪之辨的许多考证，便不那么坚确，而似乎不成其为问题了。作为先成篇而后集成的一部子书，《庄子》包含非庄子手著的作品是很自然的，因为它原来就是一部逐渐累积编就的丛书；书中出现后代的名物、事件，也很易理解，一则它们原来就出现在后出的篇章中，自然不能以先秦时代为限以律求，二则即使它们见诸早出的篇章，在后世传承

---

　　[1]古代这种观点集中体现于王夫之的《庄子解》；现代则不妨以罗根泽为代表，他在《庄子外杂篇探源》中细致辨析了外、杂篇所代表的学术思想流别，该文刊于《燕京学报》第三十九期（1936）。

　　[2]如《管子》一书，章学诚《文史通义·诗教上》曰：“春秋之时，管子尝有书矣，然载一时之典章政教，则犹周公之有官礼也。记管子之言行，则习管氏法者所缀辑，而非管仲所著述也。或谓管仲之书，不当称桓公之谥，阎氏若璩又谓‘后人所加，非《管子》之本文’，皆不知古人并无私自著书之事，皆是后人缀辑。”严可均《书〈管子〉后》亦曰：“近人编书目者谓此书多言管子后事，盖后人附益者多。余不谓然。先秦诸子，皆门弟子或宾客或子孙撰定，不必手著。”（《铁桥漫稿》卷八）

中作出改易、增饰的情形也属平常。【三】因此，以是否出诸庄子手著为准判定《庄子》真伪的观念，不妨转换为考虑《庄子》各篇的先后主次，乃至相互关系，这比较适合《庄子》作为一种各篇章思想、精神较为类似的丛书的性质。

就《庄子》整体而言，其撰写的先后次第，一般认为内篇在前，已经说过，这是主流的意见。任继愈则一反常见，以为外、杂篇在先而内篇在后。他在文献学上的主要论据是司马迁《史记》中提及的庄子著作皆见于今外、杂篇中，且外、杂篇的篇名大抵取篇首数语拟定，尚是古时通例，内篇标题则显然是有意为之，且类似汉代的纬书。[1] 如果考究一下，这些似乎都不能成立。

首先，司马迁显然在判定庄子学术归属于老子之学的时候提出《盗跖》等篇，以显示其对孔子代表的儒家的批判，这是有当时儒、道两家冲突的现实因素的，即其《老子传》所说："世之学老子者则绌儒学，儒学亦绌老子，'道不同不相为谋'，岂谓是邪？"可以说，《史记》中举列这些篇目，并不代表司马迁以为《庄子》只有这一类倾向的作品。其次，内篇的篇名与篇章之形成未必出自同时，也就是说文章可以早，而篇名拟定不妨迟，而内篇的文字不少已为先秦其他文献所引及，【四】所以时代不可能迟至汉时是可以肯定的。

晚近有学者研究，从语词构成着眼，指出内篇使用单字为词的道、德、命、精、神等重要概念，而没有它们复合而成的道德、性命、精神等词，后者多见于外、杂篇；依据单音词时代在前的通例，可以佐证内篇之完成在外、杂篇之前的论点。[2] 这对内篇

---

[1] 任继愈《庄子探源》，《哲学研究》1961 年第 2 期。
[2] 刘笑敢《庄子内篇早于外篇之新证》，载《文史》第十八辑，又参刘笑敢《庄子哲学及其演变》前编《文献疏证》第一章《〈庄子〉内篇的年代》—"内篇早于外杂篇——概念方面的证明"，中国社会科学出版社，1988 年。

早于外、杂篇的主流观念是一个颇为有力的支持。

不过话说回来，即便内篇形成在先，外、杂篇中的不少篇章形成的时间也不会太迟。检查著作年代相对确定的先秦著作《荀子》《韩非子》和《吕氏春秋》，它们较为确凿地引述的《庄子》外、杂篇分别有：

《秋水》《马蹄》《至乐》《则阳》《列御寇》《达生》《让王》（以上《荀子》）；

《山木》《庚桑楚》《徐无鬼》（以上《韩非子》）；

《胠箧》[1]《天地》《达生》《山木》《田子方》《知北游》《庚桑楚》《徐无鬼》《则阳》《外物》《让王》《盗跖》《渔父》《天下》（以上《吕氏春秋》）等。[2]

去其重复，共得十八篇，[3]占今本《庄子》外、杂篇二十六篇的约百分之七十，实不可谓少了。【五】综而言之，这意味着无论内篇与外杂篇的先后如何，今本《庄子》很大一部分篇什的成形时间相当早。【六】

大致明确篇章形成的前后，其实主要还是为更好地把握其思想观念关键所在及其形成、演变。既然总体而言内篇先于外、杂篇，那么通常也就认为内篇处于核心的地位，而外、杂篇乃是发挥、申明内篇宗旨的。王夫之《庄子解》对外篇即有如是之说：

外篇非庄子之书，盖为庄子之学者，欲引申之，而见之

---

[1] 王葆玹《试论郭店楚简的抄写时间与庄子的撰作时代》推拟该篇作于公元前278至274年之间，并以为外、杂篇大多成于此前后，《哲学研究》1999年第4期。

[2] 参王叔岷《读庄论丛》及《吕氏春秋引用庄子举正》，载《道家文化研究》第十辑，上海古籍出版社，1996年。

[3] 当然，考虑到外、杂篇在后来编次过程中的裁并等情形（比如《惠施》一篇，学者便以为被并入了《天下》），或许不宜绝对认为这十八篇在先秦即已完整成型，但至少可以明确先秦时《庄子》篇章很大部分的文句乃至段落已然出现，且它们在《庄子》书中的分布相当广泛。

弗逮，求肖而不能也。以内篇参观之，则灼然辨矣。内篇虽参差旁引，而意皆连属；外篇则踳驳而不续。内篇虽洋溢无方，而指归则约；外篇则言穷意尽，徒为繁说而神理不挚。内篇虽极意形容，而自说自扫，无所粘滞；外篇则固执粗说，能死而不能活。内篇虽轻尧、舜，抑孔子，而格外相求，不党邪以丑正；外篇则恣肆诅诽，徒为轻薄以快其喙鸣。内篇虽与老子相近，而别为一宗，以脱卸其矫激权诈之失；外篇则但为老子作训诂，而不能探化理于玄微。故其可与内篇相发明者，十之二三，而浅薄虚嚣之说，杂出而厌观。盖非出一人之手，乃学庄者杂辑以成书。其间若《骈拇》《马蹄》《胠箧》《天道》《缮性》《至乐》诸篇，尤为惝劣。读者遇庄子之意于象、言之外，则知凡此之不足存矣。

这样的说法虽然有一定道理，但贬低外篇的价值确实有些过度；不过它点出外篇与内篇有可互相发明之处，则属可取的见解。王夫之于外篇、杂篇之态度有所不同，他论杂篇时说："'杂'云者，博引而泛记之谓。故自《庚桑楚》《寓言》《天下》而外，每段自为一义，而不相属，非若内篇之首尾一致，虽重词广喻，而脉络相因也。外篇文义虽相属，而多浮蔓卑陋之说；杂篇言虽不纯，而微至之语，较能发内篇未发之旨。盖内篇皆解悟之余，畅发其博大轻微之致，而所从入者未之及。则学庄子之学者，必于杂篇取其精蕴，诚内篇之归趣也。"《庄子解》在具体诠释外、杂篇之各篇的时候，也按照自己的理解，时时指出其与内篇意旨相表里的地方，比如：

> 《骈拇》：此篇亦"为善无近名，为恶无近刑"之旨，其

言"至正"、言"常然"，亦与"缘督为经"相近。

《在宥》：此篇言有条理，意亦与内篇相近，而间杂老子之说。

《天地》：此篇畅言无为之旨，有与《应帝王》篇相发明者，于外篇中，斯为邃矣。

《刻意》：此篇之说，亦《养生主》《大宗师》绪余之论，而但得其迹耳。

《秋水》：此篇因《逍遥游》《齐物论》而衍之。

《达生》：此篇于诸外篇中尤为深至，其于内篇《养生主》《大宗师》之说，独得其要归。

《山木》：引《人间世》之旨，而杂引以明之。

《田子方》：此篇以忘言为宗，其要则《齐物论》"照之以天"者是也。

《知北游》：其说亦自《大宗师》来，与内篇相为发明，此则其显言之也。

《庚桑楚》：此篇之旨，笼罩极大，《齐物论》所谓"休之以天钧"也。

《则阳》《外物》《列御寇》：三篇皆杂引博喻，理则可通而文义不相属，故谓之杂。要其于内篇之指，皆有所合，非《骈拇》诸篇之比也。

其他论者同样有明确指出外、杂篇之某篇乃诠释内篇之某篇的，且更显周全。如清代周全然《南华经传释》：

谛观《南华》，则自经自传。……盖其意尽于内七篇，至外篇、杂篇，无非引申内七篇，惟末篇自序耳。……因内七篇为经，余篇析为：

《逍遥游》第一，《秋水》《马蹄》《山木》。

《齐物论》第二，《徐无鬼》《则阳》《外物》。

《养生主》第三，《刻意》《缮性》《至乐》《达生》《让王》。

《人间世》第四，《庚桑楚》《渔父》。

《德充符》第五，《骈拇》《列御寇》。

《大宗师》第六，《田子方》《盗跖》《天道》《天运》《知北游》。

《应帝王》第七，《胠箧》《说剑》《在宥》《天地》。

胡远濬《庄子诠诂》：

> 外、杂诸篇中，固皆多发明内篇旨趣，如《庚桑楚》，《逍遥游》也；《秋水》《则阳》，《齐物论》也；《达生》《列御寇》，《养生主》也；《山木》《外物》，《人间世》也；《田子方》，《德充符》也；《至乐》，《大宗师》也；《在宥》《天地》《天道》，《应帝王》也。至《天运》《知北游》，明道法自然，《徐无鬼》明上德不德，固皆推阐老子之说，然实则分释《齐物论》所谓"道""不知其然"与夫"寓诸庸""适得而已"之义也。其余《骈拇》《马蹄》《胠箧》，皆痛言治人者不适之患；《刻意》《缮性》则归重于存身养神，所谓正己是也，《德充符》类欤？盖无一非内篇之意蕴也。

这些观点当然未必都精当不可移易，但《庄子》内、外、杂篇的各篇之间，确实有一些讨论的是相同的主题，而具体的论点乃至论据亦复类同；[1] 如果细心推究，确实可以认为有些篇章是补充诠释一些自成义脉的篇章的。由此，可以说，一方面《庄子》的各篇章之间存在相互的关联，另一方面，它们之间也确实存在先后主次的分别。

经过漫长的历史时间，流传至今的《庄子》三十三篇固然都值得珍视，但也必须指出：它们并非划一等齐的作品。仅就各篇本身的篇章结构乃至相互关系而言，它们就很不相同，有些篇什显然具有优先性，而有些篇什则属于次等之作。我们不妨来看具体的例子。

《庄子》第二十三篇亦即《杂篇》的首篇《庚桑楚》，虽然司马迁《史记·老子韩非列传》中提及《庄子》有《亢桑子》一篇，而有学者就认为此即指《庚桑楚》篇，但就今日可见的该篇而论，不能否认，它基本是连缀而成篇的作品，我们很难在篇中如《逍遥游》《秋水》《齐物论》等那样勾勒出一条连贯的文脉。且读以下一节：

> 古之人，其知有所至矣。恶乎至？有以为未始有物者，至矣，尽矣，弗可以加矣！其次以为有物矣，将以生为丧也，以死为反也，是以分已。其次曰始无有，既而有生，生俄而死；以无有为首，以生为体，以死为尻；孰知有无死生之一守者，吾与之为友。

这段文字，在该篇的前后脉络中并无绝然不可缺略或移易的地位，

---

[1] 具体文句的相关、类同，可参刘笑敢《庄子哲学及其演变》前编《文献疏证》第三章《〈庄子〉外杂篇的分类》一"阐发内篇的第一类"，其中涉及外篇、杂篇各六篇，包括《秋水》《至乐》《达生》《山木》《田子方》《知北游》《庚桑楚》《徐无鬼》《则阳》《外物》《寓言》《列御寇》。（中国社会科学出版社，1988年，第65至77页）

而且并非该篇独有，它分别与《齐物论》《大宗师》相类：

> 古之人，其知有所至矣。恶乎至？有以为未始有物者，至矣，尽矣，不可以加矣。其次以为有物矣，而未始有封也。其次以为有封焉，而未始有是非也。（《齐物论》）
>
> 子祀、子舆、子犁、子来四人相与语曰："孰能以无为首，以生为脊，以死为尻，孰知死生存亡之一体者，吾与之友矣。"四人相视而笑，莫逆于心，遂相与为友。（《大宗师》）

其间的类似是一目了然的，无须赘述。值得推拟的是，究竟何者在前而自成文章、何者在后而抄撮成篇？《庚桑楚》该节文字的意脉是讲说最初的"未始有物"，而后"有物"，最终乃出现"无""有"转变（"始无有，既而有生，生俄而死"）的意识；至于论及"生""死"，乃是这一主要意脉的例说而已，即首先出现了"生"（"有物矣"），而后又有了"生"与"死"（"无"到"有"或"有"到"无"）之间的转化。似乎脉络也颇清楚。不过，考虑到《齐物论》层次明晰的推进，尤其是《大宗师》给出了以"死生存亡为一体"为共同意识基础的志同道合之友的背景——相比较而言，《庚桑楚》"孰知有无死生之一守者，吾与之为友"则没有说者也没有听者的语境缺失，显然令人难以理解——那么视《庚桑楚》此节文字乃撮录《齐物论》《大宗师》而成，或许更有说服力。

除了从各篇之间的关系着眼，《庄子》有些篇什的文字本身就明显标志了它的次一等的诠说性质，这可以与上一视角结合而展开考察。比如《刻意》篇，其中先后出现了多次"故曰"，而其中三处"故曰"所引的文字见于《天道》篇。我们将它们列之如次：

例一，《刻意》："故曰，夫恬惔寂漠虚无无为，此天地之平而道德之质也。故曰圣人休休焉则平易矣。"《天道》作："夫虚静恬淡寂漠无为者，天地之平而道德之至，故帝王圣人休焉。"

例二，《刻意》："故曰，圣人之生也天行，其死也物化。静而与阴同德，动而与阳同波。"《天道》作："故曰：知天乐者，其生也天行，其死也物化。静而与阴同德，动而与阳同波。"

例三，《刻意》："故曰：无天灾，无物累，无人非，无鬼责。"《天道》作："故知天乐者，无天怨，无人非，无物累，无鬼责。"

这种文字的重复说明了什么呢？

如果综观古代文献的情况，我们知道，阐说中明标"故曰"，其实是古代诠释性文章的一个重要标识。古时诠说陈说陈篇，往往进而说理或更加事证，例引故言成句，表明所释之对象。《庄子》中此类例子也不少，比如《胠箧》篇有"故曰：'鱼不可脱于渊，国之利器不可以示人'"的话，便是引用《老子》的三十六章。这是一种通例，它从传世的《管子》《老子》《韩非子》《淮南子》等子学著作中都可以清楚地见出；以下试例说之。

《管子》非出管子一人，此断无争议，其篇章实是先后形成而后汇辑的。书中有《牧民解》《形势解》《立政九败解》《版法解》《明法解》数篇，分别诠解《牧民》《形势》《立政》《版法》《明法》诸篇。《牧民解》亡佚，今举《形势解》首节为例：

山者，物之高者也。惠者，主之高行也。慈者，父母之高行也。忠者，臣之高行也。孝者，子妇之高行也。故山高而不崩，则祈羊至。主惠而不解，则民奉养。父母慈而不解，则子妇顺。臣下忠而不解，则爵禄至。子妇孝而不解，则美名附。故节高而不解，则所欲得矣，解则不得。故曰：山高而不崩，则祈羊至矣。

最后"故曰"后所引句，即《形势》之首句。

《老子》一书，据司马迁《史记》言，出自"周守藏室之史"老子；其中语句未必皆出创作，"述而不作"者应非绝无仅有。最显见的例子当属第二十二章：

> "曲则全，枉则直，洼则盈，敝则新，少则得，多则惑。"是以圣人抱一，为天下式。不自见故明，不自是故彰，不自伐故有功，不自矜故长。夫唯不争，故天下莫能与之争。古之所谓"曲则全"者，岂虚言哉？诚全而归之。

既标明"古之所谓"，可见此章开端数句，是故言陈句，而本章即以诠证此数句为主。如果结合汉初帛书本《老子》考察，则此类例证更多。如今本六十四章有"民之从事，常于几成而败之。慎终如始，则无败事"之语，"慎终如始"前，帛书甲本有"故"字，而乙本则作"故曰慎冬（终）若始则无败事矣"，"故曰"二字明见。[1]

《老子》学说在古代有很大的影响，现在能见到的最早诠说著作要属《韩非子》。其《解老》篇以论说为主，《喻老》篇以事证为主，兹分别举列一例：

> 德者，内也；得者，外也。"上德不德"，言其神不淫

---

[1]《老子》引前人成句的情形颇有，参黄方刚《老子年代之考证》（载《古史辨》第四册，上海古籍出版社 1982 年）、武内义雄《老子原始》（载江侠庵编《先秦经籍考》，上海文艺出版社，1990 年）、郑良树《〈金人铭〉与〈老子〉》（载《诸子著作年代考》，北京图书馆出版社，2001 年）

于外也。神不淫于外则身全，身全之谓得者，得身也。凡德者，以无为集，以无欲成，以不思安，以不用固。为之欲之，则德无舍，德无舍则不全。用之思之则不固，不固则无功，无功则生有德。德则无德，不德则有德。故曰："上德不德，是以有德。"（《解老》）

智伯兼范、中行而攻赵不已，韩、魏反之，军败晋阳，身死高梁之东，遂卒被分，漆其首以为溲器。故曰："祸莫大于不知足。"（《喻老》）

"故曰"之后分别是今本《老子》三十八章和四十六章的文句。

与《韩非子》之《解老》《喻老》类似，《淮南子》之《道应训》"杂征事实，而证之以《老子》道德之言；意以已验之事皆与昔之言道者相应也，故题曰'道应'。每节之末，皆引《老子》语证之，凡引五十二处。"[1]我们以第一节为例：

太清问于无穷曰："子知道乎？"无穷曰："吾弗知也。"又问于无为曰："子知道乎？"无为曰："吾知道。""子之知道，亦有数乎？"无为曰："吾知道有数。"曰："其数奈何？"无为曰："吾知道之可以弱、可以强，可以柔、可以刚，可以阴、可以阳，可以窈、可以明，可以包裹天地、可以应待无方。此吾所以知道之数也。"太清又问于无始曰："乡者，吾问道于无穷，无穷曰：'吾弗知之。'又问于无为，无为曰：'吾知道。'曰：'子之知道亦有数乎？'无为曰：'吾知道有数。'曰：'其数奈何？'无为曰：'吾知道之可以弱、可以强，可以柔、可以刚，可以阴、可以阳，可以窈、可以明，可以包裹

[1]曾国藩语，刘文典《淮南鸿烈集解》卷十二引。

庄子讲义

天地、可以应待无方。吾所以知道之数也。'若是，则无为知与无穷之弗知，孰是孰非？"无始曰："弗知之深，而知之浅；弗知内，而知之外；弗知精，而知之粗。"太清仰而叹曰："然则不知乃知邪？知乃不知邪？孰知知之为弗知，弗知之为知邪？"无始曰："道不可闻，闻而非也；道不可见，见而非也；道不可言，言而非也。孰知形之不形者乎？"故《老子》曰："天下皆知善之为善，斯不善也。"故"知者不言，言者不知"也。

在明了古代文献中诠说性文字的特点和标识之后，回过来看《庄子》之《刻意》篇"故曰"之引述《天道》的文字，就很易理解了：前者应该是在后者的基础上做进一步诠说的篇什。我们由此例更可以确认《庄子》各篇间先后主次的分别。

既然《庄子》中的篇章并不是一律的，有些只是杂录的或诠说性的，属次等文字，那么，我们关注的自然应该是那些文气通贯、意脉绾连的重要篇什了。

说到文气意脉，《庄子》的篇章各有不同的结构和表现。对此的分析和归类，其实不仅是阅读文章的需要，在很大程度上还有助于突显在思想层面具有价值及重要性的篇目。曾有学者分别《庄子》的文体为四等：

第一等作品，在形式上，约可分为两类，甲类先总论，次分论，如《逍遥游》《齐物论》《养生主》《大宗师》《秋水》《达生》《至乐》等；乙类是先分论，次结论，如《人间世》《德充符》《应帝王》等。

第二等作品只有分论，篇中各节自成段落，意义不甚连属，外、杂篇中等大多数如《在宥》《天地》《天道》《天运》《山木》《田子方》《知北游》《庚桑楚》《徐无鬼》《则阳》《外物》《列御寇》等。

第三等作品是一气呵成的论述，如外篇的《骈拇》《马蹄》《胠箧》《刻意》《缮性》等。

第四等则属摹拟性的作品，文理较为肤浅，如《让王》《盗跖》《说剑》《渔父》等。[1]

这个分析和分类，虽然不能说臻于完备，但大体指出了《庄子》各篇结构方式的差异。

后来的学者有不同的分辨：一是"论证式"，其"开篇的一段话就是文章的主旨和论点"，最典型的就是《养生主》，还有如《大宗师》《应帝王》《骈拇》《在宥》《缮性》《达生》《山木》等篇；二是"归纳式"，"分别从不同角度加以描述，最后再归纳分析"，如《人间世》《德充符》《刻意》等，其他如《知北游》《让王》《盗跖》等亦相类似；三是比较复杂的"连锁式"，"夹叙夹议之后，先归纳，后论证，再进一步深论"，如《逍遥游》，类似的还有《齐物论》《胠箧》《秋水》等；此外多篇"各节意义不相关连，结构也比较松散，属于杂记体，无从归类"。[2]

如果我们将这些意见参合考察，[3]则可以清楚见出《庄子》书中何等样文字属于书中的附缀部分，而何者乃是真正自成脉络的重要篇章了。从而，读《庄》的重点所在以及先后次第自然也就了然了。

[1]张默生《庄子新释》（齐鲁书社，1993年）卷首《庄子研究答问》及各篇题解。至于《寓言》和《天下》两篇，张氏以为是庄子著书的凡例和后序，皆属于第一等作品。

[2]孙以昭《〈庄子〉的结构艺术》，见《庄子散论》，安徽大学出版社，1997年，第115至118页。

[3]上述两家之说虽异，然就其分类的主要准则而言，其实颇可以沟通处，如孙氏所谓"论证式"近似张氏第一等作品的甲类，"归纳式"近似第一等作品乙类，"连锁式"则是第一等作品甲类的进一步细析，而所谓"杂记体"类同于张氏的第二等作品。

庄子讲义

补释

【一】这里有一种可能性，即向秀《庄子》二十七篇本是他完成注释的部分，而不包括没有完成的《秋水》和《至乐》两篇。如果是这样，那么向秀的《庄子》注本来应该包括二十九篇。但更大的可能是向秀本《庄子》原来就是二十七篇，他完成了二十五篇的注释，而陆德明所指的向秀本《庄子》是包括了没有向注的《秋水》《至乐》的二十七篇本。这从郭象注本的情况可以推知，今郭象本三十三篇，其《说剑》一篇没有郭注，但它依然被作为三十三篇本，而不是三十二篇本。

【二】关于子书编集的层累附益，吕思勉《先秦学术概论》第五章《研究先秦诸子之法》曰："子为一家之学，与集为一人之书者不同。故读子者，不能以其忽作春秋时人语，忽为战国人之言，而疑其书之出于伪造。犹之读集者，不能以其忽祖儒家之言，忽述墨家之论，而疑其文非出于一人。先秦诸子，大抵不自著书，今其书之存者，大抵治其学者所为，而其纂辑，则更出于后之人。亡佚既多，辑其书者，又未必通其学，不过见讲此类学术之书共有若干，即合而编之，而取此种学派中最有名之人，题之曰某子云耳。"（中国大百科全书出版社，1985年，第19至20页）

余嘉锡《古书通例》卷四《辨附益第四》"古书不皆手著"条："谓古人著书，亦如后世作文，必皆本人手著。于其中杂入后人之词者，辄指为伪作（真伪之分，当别求证据，不得仅执此为断），而秦汉以上无完书矣。不知古人著述之体，正不如是也。……古人作文，既不自署姓名，又不以后人之词杂入前人著述为嫌，故乍观之似无所分别。……后师所作，即附先师以行，不似后世人人有集，敝帚自享，以为千金，惟恐人之盗句也。故凡其生平公牍之文、弟子记录之稿，皆聚而编之，亦以其宗旨一贯，自成一家之学故也。……

若因其非一人之笔，而遂指全书为伪作，则不知古人言公之旨。"（上海古籍出版社，1985年，第119页及第129至130页）

【三】关于后世对前代文本的改易与增饰，吕思勉的解释至为精辟："书中记及其人身后之事，及其文词之古近错出，固不足怪。至于诸子书所记事实，多有讹误，此似诚有可疑；然古人学术，多由口耳相传，无有书籍，本易讹误。而其传之也，又重其义而轻其事。……在当时，固人人知为寓言。故诸子书中所记事实，乖谬者十有七八，而后人于其书，仍皆信而传之。……说事如此，行文亦然。今所传五千言，设使果出老子，则其书中偏将军、上将军，或本作春秋以前官名，而传者乃以战国时之名易之。此则如今译书者，于书中外国名物，易之以中国名物耳，虽不免失真，固与伪造有别也。又古人之传一书，有但传其意者，有兼传其词者。兼传其词者，则其学本有口诀可诵，师以是传之徒，徒又以是传之其徒……此等可传之千百年，词句仍无大变。但传其意者，则如今教师之讲授，听者但求明其意即止，迫其传之其徒，则出以自己之言。如是三四传后，其说虽古，其词则新矣。故文字气体之古近，亦不能以别其书之古近也，而况于判其真伪乎？明乎此，则知诸子之年代事迹，虽可知其大略，而亦不容凿求。"（《先秦学术概论》第五章《研究先秦诸子之法》，中国大百科全书出版社，1985年，第20至21页。此为吕著《经子解题》中《论读子之法》的节文，可另参该书，华东师大出版社，1995年）。

后世改易前代文本的情况，在抄本文化的脉络中是一种常态，如今传世的先秦文本多经汉人之整齐，汉魏古诗则或由南朝齐梁时代之修饰（参宇文所安 *The Making of Chinese Classical Poetry*，哈佛大学出版社，2006年；中译本《中国早期古典诗歌的生成》，生活·读书·新知三联书店，2012年），《坛经》唐宋之际抄传过程中的增饰，等等，皆是其例。

【四】《吕氏春秋》成书于秦统一之前，书中引及《庄子》颇多，涉及《庄子》内篇的计有《逍遥游》(《求人》)、《齐物论》(《听言》)、《养生主》(《精通》)、《人间世》(《听言》)、《大宗师》(《本生》)诸篇，参王叔岷《吕氏春秋引用庄子举正》，载《道家文化研究》第十辑(上海古籍出版社，1996年，第252至253页)。汉初贾谊的《鹏鸟赋》是名篇，其中用《庄子》之典甚多："且夫天地为炉兮，造化为工"，见内篇《大宗师》"今一以天地为大炉，以造化为大冶"；"贪夫徇财兮，烈士殉名"，见外篇《骈拇》"小人则以身殉利，士则以身殉名"；"澹乎若深渊之静，泛乎若不系之舟"，后句出杂篇《列御寇》"饱食而敖游，泛若不系之舟"。

【五】1977年出土的阜阳汉简中有包含《庄子》文句的若干，分别涉及今本杂篇的《则阳》《让王》《外物》，这是汉文帝十五年(公元前165年)之前的《庄子》写本，为确实无疑的实物佐证(参韩自强、韩朝《阜阳出土的〈庄子·杂篇〉汉简》，载《道家文化研究》第十八辑，上海古籍出版社，2000年)。又，1988年荆州江陵张家山汉墓出土44支《盗跖》简(见《文物》1992年第9期)，廖名春曾据以讨论，参《庄子盗跖篇探源》(《文史》第45辑，中华书局，1998年)。

【六】据陈奇猷《吕氏春秋成书的年代与书名的确立》(载《吕氏春秋校释》，学林出版社，1984年)，《吕氏春秋》的"十二纪"成于秦始皇六年(公元前241年)，"八览""六论"则完成于秦始皇十年(公元前237年)吕不韦免相迁蜀至秦始皇十二年(公元前235年)吕不韦去世之间，总之，该书上距庄子的时代不过半个多世纪。但说《庄子》各篇出现得早，并不意谓着支持全部《庄子》出自庄子一人的观点(现代学者仍有如是者。如周通旦《关于〈庄子〉外杂篇和内篇的作者问题》，载《哈尔滨师范学院学报》1961年第1期)，这显然不合古时著述通例，且今本《庄子》中确实包含了后人重加编订乃至附益的成分，如果坚持全书出自一人之手，则书中晚于庄子的痕迹就势必成为难以回答的问题。

同样，说"《庄子》一书是在庄子的主持下，由庄子和他的学生共同完成"的观点（张松辉《庄子考辨》上编第二章，岳麓书社，1997年）也是难以成立的。且后一说法，其有的论证显然与既知的《庄子》形成的文献学历史不合，如以为"《庄子》对庄子生平的记述是有次序而完整的"，"在《内篇》中，记载的都是庄子的学术活动，也没有谈到收徒的情况；从《天运》到《山木》，开始出现庄子与贵族交往情况和收徒讲学情况；从《山木》至《说剑》，不但记载了庄子与贵族的交往，而且还记载了他直接同国君的交往，这一情况，正是一个思想家从学术研究开始，逐步受到贵族、乃至于国君重视的合乎逻辑的发展过程；《庄子》的《至乐》写庄子妻子去世，《徐无鬼》写朋友惠施去世，最后以庄子本人的去世作为全书的结尾（《天下》是对各家思想的评述，有人认为它是全书的自序，而《天下》实际上也是以庄子思想为结尾），这种安排不能不说是经过一定的系统整理，而且《列御寇》以庄子之死为全书之结，《天下》以庄子思想为整个学术评论之结，也说明了整理者就是与庄子基本同时的学生，甚至负责编纂的人就是庄子本人"（《庄子考辨》，第14至16页）。其言甚辩，但如前述，今本《庄子》的篇次是由郭象确定的，有原属外篇而移入杂篇的情况，如是则原本篇次必经移易而窜乱；我们当然是不能以晋代郭象本的篇次来确认《庄子》一书先秦时的格局面貌（其实当时《庄子》是否已经编定本身就是一个需要考订的问题）并进而作出推论的。

第二讲

《逍遥游》：何谓「自由」

一、鲲鹏的寓言世界

　　这一讲的主题是《庄子》所谓的"逍遥"。自然，读解的文本便是《庄子》开始的第一篇：《逍遥游》。

　　"逍遥"当初的意义，与今日所谓，有很大的区别；它在《诗经》《楚辞》里都曾出现，如《诗经·郑风·清人》之"河上乎逍遥"，《离骚》之"聊逍遥以相羊"[1]，《九歌·湘君》之"聊逍遥兮容与"[2]，《远游》之"聊仿佯而逍遥"。意思大抵就是悠闲游戏。《庄子》书中，亦屡屡可见，如本篇"彷徨乎无为其侧，逍遥乎寝卧其下"，《大宗师》"彷徨乎尘垢之外，逍遥乎无为之业"，《天运》"古之至人，假道于仁，托宿于义，以游逍遥之虚"，《达生》"芒然彷徨乎尘垢之外，逍遥乎无事之业"，《让王》"逍遥于天地之间而心意自得"。推拟这些句子里面"逍遥"二字的涵义，大抵乃闲适自在、悠然自得的意思，即陆德明《经典释文》之《庄子音义》所谓"'逍遥游'者，篇名，义取闲放不拘，怡适自得"。从篇名而言，"逍遥游"就是指闲适自得的悠游境界，《让王》篇所谓"逍遥于天地之间，而心意自得"最能形容此一旨意。

---

[1]王逸《楚辞章句》曰："逍遥、相羊，皆游也。"
[2]王逸《楚辞章句》曰："游戏也。"

北冥有鱼，其名为鲲。鲲之大，不知其几千里也。化而为鸟，其名为鹏。鹏之背，不知其几千里也。怒而飞，其翼若垂天之云。是鸟也，海运则将徙于南冥。南冥者，天池也。

《逍遥游》开篇，就给出了一个很阔大的境界："北冥"之"鱼"名为"鲲"，化作名为"鹏"的"鸟"而飞向"南冥"。"北"与"南"的对举，构成辽远的空间感，更不用说原来这"鲲之大"以及变化之后的"鹏之背"，都有"不知其几千里"之大。这个至大的开阔境界，使人突破了自我而趋向开放，现代诗人有诗句曰："谁此刻孤独，就永远孤独。"（里尔克《秋日》）只有突破了此刻的局限，才有充分展开的精神空间。

经典著作的开篇往往透露全书的格调，如《论语》的开篇是：

> 学而时习之，不亦悦乎？有朋自远方来，不亦乐乎？人不知而不愠，不亦君子乎？

这完全是一种人间的形象，而且体现了孔子作为中国历史上第一位开私人教育之风者的风度。钱穆《论语新解》分解得很好："本章乃叙述一理想学者之毕生经历，实亦孔子毕生为学之自述。学而时习，乃初学事，孔子十五志学以后当之。有朋远来，则中年成学后事，孔子三十而立后当之。苟非学邃行尊，达于最高境界，不宜轻言人不我知，孔子五十知命后当之。"[1]

《庄子》首篇《逍遥游》展开的这个开阔的空间，至少提示我们，它所关注的不仅是"人间世"，而且广及生动活泼的世界

---

[1]《论语新解》，生活·读书·新知三联书店，2002年，第4页。

庄子讲义

全体，这里面透露出一种先秦时代不多见的宇宙视野；从而，理解《庄子》的精神便不可仅局限于人的天地之间。

如果说这个鲲鹏的开篇还有什么意趣的话，或许就是它突显了《庄子》擅作托寓表现的艺术手段：在下文我们将看到，虽然鲲鹏确实是一个精彩的富于意义的表现，但对它的理解却不能限于其本身，它指向一种自由逍遥的精神。

古典著作中，文字的讲究是不可忽略的。这节文字里面，有若干处值得提出讨论。首先是"怒"字，它在这里不是"愤怒"的意思，而是奋发强勉的意思，马叙伦《庄子义证》从语言的地域性加以解释，说："《方言》曰：'南楚之外，谓勉曰薄怒。'庄子，宋人；宋、楚邻，故亦用楚语。"类似这样古代曾有而现代很少用到的意思，往往在一些连缀而成的语词中还可以窥见一些消息，比如这个"怒"的意思，就在"鲜花怒放"里面保存下来了。

其次，北冥大鱼的名字"鲲"似乎也值得一说。《尔雅》释"鲲"为"鱼子"；所以后来明末的学者方以智在《药地炮庄》中就提出："鲲本小鱼之名，庄用大鱼之名。"这样的运用有什么意思呢？如果不算是过度诠释（over-interpretation）的话，或许可以认为这是《庄子》对语言符号持怀疑态度的一个体现吧。在《庄子》看来，用什么样的字眼来形容事物对象并不是坚确而不可更易的，在《齐物论》有两句话："道行之而成，物谓之而然。"上句就是鲁迅先生所谓"世上本没有路，走的人多了，也便成了路"（《故乡》）的意思，下句则分明是指出：事物对象是人们称呼它而后确定下来的。这层意思，似乎是很先进的。索绪尔语言学有一个基本观念，是所谓"能指"（signifier）与"所指"（signified）两者乃任意结合的关系，或曰是在不同的言语系统中约定俗成的。赵元任先生对此有一个很生动有趣的说法：一位中国的老太太实在弄不懂，何以明明是"水"，而外国人偏偏叫它"窝头"（water）。《逍遥游》用指"鱼子"的"鲲"来命名"不知其几千里也"的大鱼，大致也是这么一个意思。这个意思如果引申起来，从反面说，《庄子》对文字符号是否确实不易地指向事物本身似乎不那么坚信，故而才有这么一个小小的文字诡用的情形出现吧。

最后，"海运"的问题。字面上直接的意思就是"海动"，大海涌动与鹏之南飞有什么关系呢？宋代林希逸的《庄子鬳斋口义》说："今海濒之俚歌犹有'六月海动'之语；海动必有大风。"这样，海动有大风，则鹏正可凭风而上，飞赴南冥。如果仔细考虑，这里透露了《逍遥游》中最初作为逍遥而飞象征的鲲鹏形象，其实仍有其限制，在时间上是"六月"——这不仅因为林希逸解说的缘故，下文有"去以六月息者也"一句，是本文中坚强的内证——而空间上则有待大风的托举，这后一点在下文有非常清楚的表示。

《齐谐》者，志怪者也。《谐》之言曰："鹏之徙于南冥也，水击①三千里，抟扶摇而上者九万里，去以六月息者也。"野马也，尘埃也，生物之以息相吹也。天之苍苍，其正色邪？其远而无所至极邪？其视下也，亦若是则已矣。

① 王叔岷《庄子校释》引李白《大鹏赋》"激三千以崛起"证"击"通"激"。

《齐谐》是一部书的名字（陆德明《经典释文》引梁简文帝之说），也有一种说法认为"齐谐"是人名（司马彪等说），但似乎以书名为宜。后来南朝的吴均有一部《续齐谐记》，是非常著名的志怪作品——显然，"志怪"这个名目，也是出于此处。

随后，《逍遥游》便引《齐谐》的文字，进一步描述鹏的南飞。文中继续强调鲲鹏之大，说它启程之时激水之范围广及三千里，而腾起上升将盘旋至九万里之高；当然，这里的"三""九"之数都是虚指，而未必能当实数看的，如同《诗经》里面"一日不见如三秋兮"的感慨，《论语》里记孔子闻"韶"乐后"三月不知肉味"（《八佾》），以及春秋时代齐桓公"九合诸侯，一匡天下"的霸业，其实都是不能硬抠数目字的。

"野马"如何解释是一个问题，它与其后的"尘埃"一词似乎不接气；而通常的解释便以为是野马似的游气，陆德明《经典释文》引崔注曰："天地间气如野马驰也。"成玄英《庄子疏》更解道："青春之时，阳气发动，遥望薮泽之中，犹如奔马，故谓之野马也。"[1] 而按照训诂学者的意见，"马"字其实是借字，其本字当作"塺"，两字声韵皆同，故得借用。《楚辞》里面有一句"愈氛雾其如塺"，后汉王逸作《楚辞章句》的时候就释曰："塺，尘也。"[2] 这么说来，"野马"和"尘埃"的意思是一样的。

"天之苍苍"以下数句，形容天上地下间互相观望的情形。由下远望天际，宇宙无边而其色"苍苍"——这里的"苍苍"之"苍"是"青苍"之"苍"（深蓝色），而不是"苍白"之"苍"（灰白色）。到唐代韩愈《祭十二郎文》里面也用了"苍苍"一词："吾年未四十，而视茫茫，而发苍苍，而齿牙动摇。"这里显然指头发的灰白——当时，谁也没有真正升天近察，所以不得不用

[1]后之论者亦颇用"野马"一词，僧肇《物不迁论》曰："旋岚偃岳而常静，江河竞注而不流，野马飘鼓而不动，日月历天而不周。"我们知道，僧肇在进入佛门之前，是熟读《庄子》的："爱好玄微，每以《庄》《老》为心要。"（《高僧传》卷六《僧肇传》）
[2]陆宗达《训诂简论》，北京出版社，2002年，第130至131页。

疑问的口气：天之本色果真是深蓝色的吗？[1]

更有意思的是下一句："其视下也，亦若是则已矣。"因为不曾升天俯瞰，对由天上返顾大地，自然不能有真切的经验，只能用悬拟之辞。这种假设拟想，在诗歌中是常常用到的艺术手段，典型而为人熟识者，如杜甫在长安困于安史乱军中想望妻儿的诗句："今夜鄜州月，闺中只独看。遥怜小儿女，未解忆长安。香雾云鬟湿，清辉玉臂寒。何时倚虚幌，双照泪痕干。"（《月夜》）以及辛弃疾的词中名句："我见青山多妩媚，料青山见我应如是。"（《贺新郎》"甚矣吾衰矣"）

这一节中，《逍遥游》为什么不直接叙述，而引述《齐谐》，也是一个值得说明的问题。这其实涉及《庄子》所谓"三言"的观念。为此，我们首先得看《寓言》篇如下的一段话：

> 寓言十九，藉外论之。亲父不为其子媒。亲父誉之，不若非其父者也；非吾罪也，人之罪也。与己同则应，不与己同则反；同于己为是之，异于己为非之。
>
> 重言十七，所以已言也，是为耆艾。年先矣，而无经纬本末以期年耆者，是非先也。人而无以先人，无人道也；人而无人道，是之谓陈人。

这里的"寓言"和"重言"，加上后面的所谓"卮言"，就是有名的《庄子》"三言"。"卮言"暂且不论，《逍遥游》引《齐谐》涉及的主要是"寓言"和"重言"。所谓"寓言"，即"藉外论之"，按王先谦《庄子集解》的解说就是"意在此而言寄于彼"。之所以

[1]《文汇报》2002 年 3 月 20 日第 3 版新华社 3 月 18 日电，称美国纽约曼基尔颜色科学研究室的研究表明，宇宙的本色是米色。

需要另外说一套，而不直接说出来，《寓言》篇的解释是："非吾罪也，人之罪也。"比如说，父亲说自己的儿子如何好，人们通常不能完全接受、信服；这后面的原因就是人们常常会觉得你这是独有偏私甚至党同伐异的表现。其实如果自己的儿子真正出色，说了又何妨呢？正是因为庄重的言谈，出于种种不那么恰当的世俗理解，往往无法为人接受，所以《庄子》要用"寓言"来表达，用《天下》篇里面的话，就是"以天下为沉浊，不可与庄语"。

《逍遥游》的开篇，就以鲲鹏寓言展开，之所以说这是"言寄于彼"的"寓言"，因为《逍遥游》的主旨显然不是要谈鲲鹏如何如何，而是要借鲲鹏来说一番如何"逍遥"的道理，这一点在下文可以清楚地看出来；故而，在这个意义上，《史记》中对庄子的评议可谓非常之准确："著书十余万言，大抵率寓言也。"

那么，《逍遥游》何以更进而引经据典用到《齐谐》的文字呢？固然，文中所述与前面的鲲鹏寓言没有大的差别，但这次郑重引出，它便不仅是所谓"寓言"，且是所谓"重言"——借重他人（往往是权威）的话语。从《寓言》篇的文字里，我们也可以看出，所谓"重言"，在《庄子》也是不得已而为之的：古代世界的文化是所谓前喻性的，经验最为重要，而拥有更多经验的无疑是所谓年长者"耆艾"，人们一般需要借重他们的经验来应对生活的难题。但在《庄子》看来，年长虽概然地包含了拥有较多经验的可能性，但这其实并不能构成权威的绝对理由：也有不少"年先"而"无经纬本末"的例子在。《庄子》之所以还要借重"耆艾"，其实与采用"寓言"方式一样，是出于不得已，是姑且迁就人们的心理罢了。所以，我们可以说，"寓言""重言"都是"不可与庄语"的权宜之策而已。

另外，《齐谐》的例子，也很可以说明何以"寓言十九"（寓言占十之九）、"重言十七"（重言占十之七）的缘故。"寓言"和"重言"之间是可以重叠的：《齐谐》所述的鲲鹏故事就篇章主旨本身而言，自然是寓言；而它同时也采取了借重前人之言的策略。

> **且**夫水之积也不厚，则其负大舟也无力。覆杯水于坳堂之上，则芥为之舟，置杯焉则胶，水浅而舟大也。风之积也不厚，则其负大翼也无力。故九万里，则风斯在下矣，而后乃今培风；背负青天而莫之夭阏者，而后乃今将图南。

这节有一转，《逍遥游》荡开一笔，于"藉外论之"的鲲鹏寓言之外，更加一层，"藉"水与所承载物之关系的喻言，点明深蓄厚养与大展鸿图的关系。

文章从积水之多寡所能承载的草芥、杯盏乃至大舟之不同，提示鲲鹏展翅需要风之积聚。这里不妨回头看前文"去以六月息者也"一句。对它的解释，早先多认为是指鲲鹏南翔之时段，"息"便意谓"息止"，与解作"气息"的"生物之以息相吹也"的"息"异解。如郭象《庄子注》："夫大鸟一去半岁，至天池而息。"成玄英《庄子疏》不破《注》："时隔半年，从容志满，方言憩止。"后来则多将"六月息"理解为"六月的风"，前文引及宋代林希逸《庄子鬳斋口义》所谓"六月海动"，"海动必有大风"云云，就包含了这样的意思。明清时人说得更明确，释德清《庄子内篇注》："盛阳开发，风始大而有力，乃能鼓其翼；'息'即风。"宣颖《南华经解》："息是气息，大块噫气也，即风也。六月气盛多风，大鹏便于鼓翼，此正明上六月海运则徙之说也。"如果考虑到两"息"字同解，似乎以后来人的说法为宜，而这里强调"风之积也不厚，则其负大翼也无力"云云，将前文的"六月息"理解为六月的强阳之风，应该也更合乎文章的条理脉络。

文中有"培风"，此"培"字，王念孙《读书杂志》曰："'培'之言'冯'也。'冯，乘也。'（见《周官》冯相氏《注》）风在鹏下，故言负；鹏在风上，故言'冯'。……'冯'与'培'，声相近，故义亦相通。"由此，"培风"就是"乘风""凭风"。

鲲鹏需要六月之风的承托，突出了升腾于高远、宏大境界的鲲鹏，其展翅高飞，也是有其特定条件或曰限制的——简而言之，就是所谓养厚蓄深的问题。明代的释德清有《庄子内篇注》，是历史上一部注《庄子》的名著，他诠释这一层意义非常充分：

> 此一节总结上鲲、鹏变化图南之意，以暗喻大圣必深畜厚养而可致用也。意谓北海之水不厚，则不能养大鲲，及鲲化为鹏，虽欲远举，非大风培负鼓送，必不能远至南冥，以喻非大道之渊深广大，不能涵养大圣之胚胎。纵养成大体，若不变化，亦不能致大用；纵有大圣之作用，若不乘世道交兴之大运，亦不能应运出兴，以成广大光明之事业。是必深畜厚养，待时而动，方尽大圣之体用。故就在水上、风上以形容其厚积。然水积本意说在鲲上，今不说养鱼，则变其文曰"负舟"，乃是文之变化处。

大鹏展翅的条件乃足以托举其羽翼的大风，这点如果从另一方面来理解，其实也就是一种限制。王夫之《庄子解》说："两言'而后乃今'，见其必有待也。"正是窥见了此中消息。这对理解大鹏是否处于完全而绝对的自由状态，是很重要的一点。不过，紧接着的下文尚未及展开此点，而是首先突出"大"的对应面："小"。在完成了"小"的有限性论说之后，再来讨论"大"的是否超然自由，似乎更为显豁而周全吧。

蜩与学鸠笑之曰："我决起而飞，抢榆枋，时则不至而控于地而已矣，奚以之九万里而南为？"适莽苍者，三餐而反，腹犹果然；适百里者，宿舂粮；适千里者，三月聚粮。之二虫又何知！

蜩与鸠，相对鲲鹏，当然是小鸟。以小映大，形成对照，从而引出下文所谓"小大之辩"。对世间万物以对比做观照，是《庄子》中常见的一种视角，也是非常重要的一项策略。《秋水》篇河伯和北海若之间的第一番对话，也是经由小大之间的对照，显示犹如井底之蛙的河伯其视野之局限，从而提升认知大千世界的境界。

世间万物相对相形的观念，在道家传统中，《老子》就给予了突出的关注。传世本《老子》第二章曰：

> 天下皆知美之为美，斯恶已；皆知善之为善，斯不善已。故有无相生，难易相成，长短相形，高下相倾，音声相和，前后相随。

大抵以为世间诸事物种种情状，都是相对而呈现的，有无、长短、高下、前后等可诉诸形迹者固然如此，即音、声[一]之听觉，乃至难易、美丑、善恶之类主观感知亦然。不过，《老子》虽然也将世间事物作二元式的对举，但它似乎更侧重在二元对立双方的相互比照和转化上，所谓"反者道之动"（第四十章）。而《庄子》则有所不同，它侧重从事物相对相形的视角破解人们对特定事物对象的凝定固执的看法：比如，《秋水》篇中，河伯自以为水流浩大，而在大海面前则相形见绌；这里，蜩与鸠自以为骤起急落亦堪称飞翔，而比较鲲鹏之高飞万里，则高下天壤之别立现。

不过，作为小者的蜩与鸠，并不自知；它们的"笑"是很值得玩味的。《老子》传世本四十一章曰："上士闻道，勤而行之；中士闻道，若存若亡；下士闻道，大笑之。不笑不足以为道。"上士闻知"道"后勤勉而践行之，中士则将信将疑，下士则"大笑"——"嘲笑"之，然而，不为下士嘲笑，那也算不得真正的"道"！蜩与鸠的"笑"正是下士之"笑"，如果没有它们的嘲笑声，或许还不能真正映衬出鲲鹏之高远境界。

"适莽苍者，三餐而反，腹犹果然；适百里者，宿舂粮；适千里者，三月聚粮。"所图益远，准备就得愈加充分。这个意思，也就是上文中鲲鹏高飞，而其所需依凭的条件便也愈高。大有大的难处，这一道理或许不是局于一隅的小鸟辈所了解的："之二虫又何知！"释德清《庄子内篇注》诠说此意道：

> 庄子因言世人小见，不知圣人者，以其志不远大，故所畜不深厚，各随其量而已。故如往一望之地，则不必畜粮……此喻小人以目前而自足也。适百里者，其志少远……若往千里，则三月聚粮，其志渐远，所养渐厚。此二虫者，生长榆、枋，本无所知，亦无远举之志，宜乎其笑大鹏之飞也。举世小知之人盖若此。

所图愈高远，则依恃的条件愈高，这之间是一种互相支持的关系，也就是说，因为本身非同寻常且志向远大，所以需要的支持也就非同寻常；而非同寻常的高深条件，也确保其远大抱负的实现。郭象注前文"夫水之积也不厚"至"水浅而舟大也"一段时说："夫质小者所资不待大，则质大者所用不得小矣。"或许可以说，揭示的就是主体和条件之间的这种关系。大鹏首先是因为自身之伟大，因而需要大风支持升腾高空，而不是侥幸生在高山之巅的稗草，自身并无超迈时流之处，只是因为外在条件好而得以据有高位。晋左思有《咏史》之二有句云："郁郁涧底松，离离山上苗。以彼径寸茎，荫此百尺条。世胄蹑高位，英俊沉下僚。地势使之然，由来非一朝。"形容的就是这后一种情形。[1]

按照文意读来，人们很自然会将"之二虫"——这两只小鸟——认作是指蜩与鸠。但这里有一个问题不得不涉及，就是郭象对所谓"之二虫"的理解，他明确说："二虫，谓鹏、蜩也。"这表明，他对鹏、蜩两者是等齐观之的。其实，在《逍遥游》篇题下的注说里，郭象已经明确提出了等观鹏、蜩的论调："夫小大虽殊，而放于自得之场，则物任其性，事称其能，各当其分，逍遥一也。"意思是说：无论大鹏还是蜩、鸠之类，只要尽其性，便都是逍遥的。这自然有他的理据，不过，似乎在文字上，他也有其根据，下文中，斥鷃有"翱翔蓬蒿之间"的话，这"翱翔"古时就是"逍遥"的意思，《诗经·桧风·羔裘》首章、次章的首句分别作"羔裘逍遥""羔裘翱翔"，郑玄笺："翱翔，犹逍遥也。"或许正因此，《文心雕龙》的《诸子》篇中就形容"庄

---

[1]后一情形是世间的常态。《韩非子》有《难势》篇，其中引慎子的话说："贤人而诎于不肖者，则权轻位卑也；不肖而能服于贤者，则权重位尊也。尧为匹夫不能治三人；而桀为天子能乱天下。吾以此知势位之足恃，而贤智之不足慕也。"

周述道以翱翔"，刘勰显然也以为"翱翔"和"逍遥"意思类同。郭象或许正是注意了小鸟也可"翱翔（逍遥）蓬蒿之间"之文，因而坚强了他以为大小不妨同其逍遥的观念。

不过，后来大部分注《庄》者与郭象持不同见解。林希逸曰："二虫者，蜩、鸠也。言彼何足以知此。"（《庄子鬳斋口义》）刘凤苞曰："适近者不能知远，彼二虫岂足以知大鹏？"（《南华雪心编》）而郭象的观点，近代以来受到许多直接而有力的批评。俞樾指出：

> 郭象《注》曰："二虫谓鹏、蜩也。"此恐失之。二虫当谓蜩与学鸠，下文曰："奚以知其然也？朝菌不知晦朔，蟪蛄不知春秋。"是所谓不知者，谓小不足以知大也。然则此云："之二虫又何知！"其谓蜩、鸠二虫明矣。（《诸子评议·庄子评议》）

钟泰《庄子发微》亦辩说曰："此以《齐物论》义作释，非本篇之旨。本篇赞大而斥小，下文曰：'小知不及大知，小年不及大年。'又曰：'此小大之辩也。'其意明甚。安得谓以均异趣而无胜负于其间也。郭子玄之说，实足以贻学者之惑。"至少，我们可以相信，在《逍遥游》一篇中，小大之境，还是存在显见差别的。

然而，郭象的说法并非完全没有道理，纯属谬解。蜩们与鲲鹏之间的这种小、大差别，其意义仅在特定的层面才成立，即大鹏和诸小鸟都是世间之"物"，在这个层面上，它们之间当然应该确认是有所差别的，大鹏的境界远高于蜩们。但在"物"的层面之外，还有"道"的层面，"道"与"物"的区别在《庄子》中是一个很大的关键分野，而这一分野其实是非常之明晰的，比如《秋水》就揭示过两者的不同。[1]那么，如果从"道"的视野来

---

[1] 参第三讲中对"夫精粗者，期于有形者也"数句的诠释。

观照，则大鹏和小鸟们虽一在天而一在地，却恐怕都未臻于"道"的境界，在这个意义上，郭象强调两者若尽其性则不妨可谓同一逍遥。

还有一点似乎值得在这里提出，从而可以平情理解郭象《庄子注》的价值和意义。郭象的《庄子注》【二】固然是对《庄子》一书的诠注，所以切实把握、理解《庄子》文本的原初意思当然是非常重要的，我们可以从这一层面来认识、评价其种种正误；但另外一个方面，在中国文化传统中，对于以往经典的注解，往往也是自家思想表达的一个重要路径，承前而启后、"述而有作"的诠释，是中国古典思想展开的一种重要方式——这是一个简单的事实，比如朱熹的《四书集注》就绝不仅仅是解释儒家经典的意思（meaning）的书，而更是包含了朱熹所阐发的儒学之意义（significance）的著作。同样，在这个意义上，郭象的《庄子注》也是他自己思想的发挥，【三】因而，就不应当仅仅从字面意思是否贴切的层面来判断其价值，往往注释著作更有其独立的思想史、文化史意义，郭象的《庄子注》无疑正是这样的一部大著作。【四】

补释

【一】"音""声"并非一事，《毛诗序》："声成文谓之音。"郑玄笺曰："声，谓宫、商、角、徵、羽也；声成文者，宫、商上下相应。"《礼记·乐记》："声相应，故生变；变成方，谓之音。"郑玄注曰："宫、商、角、徵、羽，杂比曰音，单出曰声。"由此，《老子》四十一章所谓"大音希声"才可得切当的理解，即"自然完美、蕴蓄宏深、变化多端之音，其声悠扬回荡，若断若续，浑沌窈渺，莫辨宫、商，达到高度的和谐，闻者既不能听清，也不胜听"（顾易生先生语，见《先秦两汉文学批评史》，上海古籍出版社，1990年，182页）。《庄

庄子讲义

子·天道》篇描述了黄帝张于洞庭之野的"咸池"之乐，郭庆藩《庄子集释》诠说作："五音繁会，不辨声之所从出。"恰是一个例证。

【二】郭象《庄子注》究竟是否完全出自郭手，很早就有异说。《世说新语》的《文学》篇曰："初，注《庄子》者数十家，莫能究其旨要。向秀于旧注外为解义，妙析奇致，大畅玄风，唯《秋水》《至乐》二篇未竟，而秀卒。秀子幼，义遂零落，然犹有别本。郭象者，为人薄行，有俊才，见秀义不传于世，遂窃以为己注，乃自注《秋水》《至乐》二篇，又易《马蹄》一篇，其余众篇，或点定文句而已。后秀义别本出，故今有向、郭二《庄》，其义一也。"此后，聚讼纷纭，不可究诘。此处仅依旧题，将今传世的注释文字归于郭象名下，并非绝然否定其间包含向秀注说的可能性。据杨明照《郭象庄子注是否窃自向秀检讨》及寿普暄《由经典释文试探庄子古本》（两文均载《燕京学报》第二十八期）复核陆德明《经典释文》、张湛《列子注》和李善《文选注》中的向、郭两家《庄子》注文，大抵郭象采用向秀处颇多。又传世的郭象《庄子序》亦有疑问，王利器先生有《〈庄子〉郭象序的真伪问题》《再论〈庄子〉郭象序的真伪问题》讨论之。（载《晓传书斋集》，华东师大出版社，1997年）

【三】郭象《庄子注》如前则补释所揭，与向秀注本有密切关联，而向秀的注当时称"义"："秀为此义，读之者无不超然，若已出尘埃而窥绝冥，始了视听之表，有神德玄哲，能遗天下，外万物。"（《世说新语·文学》注引《竹林七贤论》）从当时读者的反应，可窥见该《庄子》注的重点所在。此外，还有一个佐证，向秀当初拟注《庄子》，嵇康、吕安颇以为不必，而注成之后，吕安叹曰"庄周不死"，向秀"后注《周易》，大义可观，而与汉世诸儒互有彼此，未若隐《庄》之绝伦也"（《世说新语·文学》注引《秀别传》）。其"隐《庄》"之"隐"即"檃"，谓檃括《庄子》之义，而不烦字训句解；且既注《易》以

"大义"为主，与之比论的《庄子注》当然也是侧重"大义"无疑了。由刘孝标此注所引的两条材料，可知《庄子注》之重点乃在义理诠说，而不在故训方面；其实，这从今日所见郭象《注》亦可以看得很清楚。

值得说明一下，"大义"云云，乃是东汉初对应"章句"频繁出现的一个语辞。"章句"最初不过是离析章句的意思，而在经学系统中逐渐形成繁碎附会的格局，马瑞辰《毛诗传笺通释》论之甚确："委曲支派，而语多傅会，繁而不杀，蔡邕所谓前儒特为章句者，皆用其意傅，非其本旨。刘勰所谓秦延君之注《尧典》十余万字，朱普之解《尚书》三十万言。所以通人恶烦，羞学章句也。"两汉之际的学人厌弃章句，博览群书，如《后汉书·王充传》谓王充"好博览而不守章句"，而新的学术趋向或者是训诂之学，《汉书·扬雄传》曰："雄少而好学，不为章句，训诂通而已，博览无所不见。"或者即所谓"大义"，《后汉书·班固传》："博贯载籍，九流百家之言，无不穷究，所学无常师，不为章句，举大义而已。"而"训诂""大义"不同，在《后汉书·桓谭传》的记述中可以看得很清楚："博学多通，遍习五经，皆诂训大义，不为章句。"

【四】中古时代，甚至对经典的注释较之对其展开独立的论述更具有优先性，《世说新语》的《文学》篇提供了这样的一个例子："何平叔注《老子》始成，诣王辅嗣，见王《注》精奇，乃神伏，曰：'若斯人，可与论天人之际矣！'因以所注为《道》《德》二论。"又："何晏注《老子》未毕，见王弼自说注《老子》旨。何意多所短，不复得作声，但应诺诺。遂不复注，因作《道》《德》论。"何晏注《老子》之"意"，以及王弼《老子注》（如今日所可得读者），都不仅是训诂意思而已，而是有意义阐释的；何晏最初拟通过注来全面发挥《老子》之旨意，而与王弼之注相形见绌，因而才退而以其意旨著《道》《德》二论，或者这些内容是王弼未及或所涉未深因而尚存剩义之处吧。

小 知不及大知，小年不及大年。奚以知其然也？朝菌不知晦朔，蟪蛄不知春秋，此小年也。楚之南有冥灵者，以五百岁为春，五百岁为秋；上古有大椿者，以八千岁为春，八千岁为秋。①而彭祖乃今以久特闻，②众人匹之，不亦悲乎！

　　① 根据成玄英《庄子疏》"故谓之大年也"句，此处应补"此大年也"一句。刘文典《庄子补正》："此四字所以结'楚之南有冥灵者'之义，正与上文'此小年也'相对。"
　　② 陆德明《经典释文》引王逸《天问》注谓彭祖寿七百，又引《世本》谓其寿八百。

　　这一节开端的两句，"小知不及大知"，上承前文；"小年不及大年"领起下文。

　　"知"当然承接着上文"之二虫又何知"的"知"，义为"知晓""明了"。然而陆德明《经典释文》中《庄子音义》曰："'知'，音'智'。本亦作'智'。""知"和"智"在古时往往相通，而在现代的理解里面，两者虽然不能说就是一回事，但确实有深切的关联。"知"（知识）是对世间种种的了解，虽然未必就能培育、形成"智"（智慧）——因为有时过度的知识恰恰会窒息智慧，两者不幸构成此消彼长的关系，《老子》便有所谓"为学日益，为道日损"（第四十八章）之说。这一问题在愈益晚近、知识愈多的时代之中，尤其突出——但恰当的知识是智慧的基础，应该没有人会表示异议，除非是提出那些特殊的白痴天才作为反证。

　　"楚之南有冥灵者"一句，与《列子》的《汤问》篇相类："荆之南有冥灵者，以五百岁为春，五百岁为秋；上古有大椿者，以八千岁为春，八千岁为秋。"此类与其他文献相类似的文句，其实并无必要认定究竟何为原创而何为袭引：古时学术乃天下之公器，这类现象的存在，不过说明在同一个或虽不同但相近的传统中，学术确实具有相关性或连续性。《庄子》在这里体现了一种清晰的比较性视野，这个比较性视野不仅是说相对"小"而言更有"大"者存在，更有意味的是暗示了即使在特定情境之中呈现出某一性状的事物，在比较之中也会显示出另外的甚至是完全相反的性状：彭祖的寿命，从一般人的角度来说，确实长得难以想象；但比较冥灵、大椿一季即历数百乃至数千载的情形，则可谓渺不可及了。

如此由比较视野的变化而导致对事物性状判断的差异，是《秋水》中大力发挥的一点，并且由此在《齐物论》中引申出言论、事物相对而无定的观念。这些话头且待彼处详析，暂不展开。在此只想指出一点：此节谈及了人间长寿的彭祖，然而并未将其视为崇高的典范，这与《庄子》整个的观念是一致的，它虽然也重视养生，但并非以养形寿为最高境界。《刻意》篇开始曾对若干种人物加以评说：

庄子讲义

> 刻意尚行，离世异俗，高论怨诽，为亢而已矣；此山谷之士，非世之人，枯槁赴渊者之所好也。语仁义忠信，恭俭推让，为修而已矣；此平世之士，教诲之人，游居学者之所好也。语大功，立大名，礼君臣，正上下，为治而已矣；此朝廷之士，尊主强国之人，致功并兼者之所好也。就薮泽，处闲旷，钓鱼闲处，无为而已矣；此江海之士，避世之人，闲暇者之所好也。吹呴呼吸，吐故纳新，熊经鸟申，为寿而已矣；此道引之士，养形之人，彭祖寿考者之所好也。若夫不刻意而高，无仁义而修，无功名而治，无江海而闲，不道引而寿，无不忘也，无不有也，澹然无极而众美从之，此天

地之道，圣人之德也。

这几类人物，都是有所依凭、刻意攀求的，不能臻于"澹然无极"境界；所以文中最后都用了否定性的"无"或"不"来作出批评、指出正当的方向——"不刻意""无仁义""无功名""无江海""不道引"。其中彭祖之类"道引之士""养形之人"，不仅有如此之弊，而且所谓"养形"，正与所谓"缮性"（修治心性）相对，无疑是趋于歧路的了。

> **汤**之问棘也是已。穷发之北有冥海者，天池也。有鱼焉，其广数千里，未有知其修者，其名为鲲。有鸟焉，其名为鹏，背若太山，翼若垂天之云，抟扶摇羊角而上者九万里，绝云气，负青天，然后图南，且适南冥也。

"棘"，古时与"革"同声通用；棘，就是夏革，是汤时大夫。这节文字，前面一段与《列子》的《汤问》篇记夏革答汤问之语极相似：

> 终北之北，有溟海者，天池也，有鱼焉，其广数千里，其长称焉，其名为鲲。有鸟焉，其名为鹏，翼若垂天之云，其体称焉。

虽然，在本文中没有像前面那样标出《齐谐》的出处，但其实是一样有所依据的——虽然这不意谓《逍遥游》就是援引的《列子》。

我们知道，今本《列子》有许多的疑问，学界一般相信这是晋时才形成的；[1] 但如果考虑到《列子》中汤与夏革间乃是一系列的问答，难以想象它们是分别从不同的文本比如《庄子》等之中撮录缀合而成，而应该是有所本的。这里以汤与棘的问答方式，再次叙述鲲鹏故事，其用意略如马其昶所谓："略同于《谐》而再见者，以汤、棘皆古贤圣，言足取信。《寓言》篇所谓'重言'者，此其例也。述《谐》意在积厚，述汤问意在小大之辩。"（《庄子故》）

不过，这里值得注意的是，在《列子·汤问》篇的文字，以及《逍遥游》这里与《列子》类似的文字之中，作为鱼的鲲与作为鸟的鹏之间似乎并非《逍遥游》开篇所呈现的变化关系，而前引《齐谐》的文字则仅仅涉及鹏之腾飞，于其最初的鲲之形态不着一字，那么这个鲲、鹏转化的情节是不是《庄子》的独异之奇思呢？

斥鷃笑之曰："彼且奚适也？我腾跃而上，不过数仞而下，翱翔蓬蒿之间，此亦飞之至也，而彼且奚适也？"此小大之辩①也。

① "小大之辩"的"辩"即"辨"，奚侗《庄子补注》谓《庄子》多借"辩"为"辨"。

斥鷃的表现与前面的蜩与学鸠如出一辙，它"翱翔"——前面已经提及，"翱翔"在古代的意思与"逍遥"类似——于"蓬

[1] 参杨伯峻《列子集释》附录三"辨伪文字辑略"，《新编诸子集成》本，中华书局，1979年。

蒿之间"，自以为是飞翔之极致（"飞之至"）了，因而不能理解大鹏一飞冲天的去向究竟；此不必多言，值得注目的是本节最后明确点出的"此小大之辩也"一句。可以说，这"小大之辩"总结了《逍遥游》从开篇直至此处的意旨，一句话，将前文的种种曲折都梳理清楚了。近代刘熙载著《艺概》，其中《文概》部分论及："《庄子》文法，有断续之妙，如《逍遥游》忽说鹏，忽说蜩与学鸠、斥鷃，是为断；下乃接之曰：'此小大之辩也。'则上文之断处皆续也。"

《逍遥游》文脉至此，告一段落，笼盖了上文，下文乃始进入一新境界；这新的部分是《逍遥游》的主要关切所在，即人间逍遥的关键，易言之，《逍遥游》就此离开了鲲鹏、蜩鸠们的寓言世界。

二、逍遥之游的境界

《逍遥游》至此从鸟兽草木的世界进入人间种种，或许可以说，此前都是借以表达主旨的寓言，以下则逐渐进入本篇的主旨。

庄子讲义

> **故**夫知效一官，行比一乡，德合一君，而征一国者，其自视也亦若此矣。而宋荣子犹然笑之。且举世而誉之而不加劝，举世而非之而不加沮，定乎内外之分，辩乎荣辱之境，斯已矣。彼其于世未数数[1]然也。虽然，犹有未树也。

① 马彪注"数数"曰："犹汲汲也。"（陆德明《经典释文》引）成玄英《庄子疏》亦然："'数数'，犹'汲汲'也。宋荣子率性虚淡，任理直前，未尝运智推求，役心为道，栖身物外，故不汲汲然者也。"

"知效一官，行比一乡，德合一君，而征一国"，这里的"官"（官职、官守）"乡""国"是一个世俗地位逐渐提升的系列，"知""行""德"表述的是适应世俗成就的个人知识（智慧）、德行。此中"而"字，郭庆藩《庄子集释》以为通"能"即能力，其实所谓"君""国"不妨一体，"而"直读如字亦可解。这些切合世俗的才能和品行，对于拥有它们并且据以取得了世间成功的人而言，自然是值得骄傲的。然而，在《庄子》看来，这种自傲与蜩们的自得相去无几。宋荣子的笑不是前面蜩们的"下士"之笑，而是居高临下的以大笑小，他发出的是鲲鹏没有对蜩们发出的笑声。如果说知、行、德足以取得官、乡、国层次之成功，体现的是功利的、现世的价值，那么宋荣子属于怎样的境界呢？

文中已明白道出："彼其于世未数数然也。"何以对世俗世界的种种不那么魂萦梦绕？因为"定乎内外之分"。在世俗的世界中，这其实已然是一个非常之高的境界。明了了自我的内在需求和价值，那么外在的荣辱都不再会左右其行为，[1] 即所谓"举世而誉之而不加劝，举世而非之而不加沮"。

《庄子》曾经提出尊重内在的重要，如果轻忽了内在的自我，抛弃自家无尽藏，则颠倒迷乱、不可扶持。《达生》有一故事非常精彩：

> 颜渊问仲尼曰："吾尝济乎觞深之渊，津人操舟若神。吾问焉，曰：'操舟可学邪？'曰：'可。善游者数能。若乃夫没人，则未尝见舟而便操之也。'吾问焉而不吾告，敢问何谓也？"仲尼曰："善游者数能，忘水也。若乃夫没人之未尝见舟而便操之也，彼视渊若陵，视舟之覆犹其车却也。覆却万方陈乎前而不得入其舍，恶往而不暇！以瓦注者巧，以钩注者惮，以黄金注者殙。其巧一也，而有所矜，则重外也。凡外重者内拙。"

---

[1] 所谓"辩乎荣辱之境"是指既了解"荣""辱"这些世间价值判断的区别——"境"乃界划之义——也承上知晓"荣""辱"之类其实都在外而不在己。

"覆却万方陈乎前而不得入其舍"，车的翻倒、舟的倾覆，这些在通常的眼光看来，都属于负面的价值（犹如"辱"之为负面），而对于舟上、水下无所分别的"没人"（善出没风波水浪的人）而言，则完全不构成一般人眼界中的好、坏之类处境，换句话说，就是"没人"心中——"舍"即心舍[1]——没有此类世人所重的分别，因而他可以自如操舟，如履平地。这里最为关键的不是外在处境如何，而在内心把握怎样。下面的譬喻就说明了这个道理：赌注有贵贱之别，一心纠结于此间轻重差别，则内心自会焦虑偏侧；《庄子》的意思是，既然你的赌技其实是一样的，那么无论瓦、金，等而视之为赌注，那么或许不会"内拙"吧？这说的道理，或许与"无欲则刚"这一成语里面显示的意旨，也差不多。宋荣子"定乎内外之分"，其实就是明了内重而外轻的道理，外间的荣辱在这个坚定的自我面前，都是可以任由取舍的。由此，我们或许可以说，宋荣子体现的是自我的境界。

但这个自我的境界，在自我与外在世界之间，无疑保持着一份紧张感、一种持续的张力。虽然其间体现的价值取向或许不一样，但屈原所谓"举世皆浊我独清，众人皆醉我独醒"（《渔父》）的意识，与宋荣子所谓"举世而誉之而不加劝，举世而非之而不加沮"同样，体现了在高度肯定自我信念的同时，与外在世界的对立。

屈原的例子是很显然的，他的诗中有许多决绝的语句，强烈透露出自我与外部世界之间的冲突；比如《离骚》："固时俗之

---

[1]将"心"比喻为房屋之空间，是古时之常然。《人间世》有"虚室生白"一句，陆德明《经典释文》引司马彪注说："'室'比喻'心'，心能空虚，则纯白独生也。"接着还有一句："夫徇耳目内通而外于心知，鬼神将来舍。"其中的"舍"虽为动词，意为入舍而住，但其实也是将"心"视作可以居止的处所。与此相关之例证，有《管子·心术上》之"虚其欲，神将来舍"。

工巧兮，偭规矩而改错；背绳墨以追曲兮，竞周容以为度。……宁溘死以流亡兮，余不忍为此态也！鸷鸟之不群兮，自前世而固然；何方圜之能周兮，夫孰异道而相安？""伏清白以死直兮，固前圣之所厚！""亦余心之所善兮，虽九死其犹未悔！""民生各有所乐兮，余独好修以为常；虽体解吾犹未变兮，岂余心之可惩？"《九章·涉江》："吾不能变心而从俗兮，固将愁苦而终穷！"他强烈地意识到自己的高超修美，对于外界的污浊和丑陋持强烈的拒斥姿态，甚至以与外部世界的对抗性而自傲：即使是终生困窘不能通达，即使是解体死亡，我也不会改变自己的心志！屈原是一个比较极端的例子，不是说宋荣子就是屈原式的人物，但不能否认，在自我内外的紧张感方面，他们有一致处。

在这个意义上，列子的境界似乎更胜一筹。

夫列子御风而行，泠然善也，旬有五日而后反。彼于致福者，未数数然也。此虽免乎行，犹有所待者也。

列子[1]"御风而行"的能事，在今传世的《列子》之《黄帝》篇中也有形容："心凝形释，骨肉都融，不觉形之所倚、足之所履，随风东西，犹木叶干壳，竟不知风乘我邪？我乘风乎？"列子乘风的境界，自然实现了很大程度上的自由；而且在自我与外在世界之间没有了宋荣子式的紧张感——如《列子》所云："竟

---

[1] 列子位列先秦道家谱系之中，而今归属其名下的《列子》一书，学者多以为伪作；至于《庄子》之中的列子分析，可参吴怡《逍遥的庄子》，广西师大出版社，2006年，第28页以下。

不知风乘我邪？我乘风乎？""风"与"我"融为一体——毋宁说，作为外部世界的风成为他实现自我自由的一种依恃，列子轻快神妙地乘御着风来往自如，对外在的世界是一种依顺，而同时也是自我的一种实现。但就如大鹏的乘风而起，风成为它展翅高飞的助力，同时作为一种条件也构成了某种限制和约束，风对列子，一方面意味着可以"免乎行"，但另一方面，则是"有所待"的对象——"有所待"就还不是充分的自由，外在世界对主体依然构成一份不得不接受的限制，就如大鹏得在"六月""海动"之时，乘势而起。章太炎论曰："然有所待而逍遥，非真逍遥也。大鹏自北冥徙于南冥，经时六月，方得高飞；又须天空之广大，扶摇、羊角之势，方能鼓翼，如无六月之时间、九万里之空间，斯不能逍遥矣。列子御风，似可以逍遥矣，然非风则不得行，犹有所待，非真逍遥也。"[1]如何才是真正完全的自由逍遥？

庄子讲义

> **若**夫乘天地之正，而御六气之辩，以游无穷者，彼且恶乎待哉！故曰：至人无己，神人无功，圣人无名。

至此，《逍遥游》主旨突现。

如果回顾《逍遥游》的结构，我们可以看出，它首先从鲲鹏的寓言开始，而后引出蜩与鸠作为小大之辩的对应，而后转入人间的主题，逐步指出保持自我、对峙外在世界不是最佳的"逍遥"状态——随风宛转，看似自由，但终究还有一份限制在，故而仍

---

[1] 章太炎《国学讲演录》，华东师大出版社，1995年，第208页。

不是最后的境界；至此，乃点出只有与大道合同，才能获致真正的自由。现时许多论者以"自由"释《逍遥游》的主旨；其实早在章太炎晚年讲演国学的时候，就曾直截了当地提出："浅言之，'逍遥'者，自由之义；'齐物'者，平等之旨。"[1]章氏的说法确实简捷通彻，一般也都能为人接受。不过，值得特别指出的是：这种自由不是通常理解中的所谓无所拘束的绝对自由，而是有归趣的一种状态。

以往的关注主要在所谓"有待""无待"，因为上文述及列子时指出虽然列子御风，但"犹有所待"，而这里则说"恶乎待"，形成对比。其实，"有待"和"无待"并非真正关键所在；何以可以"恶乎待"或曰"无待"呢？这里的关键是"乘天地之正，而御六气之辩，以游无穷"。

"乘天地之正"的真切意思就是顺乎天地之大道，郭象《注》曰："顺万物之性。""六气之辩"的"辩"，郭庆藩《庄子集释》释曰："'辩'读为'变'；《广雅》：'辩，变也。'……'辩''变'古通用。"而所谓"御六气之辩"，郭象《注》曰："游变化之涂。"就是因顺宇宙自然之阴阳风雨晦明[2]的种种变化；这里强调的并非仅在于这些变化本身，更在这种变化所透露的宇宙真谛。

不妨来看一个涉及圣人的例证，孔子曾说"予欲无言"，当子贡表示困窘的时候，孔子回应道："天何言哉？四时行焉，百物生焉，天何言哉？"（《论语·阳货》）虽然未曾直接表露，但四时的变化、万物的生灭就体现了天道的真义。故而，在这个意义上，"御六气之辩"与"乘天地之正"所表达的意旨，其实是一样的，都是归本于自然天道而已。不过，如果一定要加以区别分

［1］章太炎《国学讲演录》，华东师大出版社，1995年，第208页。
［2］陆德明《经典释文》引司马彪注曰："六气，阴阳风雨晦明也。"

析，则或许"乘天地之正"是把握天道之静态，而"御六气之辩"是把握天道之动态吧。

顺乎自然，归本天道，体现出庄学的中心即"以人合天"，[1]这"天"即是《逍遥游》"自由"的归趣："逍遥"或"自由"的最终归趣，即在于天地宇宙之大道。如此理解《庄子》的"逍遥"，既合乎《逍遥游》文本明确突显"天地之正"的本来情况，也合乎《庄子》在"天""人"构架中思索自然、人生种种的基本取向。

"天""人"之分际与相关性，是中国古典思想世界的基本思考型态。"天""人"之间的关系，《庄子·天地》篇中有最为清楚的论说：

> 泰初有无，无有无名；一之所起，有一而未形。物得以生，谓之德；未形者有分，且然无间，谓之命；留动而生物，物成生理，谓之形；形体保神，各有仪则，谓之性。性修反德，德至同于初。

这里出现了一系列十分重要的古典思想范畴，把握这些范畴之间的相互关系乃是理解古代世界观的关键路径。我们稍作分析：

（一）"无"或"道"。首两句或有不同读法，其实作"泰初有'无'，无'有'无'名'"读便极分明：洪荒之初，世间的状态只是一个"无"，这"无"的状态便是没有实存性的"有"，自然也没有随"有"而产生的"名"如概念性的"有""无"之类。

（二）"一"或"有"。从如此"无"的状态中，有所谓"一"

---

[1]《秋水》："无以人灭天。"又《达生》有"以天合天"之说，前一"天"乃指主体自我祛除种种利益机心而后获致的心性自然状态，而后一"天"指世间万物的天然状态。

的出现，这其实即实存性的"有"的出现，《老子》所谓"天下万物生于有，有生于无"（第四十章）是也。《老子》四十二章"道生一，一生二，二生三，三生万物"云云，显然也表示"道"与"一"不同。结合这两章的意思，"道"即"无"，而"一"乃是"有"，为万物实有之始。【一】

（三）"德"。"一"最初的状态乃"未形"，即未"分"而浑沌的状态。"物得以生谓之德"，说明"道"与"德"之间的关系："道"是周遍的，《韩非子》之《解老》篇曰："'道'者，万物之所然也，万理之所稽也"，"万物各异理而'道'尽稽万物之理"；而"德"者"得"也，其所"得"的即"道"而已，简言之，"德"即"物"得自于"道"者。[1] 正因此，《老子》会有"孔'德'之容，惟'道'是从"（第二十一章）的说法。

（四）"命"。"命"在"未形者"渐"分"，但仍尚未凝定生物之前已然成立，这也说明了古代"命"乃前定观念的缘由。

（五）"物"。"生物"或曰"物"之成形，在"留动"之后。所谓"留动"，成玄英《庄子疏》以为："'留'，静也。阳动阴静……化生万物。"即阴阳动静交合而后成物的意思，[2] 这参稽《老子》及相关解说则可益加明了：《老子》四十二章"道生一，一生二，二生三，三生万物；万物负阴而抱阳，冲气以为和"，其中出现"阴""阳""气"之类概念。《淮南子·天文训》就已经从阴阳二元角度揭示万物生成的过程了："道曰规始于一，一而不生，故分而为阴阳，阴阳合和而万物生。"成玄英由阴

[1]《管子》的《心术上》篇也有类似说法："德者，道之舍，物得以生生。"
[2] 另一解以为"留"即留滞之义，林希逸《庄子鬳斋口义》即如此诠说："元气之运动不已，生而为物，则是其动者留于此，故曰'留动而生物'。"宣颖《南华经解》亦云："'动'即造化流行也，少停于此，便生一物。"

阳动静解说"留动"即受此一传统的影响。

（六）"形""神"。"物"的生成，是一个重要的分野。"物"成立之后，它本身具有所谓"形"与"神"二者，"形体保神"[1]即指"物"之"形""神"结合而构成整体。

（七）"性"。"形""神"结合，构成万物，其内在的规范即所谓"性"；由此，可以确认，"性"是内在于事物之中的，而上与"道""德""命"等相融贯。[2]也正因此，才可以真切理会"性修反德，德至同于初"之说，即它是指由具体之"物""性"，追溯至"德"（得于"道"者）及"初"（"无"或"道"）的根源之处。这何以能够如此呢？便是如《天地》此节文字所表达的：物性的本源即在天道。回到《庄子》的基本姿态，"人"的根源来自"天"，这构成"以人合天"的根本理据。

这一"天""人"关系论，不是《庄子》的一家私意，而是古典世界思想的共同观念。我们可以来看古时人们传习极熟的儒家经典。《中庸》的开篇有如下数句非常重要的话："天命之谓性，率性之谓道，修道之谓教。""天命之谓性"，即是说"性"是"天"所赋予的，这可谓是精要地提示了上引《庄子·天地》一节的意旨。而《孟子》的《尽心上》篇有所谓"尽其心者，知其性也；知其性，则知天矣"的话，这里"尽心""知性""知天"的线索是逐渐提升的，即由个别的"心"经由"性"可以直达于"天"，之所以由"心""性"可返溯于"天"，其实就是因为"心""性"之本源即在"天"的缘故；这层意思与《庄子·天地》"性修反德，德至同于初"的思想路向不能不说是一致的。

---

[1]《管子·白心》有"形性相葆"之说。

[2]近年出土的郭店竹简有《性自命出》一篇曰："性自命出，命自天降。""天""命""性"的突出，与此《天地》至为契合。

回溯到世间万物——人也是万物之一[1]——的根源处，后来的生命与原初的天地精神合而为一，而后所谓"至人无己，神人无功，圣人无名"便都是题中应有之义。成玄英《庄子疏》解释说："至言其体，神言其用，圣言其名。"王先谦《庄子集解》进而指出："其实一也。"我们不妨将三者视为互文，"至人""神人""圣人"三者毋庸刻意区划，[2]而臻于天地合一境界者，所谓"无己""无功""无名"亦当同时具足。如果，一定要在三者间作出何轻何重的抉择，或许"无己"是最重要的。钟泰《庄子发微》曰："'至人无己'三句，则一篇之要旨。而'无己'，尤要中之要。……'无名'者，不自有其名；'无功'者，不自有其功。不自有者，'无己'之渐也。故终归于'无己'而止焉。"这是从阶次渐进的角度加以论述。而如我们上面的诠释，乃由天人架构的根本归趣上着眼：祛除了自我的执着，才能无偏无私，与天地同流，这即是《齐物论》所谓"吾丧我"。至此，才真正是所谓"逍遥游"，这也就是《天下》篇所说"上与造物者游"而"独与天地精神往来"的状态。徐复观先生曾有阐释："庄子的'无己'，让自己的精神，从形骸中突破出来，而上升到自己与万物相通的根源之地。"[3]

与天地之道贯通同体，具体如何达致呢？或有不同的方式。比如孟子是所谓"养"，即"养吾浩然之气"："其为气也，至大至刚，以直养而无害，则塞于天地之间。其为气也，配义与道。"

---

[1]这一意念，《世说新语》中也有突出表现，如《方正》："卢志于众坐，问陆士衡：'陆逊、陆抗是君何物？'"《赏誉》："王戎云：'太尉神姿高彻，如瑶林琼树，自然是风尘外物。'"
[2]这里仅略举例，如本篇"神人""乘云气，御飞龙，而游乎四海之外"，"大浸稽天而不溺，大旱金石流、土山焦而不热"，《齐物论》及《达生》篇则属之"至人"（参下文所引）；又"神人""孰弊弊焉以天下为事"，而《齐物论》则属之"圣人"："圣人不从事于务。"
[3]徐复观《中国人性论史（先秦篇）》，上海三联书店，2001年，第352页。

（《孟子·公孙丑上》）"气"与"道"是相契合的，[1] 而"气"本身，照朱熹的意见，也不仅是指个体之气，个体的气，其实也是得自天地之气的："盖天地之正气，而人得以生者。……惟其自反而缩，则得其所养，而又无所作为以害之，则其本体不亏而充塞无间矣。"（《孟子集注》）也就是说，主体之"养""气"，即是提升自我、通贯至天地之气、自然之道的过程。而《庄子》以"去人合天"为宗旨，故而主张减法，[2] 祛除自我违逆本初自然的种种，而达到与天道的合一：

> 颜回曰："回益矣。"仲尼曰："何谓也？"曰："回忘仁义[3]矣。"曰："可矣，犹未也。"他日，复见，曰："回益矣。"曰："何谓也？"曰："回忘礼乐矣。"曰："可矣，犹未也。"他日，复见，曰："回益矣！"曰："何谓也？"曰："回坐忘矣。"仲尼蹴然曰："何谓坐忘？"颜回曰："堕肢体，黜聪明，离形去知，同于大通，此谓坐忘。"仲尼曰："同则无好也，化则无常也。而果其贤乎！丘也请从而后也。"

由《大宗师》此节文字，可以生动观察到古时师弟间教与受的情形：老师循循善诱，弟子则习而自得。颜回先后"忘""礼乐"与"仁义"，都不能得到孔子的印可；最终他达到所谓"坐忘"

---

[1] 朱熹《孟子集注》："道者，天理之自然。""人能养成此气，则其气合乎道、义而为之助。"

[2]《老子》亦大抵如是，如谓："损之又损，以至于无为。"（第四十八章）

[3] 此处"仁义"与下文"礼乐"，当互易。刘文典《庄子补正》："《淮南子·道应训》'仁义'作'礼乐'，下'礼乐'作'仁义'，当从之。礼乐有形，固当先忘；仁义无形，次之；坐忘最上。今'仁义''礼乐'互倒，非道家之指矣。"王叔岷《庄子校释》更增益例证曰："《老子》云：'失道而后德，失德而后仁，失仁而后义，失义而后礼。'《淮南子·本经训》：'知道德，然后知仁义之不足行也；知仁义，然后知礼乐之不足修也。'道家以礼乐为仁义之次。礼乐，外也；仁义，内也。忘外及内，以至于坐忘。若先言忘'仁义'，则乖厥旨矣。"

的境界【二】，即"堕肢体，黜聪明，离形去知，同于大通"。"肢体"在这里代表的是"形"或身体以及身体所体现的欲望，"聪明"原来指耳"聪"目"明"，而这里指"知"即"知识"及"智慧"——当然这是指特属人的知识和智慧。至此，所谓"坐忘"的内涵也便了然，即《齐物论》开篇"南郭子綦隐机而坐"，"形""如槁木""心""如死灰"——这也是从形、神两方面对人的欲、知加以否定的结果——的"吾丧我"状态。当主体的欲望和知性都被消解之后，便臻于合道之境了；文中"大通"所形容者即"道"，成玄英《庄子疏》谓："道能通生万物，故谓道为'大通'也。"

这种以主体修养、体悟来通达天地境界，与道冥合的方式，是中国古代精神传统中的一个特质。熊十力先生曾给予特别的论说：

> 中国哲学有一特别精神，即其为学也，根本注重体认的方法。体认者，能觉入所觉，浑然一体而不可分，所谓内外、物我、一异、种种差别相都不可得。唯其如此，故在中国哲学中无有像西洋形而上学，以宇宙实体当作外在存在的物事而推穷之者。西洋哲学之方法，犹是析物的方法。……都把真理看作有数量性质、关系等等可析。实则真理本不是有方所有形体的物事，如何可以数量等等去猜度？须知真理非他，即是吾人所以生之理，亦即是宇宙所以形成之理。故就真理言，吾人生命与大自然即宇宙，是互相融入而不能分开，同为此真理之显现故。但真理虽显现为万象，但真理自身并不即是万象，真理毕竟无方所，无形体，所以不能用知识去推度，不能将真理当作外在的物事看待。哲学家如欲实证真理，只有返诸自家固有的明觉，即此明觉之自明自了，浑然内外一

如而无能、所可分时，方是真理实现在前，方名实证，前所谓体认者即是此意。……吾人必须有内心的修养，直至明觉澄然，即是真理呈显。如此，方见得明觉与真理非二，中国哲学之所昭示者唯此。然此等学术之传授，恒在精神观感之际，而文字记述盖其末也。[1]

主体的人与万物一样，由天道赋予其性，正因此道、德、命、性的贯通，由内在的心、性，可以回溯而通达天道本源，且这种回溯的方式，不是知性的，而是体认，是冥会。这就是《庄子》所谓"乘天地之正"，与道合一乃真正"逍遥游"的背景和缘由。

这里，最后还有一个问题需要讨论。归本于天道是否就是真正自由了？或许有人会说：与天相合，这一限定，岂非表示正有限制在吗？怎么算"无待"或"恶乎待"呢？实则与天地并生、与万物为一，[2] 则无所谓彼此之别，如同孔子所说的"从心所欲不逾矩"（《论语·为政》），自我的意欲与宇宙大化的真流一体，从而获得的是真正的自由。在此中间，如果仍要强分彼此，则反而是未臻胜境的表征了。这里值得提出，《逍遥游》的"自由"乃是依循"自然"的，并非脱离"自然"的绝对状态。这在中国古代深明《庄子》之真谛的陶渊明那里，有很好的呈现。陶诗《饮酒》其五"山气日夕佳，飞鸟相与还。此中有真意，欲辩已忘言"，"飞鸟"的意象通常被视为自由的象征，然而诗中它显然也是合乎暮归之自然的，而非任由飞翔的自由。

至此，反观大鹏虽高于蜩之类，但其凭风而起，有所依恃，表明它并非与天地合一者；蒋锡昌《庄子哲学》针对鹏与蜩等

[1]《十力语要》卷二《答马格里尼》。
[2]《齐物论》："天地与我并生，而万物与我为一。"

的"小大之辩"而发的议论就颇有道理了:"小知固不及大知,小年固不及大年,然其相比亦不过五十步与百步之差,其无知、无寿等也。"或许,大鹏在自由的等次上大约相当于乘风而行的列子吧。这么说,《逍遥游》最初展现的寓言世界中的"小大之辩",确实不是绝对的,而是相对而言的;因此,《逍遥游》在此已为《齐物论》预留一地步在了。

补释

【一】"一"所相对者,是"无"的那个原初状态,那么"无"是否就是所谓"道"呢?有一种说法认为道兼"有""无"而言,其根据在于《老子》首章"此两者,同出而异名,同谓之玄",王安石注该句时明确指出:"'两者',有、无之道,而同出于道也。世之学者,常以'无'为精,以'有'为粗,不知二者皆出于道,故云'同谓之玄'。"(容肇祖《王安石老子注辑本》)这一说法,在《老子》本文中似乎不能得到充分的证实。《老子》二十五章关于"道"有如此形容:"有物混成,先天地生。寂兮寥兮,独立而不改,周行而不殆,可以为天地母。吾不知其名,强字之曰'道'。"这里明确表示不可言表的"道"是"先天地生","可以为天下母"的,即"道"先于宇宙间种种具体的事物而存有,那么应该说"道"决非属于"有"的范畴,而即是"无"。之所以有"道"兼"有""无"的说法,大约因未能清楚分辨"道"之本体与"道"之名字。《老子》首章曰:"道可道,非常道;名可名,非常名。无,名天地之始;有,名万物之母。""无""有"云云承"名"而来,所谓者乃是"道"之名字,并非直指"道"之本体;下文"同出而异名"实已明确提示此处的"有""无"乃"名"而已。就"道"之名字而言,不妨称"有""无",这分别是对"道"之性状、作用的描述,王弼所谓:"欲言'无'邪,而物由以成;欲言'有'

邪，而不见其形。"（《老子》第十四章"无状之状，无物之象"注）"无"是"道"的本来性状，而"有"是就其能生万物而言；王注且明白指出所谓"无""有"皆属"言"。如究其本体的实际状态，则"道"是"无"而非"有"；这与"道"之能生万物的可能性与作用，应该说并不冲突。

【二】"坐忘"的"坐"，与"隐机而坐"的"坐"同谓，是实在的坐，直解之即"端坐"，"坐忘"即"端坐而忘"（刘凤苞《南华雪心编》引陆平泉语）。李白《长干行》其一有"感此伤妾心，坐愁红颜老"，其中"坐"或解作"因"，亦实指端坐而已；杜甫评太白有"清新庾开府，俊逸鲍参军"（《春日忆李白》）语，而鲍照《拟行路难》其五有"人生亦有命，安能行叹复坐愁"句，"行叹"与"坐愁"对举，"坐"为实义断无疑义；更早而相关的例子还有如曹植《赠王粲》"端坐苦愁思"等。

三、无名无功与无己

在给出了中心的观点之后，《逍遥游》以下数节，乃承上继续发挥。这是《庄子》若干重要篇章的基本结构，如后面的《秋水》亦大抵如是。

尧让天下于许由，[1]曰："日月出矣而爝火不息，其于光也，不亦难乎！时雨降矣而犹浸灌，其于泽也，不亦劳乎！夫子立而天下治，而我犹尸之，吾自视缺然。请致天下。"许由曰："子治天下，天下既已治也，而我犹代子，吾将为名乎？名者，实之宾也，吾将为宾乎？鹪鹩巢于深林，不过一枝；偃鼠饮河，不过满腹。归休乎君，予无所用天下为！庖人虽不治庖，尸祝不越樽俎而代之矣。[2]"

① 司马迁《史记·伯夷列传》："说者曰尧让天下于许由，许由不受，耻之逃隐。……余登箕山，其上盖有许由冢云。"皇甫谧《高士传》："许由，字武仲。尧闻致天下而让焉，乃退而遁于中岳颍水之阳，箕山之下隐。"

②成玄英《庄子疏》："庖人，谓掌庖厨之人，则今之太官供膳是也。尸者，太庙中神主也；祝者，则今太常太祝是也；执祭版对尸而祝之，故谓之尸祝也。"

本节主要释"无名"。

许由推却尧之天下之类的故事，当然难说就是历史的真实情况，很大程度上是《庄子》的寓言创作。许由据《庄子》说是"尧之师"，[1]而推辞天下之事，《庄子》的《徐无鬼》和《外物》《让王》等篇也有记述，[2]但"此许由辞让天下之说，为前此载籍所不见，《庄子》寓言十九，论者以此为寓言，非事实"[3]。这样的手段，文学天才那里，并非绝无仅有，比如宋时的苏轼，"省试《刑赏忠厚之至论》有云：'皋陶为士，将杀人，皋陶曰"杀之"三，尧曰"宥之"三。'梅圣俞为小试官，得之以示欧阳公。公曰：'此出何书？'圣俞曰：'何须出处！'公以为皆偶忘之，然亦大称叹。初欲以为魁，终以此不果。及揭榜，见东坡姓名，始谓圣俞曰：'此郎必有所据，更恨吾辈不能记耳。'及谒谢，首问之，东坡亦对曰：'何须出处。'乃与圣俞语合。公赏其豪迈，太息不已。"[4]

尧是古代的圣王，天下大治，属于儒家传统所认为的黄金时代；而《逍遥游》此处更推出许由，比诸尧之"爝火""浸灌"，许由乃"日月""时雨"，一出于人工勉力而为，一则出于天时自然，高下自见。值得注意的是，许由作为古代的高隐，他之推却尧，尚有其理据在。

[1]《天地》："尧之师曰许由。"
[2]《徐无鬼》："齧缺遇许由，曰：'子将奚之？'曰：'将逃尧。'"《外物》："尧与许由天下，许由逃之。"《让王》："尧以天下让许由，许由不受。"
[3]杨宽《中国上古史导论》，载《古史辨》第七册上编，上海古籍出版社，1982年。
[4]陆游《老学庵笔记》卷八。

首先，"子治天下，天下既已治也，而我犹代子，吾将为名乎？名者，实之宾也，吾将为宾乎？"许由并不否认尧治天下之功，在这一点上，他承认尧自成其"名"，只是他拒绝如此的"名"声，不愿冒尧治天下之"名"而已。这是最明确的"无名"的表示。

这是怎样的"名"呢？看其次，"鹪鹩巢于深林，不过一枝；偃鼠饮河，不过满腹"，体现的是不贪求奢取、知足常乐的态度，而背后透露出的是以自我满足为主的价值观念。这一点已然显示与尧之治天下不同的价值取向，后者是世俗的、功业的，而前者是隐逸的、自我的。这或许也可以作为许由不求"名"的内在根由。

许由最后的话语包含了"越俎代庖"成语的出处；许由自居于"尸祝"的位置，而以尧之类天下治理者为"庖人"，"尸祝"和"庖人"是截然不同的职守，前者是祭祀时祷祝神主的人，而后者是主掌厨事者，显然暗示着专注于自我满足的隐士许由和专注于世俗功业的人间圣王尧，分处于两个不同的系统之中。如果玩味其中的意思，许由或许还在其中隐隐表示了高下之别："尸祝"是祭祀的重要角色，而古代"祭祀"的重要性不言而喻；至于"庖人"，这里或许不仅仅是指一般掌管厨事的供膳者，很可能是与祭祀活动相关的安排祭品之类的人物。[1]魏晋之际的嵇康在《与山巨源绝交书》中曾涉及尸祝和庖人的典故，他自居尸祝，而以出仕的山涛为庖人："间闻足下迁，惕然不喜，恐足下羞庖人之独割，引尸祝以自助，手荐鸾刀，漫之膻腥。"嵇康对庖人山涛的轻略、卑视态度是显见的，那么，至少在这位精通《庄子》的竹林名士看来，[一]尸祝与庖人两者间的轻重是很清楚的。

---

[1]《史记·陈丞相世家》："里中社，平为宰，分肉食甚均。父老曰：'善！陈孺子之为宰。'平曰：'嗟乎！使平得宰天下，亦如是肉矣！'"陈平在社祭中担任的自然不能说就是庖人的角色，但祭仪中涉及食物是显见的；更有意思的是，陈平将庖事和治天下联系一处，或许也可以做许由之比拟的一个助例。

补释

【一】相比正始玄学之偏重《老子》（何晏原拟注《老》，后著《道》《德》二论；王弼注《老》：并见《世说新语·文学》），竹林名士于《庄子》别有会心，如阮籍《通老》《达庄》并作，向秀注《庄》，"大畅玄风"。嵇康与向秀为友，于《庄子》当有所商略，后者初欲注《庄》，嵇康尝表反对："此书讵复须注，徒弃人作乐事耳。"（《世说新语·文学》刘注引《秀别传》）虽然，陆德明《经典释文》之《庄子音义》于《逍遥游》开篇"北冥"即引"嵇康云：取其溟漠无涯也"，可知嵇康于《庄》亦曾下注语焉。

肩 吾问于连叔曰："吾闻言于接舆，大而无当，往而不返。吾惊怖其言，犹河汉而无极也，大有径庭，不近人情焉。"连叔曰："其言谓何哉？"曰："'藐姑射之山，有神人居焉，肌肤若冰雪，淖约若处子。不食五谷，吸风饮露。乘云气，御飞龙，而游乎四海之外。其神凝，使物不疵疠而年谷熟。'吾以是狂而不信也。"连叔曰："然，瞽者无以与乎文章之观，聋者无以与乎钟鼓之声。岂唯形骸有聋盲哉？夫知亦有之。是其言也，犹时女也。之人也，之德也，将旁礴万物以为一，世蕲乎乱，孰弊弊焉以天下为事！之人也，物莫之伤①，大浸稽天而不溺，大旱金石流土山焦而不热。是其尘垢秕糠，将犹陶铸尧舜者也，孰肯以物为事！"

① "物伤"这个概念，在《庄子》中屡屡得见，如《齐物论》"一受其成形，不亡以待尽，与物相刃相靡"，《庚桑楚》"夫至人者，相与交食乎地而交乐乎天，不以人物、利害相撄"等。

此节主要释"无功"。

所谓"无功",其实并不是说完全不留任何功业的痕迹。比如说"使物不疵疠而年谷熟"之类,就不能说不是功业。只是,这种种功业,并非用力究心的结果,而是修养自我,超然俗务之外,而后自然得到的世间功业。不以世间功业为究竟追求,"孰弊弊焉以天下为事",而以余事为之的姿态,"其尘垢秕糠,将犹陶铸尧舜",这才是"无功"的正解。

这层意思,在《庄子》书别处也有分明的表述:

> 道之真以治身,其绪余以为国家,其土苴以治天下。由此观之,帝王之功,圣人之余事也,非所以完身养生也。今世俗之君子,多危身弃生以殉物,岂不悲哉!(《让王》)

这种首先注重自我的取径,似乎与儒家所谓"修身""齐家""治国""平天下"(《礼记·大学》)相类似,其实侧重还是有所不同。儒家的修身,是以为如此才能本立而末治,所谓"其本乱而末治者否矣"(《大学》);《庄子》则以为自我才是真正值得关注的,至于外在的功业并非其措意所在。

这中间的大分野,唐代批评道、释两家的韩愈在《原道》里面分判得很明白,他在引述《大学》文句之后说:"古之所谓正心而诚意者,将以有为也;今也欲治其心,而外天下国家。"

"有为",正是道家质疑的;当然所谓"无为"并非一切不为,完全无所作为,而是说要尊重天地之道而为。[1]《逍遥游》提到"其神凝,使物不疵疠而年谷熟",就是这样的意思。

---

[1]郭象注《在宥》"君子不得已而临莅天下莫若无为"句曰:"无为者,非拱默之谓也。直各任其自为,则性命安矣。"

"凝"，成玄英《庄子疏》解为"静"。如何是"静"？郭象《注》有"行（形）若曳枯木，止（心）若聚死灰"[1]之释，这指的应该就是上文提及的通达天道的"坐忘"或"丧我"境界。这么说来，《逍遥游》这一句的意旨即：达到与道冥合境界的神人，可以使万物无咎、五谷丰登。成玄英《庄子疏》便如此解释："圣人形同枯木，心若死灰，本迹一时，动寂俱妙，凝照潜通，虚怀利物，遂使四时顺序，五谷丰登，人无灾害，物无夭枉，圣人之处世，有此功能。"这里的关键在于圣人达到"与物为春"（《德充符》）、合同天道的状态时，世间万物都能得到自然生长；这说来玄妙，其实即《缮性》所谓"莫之为而常自然"[2]，当与天道自然合一之时，保持凝定恬静而不出位，顺万物之性，自然可以有"物不疵疠而年谷熟"的收获。

世间的成效是外在的，自我的成就才是《庄子》真正关切的。得道者如此节所述之神人，其能事乃"物莫之伤，大浸稽天而不溺，大旱金石流土山焦而不热"。此类描述，在《庄子》中一再有表现：

> 至人神矣！大泽焚而不能热，河汉沍而不能寒，疾雷破山、飘风振海而不能惊。若然者，乘云气，骑日月，而游乎四海之外，死生无变于己，而况利害之端乎？（《齐物论》）

[1] 刘文典《庄子补正》："'行'当为'形'，'止'当为'心'。《齐物论》篇'形固可使如槁木，而心固可使如死灰乎'，《徐无鬼》篇'形固可使若槁骸，心固可使若死灰乎'，《知北游》篇'形若槁骸，心若死灰'，《庚桑楚》篇'身若槁木之枝，而心若死灰矣'，并以'形'与'心'对言。《疏》'圣人形同枯木，心若死灰'，是成所见《注》亦作'形'、作'心'。《文选》颜延年《五君咏》注引此注，'止'犹作'心'。此疑'心''止'草书形近致讹，后人乃改'形'为'行'，增'曳'字、'聚'字耳。"
[2] 此语出《老子》"莫之命而常自然"（第五十一章）。这层意思在《老子》中一再出现，如第六十四章："辅万物之自然，而不敢为。"又第三十七章："道常无为而无不为，侯王若能守之，万物将自化。"

古之真人……登高不栗，入水不濡，入火不热。"（《大
宗师》）

至人潜行不窒，蹈火不热，行乎万物之上而不栗。（《达
生》）

何以如此神奇？郭象注《逍遥游》"大浸稽天"句曰："无
往而不安，则所在皆适。死生无变于己，况溺、热之间哉？故至
人之不婴乎祸难，非避之也；推理直前而自然与吉会。"郭象的
注说，显然是通观全书而言的，[1]意思是：合于天道的"神人"
或"至人"自然将"依乎天理"（《养生主》）而行，死生对他们皆
非所计较，况溺热、利害之类？

郭象的说法，是符合《庄子》之意的。不妨看《达生》篇，
当子列子[2]问关尹："至人潜行不窒，蹈火不热，行乎万物之上
而不栗。请问何以至于此？"关尹答："是纯气之守也。……壹
其性，养其气，合其德，以通乎物之所造。夫若是者，其天守全，
其神无郤，物奚自入焉！"这里"物之所造"即谓"道"，也
就是说：至人修养自性，"合""德"而"通""道"——这即
是与天道冥合——"物"便不能"伤"之了。可见，这里突出的
也还是人合于天的价值。[3]

这里所谓的"神人"，有视为古代神话者。确实，《庄子》

第二讲 《逍遥游》：何谓「自由」

---

[1]所谓"死生无变于己"就显然是袭用《齐物论》的原句。从这个例子，我们可以知道，
郭象的注往往统合全书立论；前面引及郭象以"二虫"指蜩与鹏，照钟泰的观察，乃是以《齐
物论》之旨解本篇，也是同样的例子，因而，在反对郭象这一具体注释的同时，或许也可
以稍稍增加对他如此解说的同情理解。
[2]"子"冠"列子"前，《庄子》中《达生》《让王》两篇中可见，与他篇有别。
[3]《秋水》篇对此另有解说："至德者，火弗能热，水弗能溺，寒暑弗能害，禽兽弗能贼。
非谓其薄之也，言察乎安危，宁于祸福，谨于去就，莫之能害也。"是说"至德"之人能
察知安危，慎于趋避；这意思比较浅易明白，然与郭象《逍遥游》注及《达生》篇所谓不同。

是保存古代神话的重要典籍，是古代神话的渊薮之一。神话最初都是具有地域性的，体现其所属文化的特性。对中国古代神话，学界曾有不同的分析。【一】《庄子》的神话，在很大程度上与南楚神话有更多的关联性。我们都听闻过《庄子》中"浑沌"的故事："南海之帝为儵，北海之帝为忽，中央之帝为浑沌。儵与忽时相与遇于浑沌之地，浑沌待之甚善。儵与忽谋报浑沌之德，曰：'人皆有七窍以视听食息，此独无有，尝试凿之。'日凿一窍，七日而浑沌死。"（《应帝王》）【二】这"儵""忽"的名号比较特别，其实都是指敏捷而神速的意思，楚辞作品中屡屡可见，如《九歌》的《少司命》有"儵而来兮忽而逝"，《天问》有"儵忽焉在"，《远游》有"神儵忽而不反兮"等。说到《逍遥游》此节，"神人""乘云气，御飞龙"，或者《齐物论》"至人""乘云气，骑日月"之类，也是楚辞中神人常见的举动；《九歌》的《少司命》开端是非常动人的人神之间一见钟情的描述："秋兰兮青青，绿叶兮紫茎；满堂兮美人，忽独与余兮目成。入不言兮出不辞，乘回风兮载云旗。悲莫悲兮生别离，乐莫乐兮新相知。"这"无语而来无语而去"的"年轻的神"[1]，正是乘着风、云而来去的。

补释

【一】茅盾先生曾区别了中国古代神话北、中、南不同的区域系统（《中国神话研究初探》，《茅盾评论文集》下，人民文学出版社，1978年）；顾颉刚先生则分辨了昆仑和蓬莱两个不同的神话系统（《〈庄子〉和〈楚辞〉中昆仑和蓬莱神话系统的融合》，《中华文史论丛》1979年2辑）。此处所谓"藐姑射之山，有神人居焉，肌肤若冰雪，绰约若处子"

---

[1]何其芳《预言》诗写的就是这么一位"你终于如预言中所说的无语而来／无语而去了吗 年轻的神"。

云云，或许可以与唐代白居易《长恨歌》中"忽闻海上有仙山，山在虚无缥缈间；楼阁玲珑五云起，其中绰约多仙子"相对照；因为按照陆德明《经典释文》的说法，"藐姑射""在北海中"，这大概显示了它与蓬莱神话系统的关系——不过，《逍遥游》下文写尧"往见四子藐姑射之山，汾水之阳"，似乎藐姑射之山不像在海上。

【二】浑沌的寓言，表达了庄子的许多基本思想。首先，浑沌形象体现了整全一体的意旨，它不是分裂的，不是支离破碎的，这是庄子有关世界原初状态的象喻。其次，"儵""忽"的意思是迅速快捷，暗示着时光的流逝；在时间的维度中，世界流变不居，也是庄子等古代哲人一再思考的问题。再次，随着时光流逝，整全的世界发生了分裂，这一分裂，宣示了本初状态的结束，宣示了浑沌本性的死亡；这七天，不是创造世界的七天，而是毁灭的七天。复次，庄子对以分析的态度面对世界持批评立场，无论这种分而析之，是儵、忽二位这样"日凿一窍"的行为，还是如惠施、公孙龙等名家知性上的精神活动；相反，应该以与万物会通的态度，直面世间万物的缤纷多彩。最后，以"人皆有七窍"的一般状况，要求一切事物，并且不顾万物各自的品性，将单一面貌强加于人，也是庄子所不能接受的，比如《逍遥游》下文庄子就批评惠施以能盛水作为衡量葫芦的唯一标准，那超过一般尺度的大葫芦，何以不凭之浮游江湖之上呢？如果要选一个最能代表庄子观念的形象，很可能是"浑沌"；如同对老子，很可能是"水"。

宋 人资章甫而适诸越，越人断发文身，无所用之。

上面两节主要涉及的是无名、无功，那么以下数节大抵都应与所谓"无己"有关。

宋人是殷人之后裔，相比较断发文身的越人，其间隐隐含有文明与野蛮的对立：所谓"章甫"即殷冠，衣冠之类并非人体天然的部分，而是后天的增饰，体现的当然是"文明"。然而，这种"章甫"对于越人，则毫无益处，他们断发文身，面对完全属于另一文明形态的衣冠之类，他们自感格格不入。以今天的文化学视野来看，所有的文化都是具有地域性的，有其特定的适宜与不宜，因而平情了解双方或多方的差异和价值相对性，是非常重要的。因此，在越人那里兜售殷人之冠，首先就透露出自我中心的意识；而其次，如果了解了殷、越之间的不同，依然坚执自己文化的观点，乃更属不能忘我而固执己意的表现了。

这层意思，古人也曾有非常正面的理解。汉武帝时，南方的闽越兴兵攻击南越，南越求助汉廷，武帝拟发兵，淮南王刘安上书劝谏，其中就有"越，方外之地，劗发文身之民也，不可以冠带之国法度理也"（《汉书·严朱吾丘主父徐严终王贾传》）的话，正是指出文身之越与冠带之中原不同，因而不可一律视之。

尧 治天下之民，平海内之政。往见四子藐姑射之山，汾水之阳，窅然丧其天下焉。

庄子讲义

这里再次回到古代圣王尧。前面尧以天下让许由一节，为许由表达他的"无名"等观念提供了机缘。此节则似乎重及"尸祝"和"庖人"之不同，以尧与藐姑射之山的四子的对比，突显了两个世界——"治天下之民，平海内之政"的尧的世间性的政治世界与四子所安居的出世间的神人世界——的对立。当尧面对藐姑射山的时候，他遇到的是一个完全不同的世界，怅然若失，"丧其天下"。这里的"丧"，并非真的丧失，而是指丧忘之意，如《齐物论》开篇所谓的"吾丧我"之"丧"——后者的"丧"显然不可能是说自己将自己丧失了的意思——亦即"坐忘"之"忘"。面对着藐姑射山上通达天道的神人们，尧"丧""忘"或者说抛却了——犹如在"坐忘"境界中抛却了原初的"知""欲"一样——原来殚精竭虑治理的天下。

尧原来的世界只有一个，而现在他领悟到还有另外一个世界，这个世界具有另外的价值指向，而这种价值更其自然而合于天道。这一转折，便落在一"丧"字；由"丧"也就达到"无己"——不复执着于原来自己那个世界及其价值。

惠子谓庄子曰："魏王贻我大瓠之种，我树之成而实五石。以盛水浆，其坚不能自举也。剖之以为瓢，则瓠落无所容。非不呺然大也，吾为其无用而掊之。"庄子曰："夫子固拙于用大矣。宋人有善为不龟手之药者，世世以洴澼絖为事。客闻之，请买其方百金。聚族而谋曰：'我世世为洴澼絖，不过数金；今一朝而鬻技百金，请与之。'客得之，以说吴王。越有难，吴王使之将，冬与越人水战，大败越人，裂地而封。能不龟手，一也；或以封，或不免于洴澼絖，则所用之异也。今子有五石之瓠，何不虑以为大樽而浮乎江湖，而忧其瓠落无所容？则夫子犹有蓬之心也夫！"

我们在谈及庄子其人的时候已经指出，惠施与庄子是很密切的朋友。不过，他们的友谊不是基于志同道合的那种，通览《庄子》全书，我们可以看出，他们属于互为论敌的那种，按《庄子》的说法就是"相反而不可以相无"（《秋水》）——互相乃是对立的双方，而又不能离了对方——通俗些讲便是"不是冤家不聚头"的那种。《庄子》中许多重要篇章，在最后都缀有若干庄子、惠子的问难对答，除此处外还有如《秋水》《德充符》，而它们都属于表达了重要思想观念的段落。

《逍遥游》的这一节中，惠施首先讲了一个大瓠的故事。对瓠之大，庄子也予以认可，这似乎是一个确定的事实；在这样一个确定的事实基础上，得出的推论似乎只能是一个，对惠施而言，就是瓠之大而"无用"。这一断语，犹如前文肩吾以为接舆之言"大而无当"，"惊怖其言犹河汉而无极也，大有径庭，不近人情"。这样的态度，虽然较之鲲鹏寓言中的蜩们之"笑"要认真、严正些，不过，一样是对更高境界难以理解的表示。

庄子，则一如他与惠施的许多对话中一样，不是正面回应，而是另起话头，以一个寓言式的故事批评惠施的意见，表达自己的观点。"不龟手之药"的故事，提示的是对待一事物完全可能有不同视角的观察乃至运用，事物的价值在某一特定的角度显示不出来，未必就代表该事物不能在另外的角度呈现其另一维度的价值。以大瓠而言，虽然"以盛水浆，其坚不能自举也。剖之以为瓢，则瓠落无所容"，但"以为大樽而浮乎江湖"则恰尽其材。庄子之用，较之惠施用以盛水之类，自是悠然潇洒，确实也构成令人印象深刻的对比。最后，庄子直接批评惠施说："夫子犹有蓬之心也夫！"这里的"蓬"，陆德明《经典释文》引向秀注曰："蓬者短不畅，曲士之谓。"照向秀注，庄子是说惠施心思狭隘，如同茅塞，[1] 乃一曲之士。一曲之士，即偏守一隅，鲜观衢路的人，执着于自我的视域以为能事而已。

前面已经说到，《逍遥游》的这部分主要讨论的应是所谓"无己"的问题。一曲之士执着自我之见，自然不能算是"无己"无疑，不过，这与我们已经加以阐说的《逍遥游》之"至人无己"以"去人合天"为正解，似乎相去有间，该如何理解呢？

其实，也简单。正因为达到了合天之道的境界，自然不复偏执于自我一隅，而能展开另外的视野观照世间万物，能了解乃至欣赏世间千差万别的纷纭物性；[2] 而如果还是偏执于自我的意识倾向，则应该说绝对不可能是达到合天无己者的作为。从这个意义上来看，惠施自然不是臻于无己之境的人；他所谓的"用"或"无用"，其实并非天下之公义，而只是他出于自我角度的私意，他基本是从一己实用的角度考虑大瓠价值的，因而他所谓的有用和无用，乃是其一己的价值判断。而庄子则显得因物为用，随顺物性。徐复观先生论及："人所以不能顺万物之性，主要是来自物我之对立；在物我对立中，人情总是以自己作衡量万物的标准，因而发生是非好恶之情，给万物以有形无形的干扰，

[1]《孟子·尽心下》亦用此喻："孟子谓高子曰：'山径之蹊间，介然用之而成路，为间不用则茅塞之矣。今茅塞子之心矣。'"
[2] 这在《齐物论》中也有显示，该篇的主旨当是"吾丧我"而达到与天地并生、万物为一的境界，但也正因此才能真正导致打破自我的狭隘视界，泯绝由此引致的种种纷争。参后第四讲关于《齐物论》的讲析。

自己也会同时感到处处受到外物的牵挂、滞碍。有自我的封界，才会形成我与物的对立；自我的封界取消了（无己），则我与物冥，自然取消了以我为主的衡量标准，而觉得我以外之物的活动，都是顺其性之自然，都是天地之正，而无庸我有是非好恶于其间，这便是乘天地之正了。"[1]徐复观先生显然是从偏执自我意识的角度来看待"无己"的，并且他特别指出："《齐物论》的前半段，主要便是发挥此义。"而他的这段论述，在说明为何将惠施和庄子的对话视为未能"无己"者和臻于"无己"者之间对峙的方面，应该说是很恰当的。这提示我们：《逍遥游》最后有关"无己"的论说，在转移了"无己"与天道合同之正义的同时，显示了与《齐物论》篇在精神上的相通。[2]

惠子谓庄子曰："吾有大树，人谓之樗。其大本拥肿而不中绳墨，其小枝卷曲而不中规矩，立之涂，匠者不顾。今子之言，大而无用，众所同去也。"庄子曰："子独不见狸狌乎？卑身而伏，以候敖者；东西跳梁，不辟高下；中于机辟，死于罔罟。今夫斄牛，其大若垂天之云。此能为大矣，而不能执鼠。今子有大树，患其无用，何不树之于无何有之乡，广莫之野，彷徨乎无为其侧，逍遥乎寝卧其下。不夭斤斧，物无害者，无所可用，安所困苦哉！

---

［1］徐复观《中国人性论史（先秦篇）》，上海三联书店，2001年，第351页。
［2］这也显示出《齐物论》其实并非《庄子》之学的中心所在；参后第四讲关于《齐物论》的讲析。

128

本节中，惠施再以树木为喻，重申"大而无用"的观点，不过，这次更进一步，挑明了是针对"子之言"而发的。树的譬喻，在《庄子》书中屡屡可见，比如《人间世》"匠石之齐"以下两节、《山木》"庄子行于山中见大木"节[1]等，都是非常突出的例子，而且其主题大抵也聚焦于所谓"有用""无用"之间。我们可以看到，惠施所谓"无用"，仍是从实用的视角出发的——"大本拥肿而不中绳墨，其小枝卷曲而不中规矩"，它不合匠人的要求，派不上用场。这表明，惠施依然不能了解自己所谓"用"的有限性。庄子的回应中，更加突显了物性各异，当尊重其性而依循为用的观念。"今夫斄牛，其大若垂天之云。此能为大矣，而不能执鼠"，物各有其利，亦有其弊，当善体察之；如果违逆其原初之性，终究不能体会其真价值，《至乐》篇有一则很精彩的故事，可以说明不固执自我视界而随顺物性的道理：

> 昔者海鸟止于鲁郊，鲁侯御而觞之于庙，奏九韶以为乐，具太牢以为膳。鸟乃眩视忧悲，不敢食一脔，不敢饮一杯，三日而死。此以己养养鸟也，非以鸟养养鸟也。夫以鸟养养鸟者，宜栖之深林，游之坛陆，浮之江湖，食之鳅鲦，随行列而止，委蛇而处。

"己养养鸟"与"鸟养养鸟"的差别就在一以自我价值为中心，而一则尊重且依循万物之性。回到《逍遥游》，庄子以大樗"树之于无何有之乡，广莫之野，彷徨乎无为其侧，逍遥乎寝卧其下"，正是抛却了树木合乎匠人尺度为有用的狭隘价值取向，而化其实际之无用，得彷徨逍遥之精神大用。这是一个意味深长的转化，

---

[1]参后第五讲关于《养生主》的讲析。

是精神提升到与天地万物融贯一体之后才能见及的境界。而且，即使从世俗的意义上说"无用"的事物，相对"有用"也自有其不可取消的价值在，《外物》篇有如下一段对话：

> 惠子谓庄子曰："子言无用。"庄子曰："知无用而始可与言用矣。天地非不广且大也，人之所用容足耳。然则厕足而垫之致黄泉，人尚有用乎？"惠子曰："无用。"庄子曰："然则无用之为用也亦明矣。"

人们终究不能仅仅局限在实际的所谓"有用"之中，在庄子看来，那是非常危险的，甚至威胁到你实际是否能够立足。

不是所有《庄子》的篇章，都有结构与文意的脉络可以寻绎的，有些不过是断续文字的缀合而已。而其重要的篇什，虽然"忽而叙事，忽而引证，忽而譬喻，忽而议论，以为断而未断，以为续而非续，以为复而非复"（林云铭《庄子因》之《逍遥游》篇末评），结构摇曳变幻，思理想落天外，但其文脉则前后绾合，不绝如缕。《逍遥游》一篇，首先以鲲鹏寓言始，而以蜩与学鸠与之形成小大之辨；随后转入人间世，提示了若干高下不等的境界，终而推出通贯天道、无己逍遥的中心论旨；最后数节则分别展示"无名""无功""无己"，以完成全篇。宣颖《南华经解》论《逍遥游》，多从文章笔法着眼，虽不免有些故弄玄妙，亦不必认同其全部细节，但大抵勾勒了本篇的文势意脉，不妨参读：

> 《逍遥游》主意，只在"至人无己"。"无己"所以为"逍遥游"也。然说与天下人皆不信；非其故意不信，是他见识

只到得这个地步。譬如九层之台，身止到得这一层，便不知上面一层是何气象。然则非其信之不及，乃其知之不及耳。前大半篇，只为此故，特地荡漾出"小知不及大知"一语，以抹倒庸俗，然后快展己说焉。鲲鹏大，蜩与学鸠小，小不知大，意只如此。其余前前后后，都是凭空嘘气，尽行文之致而已。前半篇，只是寄喻大鹏所到，蜩与学鸠不知而已。看他先说鲲化，次说鹏飞，次说南徙，次形容九万里，次借水喻风，次叙蜩鸠，然后落出二虫何知。文后生文，喻中夹喻，如春云乍起，层委叠属，遂为垂天大观。真古今横绝之文也！点"小知不及大知"，便可收束，却又生出"小年不及大年"作一陪衬，似乎又别说一件事者，令读者不能捉摸。真古今横绝之文也！以小年、大年衬明小知、大知，大势可收束矣，却又生出汤问一段来，似乎有人谓《齐谐》殊不足据，而特以此证之者。试思鲲鹏蜩鸠，都是影子，则《齐谐》真假，有何紧要耶？偏欲作此诞谩不羁，洸洋自恣，然后用"小大之辨也"一句锁住。真古今横绝之文也！中间一段，是通篇正结构处，亦只得"至人无己，神人无功，圣人无名"三句耳。却先于前面隐隐列三项人次第，然后顺手点出三句，究竟又只为"至人无己"一句耳，"神人无功，圣人无名"，都是陪客。何以知之？看他上面，宋荣子誉不劝、非不沮是无名，列子于致福未数数然是无功，乘天地、御六气是无己，一节进似一节，故知"至人"句是主也。中段入手，撇却"知效一官"等人，不过如斥鴳而已。宋荣子、列子，固在斥鴳之上，若乘天御气之人，其大鹏乎？庄子胸眼之旷如是。借宋荣子为"圣人无名"作影，借列子为"神人无功"作影，至"乘天地之正"四句，为"至人无己"作影也，独不借一人点破之。庄生之意何为哉？

读至篇末方知之。"至人无己"三句，后面整用三大段发明之。其次第与前倒转，自"无名"而"无功"而"无己"，归于所重，以为一篇之结尾也。

第三讲

《秋水》：「无以人灭天」

一、河海的小大之辩

《秋水》篇当然属于《庄子》最重要的篇章之一，然而何至将它置于《齐物论》之前来讲呢？

《逍遥游》中心所在即与道冥合，达到至上之境界；此时"无功""无名"，更且"无己"；"无己"则与物宛转，对世间万物不偏执自我之视域，尊重物性之自然多样。《秋水》一篇亦指出个别性认识的局限，以此为一大关键提出讨论。《秋水》的开端，犹如《逍遥游》，可以说也是从"小大之辩"始，逐次提升视野；再由比较的视角点出所谓小、大的判断，不可胶着固执地来论定，从而反省人类认知能力的有限性；进而指出"道"与"物"的差别：由"物"的层面看，各有差等，而从"道"的视野观照世间万物，则视为同一等齐，如此，则已经转入《齐物论》的论域了。在这个意义上说，《秋水》或许可视作《逍遥游》和《齐物论》之间的一个连锁、一座桥梁。

《秋水》篇并没有停留在认知论域中，它进而提出，人作为万物之一，当顺循天道，并指出了"天""人"之别之总原理。简而言之，《秋水》篇大抵脉络乃由认识论而提升至本体、现象之别，复由本体而提出人生论之总纲领。

秋水时至，百川灌河，泾流之大，两涘渚崖之间，不辩牛马。于是焉河伯欣然自喜，以天下之美为尽在己。顺流而东行，至于北海，东面而视，不见水端，于是焉河伯始旋其面目，望洋向若而叹曰："野语有之曰：'闻道百以为莫己若者。'我之谓也。且夫我尝闻少仲尼之闻而轻伯夷之义者，始吾弗信；今我睹子之难穷也，吾非至于子之门则殆矣，吾长见笑于大方之家。"

《秋水》开篇的部分，是这一篇甚至是《庄子》一书中最为人们熟悉的段落。其实，在《秋水》全篇里面，这节只是河伯与北海若七番对答的第一番而已。说到其中表达的意旨，其实也是比较简单的，大抵强调突破自我拘限而了解宏大境界的必要，犹如《逍遥游》开篇寓言部分中鹏与蜩的对比所显示的那样，即所谓"小知不及大知"是也：河伯当夏天洪水发作之时，自以为"天下之美为尽在己"，得意中乘流而东；只有当它面对北海的时候，才真正知道世界之大，所谓山外有山、天外有天，因而幡然悔悟。

河伯的形象是一切所知有限而自以为是者的典型刻画：一方面，多少听闻了一些学识、道理，就以为天下独步，轻略别人；另外一方面，这样的人因为对"学""道"都没有真正的体认，故而对世间的权威象征一反自傲的态度而屈己虔信，觉得如果有人认为"学而不厌"（《论语·述而》）的孔子知闻少、辞让君位又不食周粟而饿死于首阳山的伯夷不义，那真是匪夷所思的事。这两种态度似乎相反，其实一体双面而已，于此，《秋水》篇的揭示是洞察深微、极为透彻的。

此节有若干文字需要略作说明。

首先，所谓"秋水"，或许值得一解。"秋天的大水"，如果按照通常的观念，其实指的是"夏季的大水"。因为周历较夏历早两月，故而其秋季之七、八、九月其实相当于夏历之五、六、七月，正是水量丰沛、易发洪水之时，《孟子》的《离娄》篇也有类似的话："七、八月之间雨集，沟浍皆盈。"

其次，"河伯始旋其面目"的"旋"，或解为"回转"，即河伯回过头来的意思；但联系上下文看，似乎以"转变""改易"为妥，指河伯面对东望不见水端的北海，由"欣然自喜"而幡然醒悟。

复次，"望洋"一词，或直解作面对海洋。查"洋"字，《庄子》仅一见，是否即与"海"同谓，不能确指；[1]"望洋"旧注以为连绵词，义为"仰视"（陆德明《经典释文》引司马彪注），与"望羊"等通，后者《孔子家语》王肃注谓"望羊，远视也"，这一解释有包括《庄子》本文在内的佐证，应该是恰当的："《史记》称孔子'眼如望羊'，《左传》名为'望视'，本书《外物》篇称孔子'目若营四海'，与《左传》略同，知'望洋''望羊''营四海'，皆远大之义。"（马叙伦《庄子义证》）

最后，"大方"，陆德明《经典释文》引司马彪注释"大方"为"大道"。"方"即《天下》篇"方术"之"方"；在《天下》中"方术"与"道术"相对，乃是指"得一察焉以自好"偏执一隅的学问，故而"方"就是"一方""一曲"的意思；如是，则"大方"乃超乎一方，指向周全之"道"，也就很可理会了。

《秋水》开篇的部分为人熟知，一则在其形象、明快地表现了其"大""小"相形又相对的思想；二则在其很好体现了《庄子》

---

[1] 且如果"洋"即指"海洋"，那么"望洋向若而叹"势必解作"望着海洋对若慨叹"；所谓海洋与若——为北海神之名，王夫之《庄子解》谓"海之神谓之若者，若有若无之谓"——其实是二而一，这么说似乎有些叠床架屋。

的文学手段，它运用了最擅长的寓言形式——河伯、海神的对比自然将虽浩大实有限的境界与真正的浩瀚无垠突显出来，而且他们之间的往复对话，也非常便于条理而生动地表述义理——而在寓言中，生动的譬喻也可谓层出不穷，且仅这一小节文字中就有两个至今流传的成语："望洋兴叹""贻笑大方"。

庄子讲义

北海若曰："井蛙不可以语于海者，拘于虚也；夏虫不可以语于冰者，笃于时也；曲士不可以语于道者，束于教也。①今尔出于崖涘，观于大海，乃知尔丑，尔将可与语大理矣。天下之水，莫大于海。万川归之，不知何时止而不盈；尾闾泄之，不知何时已而不虚；春秋不变，水旱不知。此其过江河之流，不可为量数。而吾未尝以此自多者，自以比形于天地而受气于阴阳，吾在于天地之间，犹小石小木之在大山也，方存乎见少，又奚以自多！计四海之在天地之间也，不似礨空之在大泽乎？计中国之在海内，不似稊米之在大仓乎？号物之数谓之万，人处一焉；人卒九州，谷食之所生，舟车之所通，人处一焉；此其比万物也，不似豪末之在于马体乎？五帝之所连，三王之所争，仁人之所忧，任士之所劳，尽此矣。伯夷辞之以为名，仲尼语之以为博。此其自多也，不似尔向之自多于水乎？"

① 这三句话，在《淮南子》的《原道》篇里面有引述，文字微有异："夫井鱼不可与语大，拘于隘也；夏虫不可与语寒，笃于时也；曲士不可与语至道，拘于俗、束于教也。"

北海若此处的回应，大致分为两层。首先指出"小"不及"大"的缘由，其次指出所谓的"大"亦相形而言，不可固执以论。前者尚属《逍遥游》之引申，后者则是《逍遥游》未及发挥者。

"小知不及大知"，海神若用两个比喻，类推出一个结论。比喻是"井蛙不可以语于海者，拘于虚也；夏虫不可以语于冰者，笃于时也"；类推的结论是"曲士不可以语于道者，束于教也"。"虚"，通"墟"，王念孙《读书杂志》称："凡经、传言丘墟者，皆谓故所居之地。"对于井蛙而言，"虚"就是所居之井，就是它所生活的有限空间；今天"井底之蛙"的成语所喻的识见狭隘、自鸣得意之义，即出于此。[1]"夏虫不可以语于冰"，自然好理解，突出的是"时"的维度。结合上面一句，可谓将空间、时间两个维度都包揽无遗，透辟地指出"小知"固陋的缘由，根本在于其生存的背景。

这两句，相对"曲士不可以语于道者，束于教也"，尚属铺垫性的譬喻部分。所谓"曲士"，乃识见寡陋偏执的人，《庄子》多次言及此类人物，比如《天道》有以"辩士"[2]为"一曲之人"的说法，《天下》称"不该不遍"者为"一曲之士"。曲士之不能明道，是受到了他所接受的知识教养的限制；这是一个很有意味的说法。我们通常意识之中的知识是正面的，让人们知晓所不知的种种；但在道家看来，知识在肯定某些事物的同时其实也就在否定另外的一些事物，在给予的同时也便在剥夺，知识本身是对宇宙整全性的一种破斥，《天下》篇曾一语警策：

---

[1] 这一说法在《荀子》里也可以见到，《正论》篇云："语曰：浅不足与测深，愚不足与谋和，坎井之蛙不可与语东海之乐。"这里称"语曰"，表明此非《荀子》自创而是援引他书的。

[2] "辩士"，成玄英疏曰："饰华辞，浮游之士，一节曲见，偏执之人，未可以识通方，悟于大道者也。"又见《至乐》篇："夜半，骷髅见梦曰：'子之谈者似辩士。'"

> 判天地之美，析万物之理，察古人之全，寡能备于天地
> 之美。

"判""析""察"云云，都是离散、分析的意思。对世间种种事物加以解释、条理以构成系统，这是知识的基本特征，而这正是《天下》所谓"判""析""察"。

这是不是一种简单的反对知识的观念呢？恐怕也不能这么说，《庄子》提出的警示是要知道知识的有限性，在照察一隅的同时，明了它对其他的方面或许存在盲视，尤其当你固执于自己的照察之时。相对于知识，教养具有更强烈的文化性质；而任何文化都不能放之四海而皆准，只要想一想《逍遥游》"宋人资章甫"的例子就可以明了了，"章甫"这种对宋人而言毋庸赘言的文化表征，其实也不过限于一曲者而已。

北海若回应的这第一层，成玄英《庄子疏》有如下的疏释：

> 海若知河伯之狭劣，举三物以譬之。夫坎井之蛙，闻大
> 海无风而洪波百尺，必不肯信者，为拘于虚域也。夏生之虫，
> 至秋便死，闻玄冬之时，水结为冰，雨凝成霰，必不肯信者，
> 心厚于夏时也。曲见之士，偏执之人，闻说虚通至道，绝圣弃智，
> 大豪末而小泰山，寿殇子而夭彭祖，而必不信者，为束缚于
> 名教故也。而河伯不至洪川，未逢海若，自矜为大，其义亦然。

既已指出小与大之毕竟不同，小者"自矜为大"之谬；接着，《秋水》篇进而以居于大者的北海若现身说法，发展出大也不过相对而言——这自然包含了小与大一样都是相对而言的——的意思。

转化一曲之士的固执，首先不在外在的教诲，只有自我觉醒，

意识到自己的局限，才能真正突破自我，即所谓"不愤不启，不悱不发"（《论语·述而》）；这就是北海若说"今尔出于崖涘，观于大海，乃知尔丑，尔将可与语大理矣"的道理。但《秋水》并没有直接言理，而是再起一层波澜，对海之浩瀚更作渲染，如"天下之水，莫大于海"，"春秋不变，水旱不知"云云；而后以如此"过江河之流不可为量数"的大海之高位置，折返而言"大"之不足恃，这样才真正有说服力——试想，这番道理如果出诸河伯，难免被人认为是不服的意气之辞。这里的比较基本是空间上的，而且，指向是单一维度的：在更大的事物的比照下，大的事物显出其小来。比如，中国固然大，但比较海内，则仅是微末；四海固然大，但比较天地之间，则亦属微不足道。值得注意的是，在北海若这番话的最后，话题转到了人间世。"其比万物也，不似豪（毫）末之在于马体乎？"比较天地之间，海内有人迹的地方，是有限的；而在有限的空间，人作为属类，比较万物而言，也不过万千物类之一而已。这是《庄子》一向持有的不以人类为中心观念的体现。而在这样的视野中再折返回去，以"大"观"小"，古代帝王、前后王朝，乃至儒、墨等传承、争夺、忧劳的种种，不过就是这些"毫末"般非常有限的人类世界中的"毫末"吧！

最后这几句，有些需要解释。"五帝之所连"，陆德明《经典释文》作"五常之所连"，引司马彪注曰："谓连续仁义也。"这似乎很通畅。但"五常"与下文"三王"未能相对，或当仍以"五帝"为是。那么"连"字怎么理解呢？陆德明《经典释文》引崔譔注"连，续也。"王叔岷《庄子校释》则以为"连"字误："'连'疑'禅'之误，'禅'与'争'对言，意甚明白。下文'昔者尧、舜让而帝'，'帝王殊禅'，并以禅让言，与此同例。陈碧虚《阙误》引江南古藏本'连'作'运'，'运'亦'禅'之误。"无论如何，"五帝之所连"是指天下之传承，应该没有疑义。"三王之所争"的"三王"，应该是指夏、商、周三代君王，下文"三代殊继"的表述尤其清楚，可作佐证。[1]"仁人"指儒家，毋庸辞费；至于"任士"，向以为是入世者，林希逸《庄子鬳斋口义》即云："任事之人，言治世之士也。"不过，《墨经》有所谓"任，士损己而益所为"的说法，《经说》进而解曰："任，为身之所恶，以成人之所急。"故而，有论者以为"任士"当指墨家。[2]以儒、墨当时显学[3]的地位和影响而言，这一理解是颇有道理的。

河伯曰："然则吾大天地而小豪末，可乎？"

北海若曰："否。夫物，量无穷，时无止，分无常，终始无故。是故大知观于远近，故小而不寡，大而不多，知量无穷；证向今故，故遥而不闷，掇而不跂，知时无止。察乎盈虚，故得而不喜，失而不忧，知分之无常也；明乎坦涂，故生而不说，死而不祸，①知终始之不可故也。计人之所知，不若其所不知；其生之时，不若未生之时；以其至小求穷其至大之域，是故迷乱而不能自得也。由此观之，又何以知豪末之足以定至细之倪②，又何以知天地之足以穷至大之域！"

[1]"三王"指夏、商、周三代例，经典中另如《穀梁传》隐公八年，"秋七月庚午，宋公、齐侯、卫侯盟于瓦屋"，《传》曰："外盟不日。此其日，何也？诸侯之参盟于是始，故谨而日之也。诰誓不及五帝，盟诅不及三王，交质子不及二伯。"范宁注："五帝之世，道化淳备，不须诰誓而信自著。""夏后有钧台之享，商汤有景亳之命，周武有盟津之会，众所归信，不盟诅也。"

[2]曹础基《庄子浅注》，中华书局，2000年，第236页。

[3]当时有所谓不归儒、即归墨的说法："圣王不作，诸侯放恣，处士横议，杨朱、墨翟之言盈天下，天下之言不归杨，则归墨。"（《孟子·滕文公下》）

① 与此处"生而不说，死而不祸"类似，《大宗师》中有"不知说生，不知恶死"句。

② "倪"，章太炎《庄子解故》以为借"仪"。《说文解字》："仪，度也。"

河伯的问题，表明他还是在努力考虑"小"与"大"的明确分别。这一点，一方面，显示他对北海若所说的义理根本没有真正理解，另一方面，也与前面指出的北海若的这番言辞主要是以"大"映"小"的单向度有关。

北海若坚决否定了河伯"大天地而小毫末"的意见。接着便说明世界的基本状态：这里所谓"物"，不是具体的一物，而是众名，指万千物类构成的世界；这个世界在数量上说是无有穷尽的，在时间上是无有限止的，得失之类变化无常，生命的终始也不是固定不变的。因此，了解了这一真谛的大智者，能够照察远近，知道世间事物之量数是无穷尽的，小者不以为寡，大者不以为多。了然古今之相对，则"知时之必来，已往者虽遥而无所留恋……知时之必去，未来者虽近而无所跂望"（刘凤苞《南华雪心编》）。明白世间盈虚不定的道理，如《老子》就有所谓"祸兮福之所倚，福兮祸之所伏"（第五十八章）的说法，那么得失之间也就不会有喜忧之变态了。[1] 悟彻人生，"不以死为死，不以生为生，死生无隔故。明乎坦然平等之大道者如此"，"明乎坦然之道者，生也不足以为欣悦，其死也不足以为祸败，达死生之不二，何忧乐之可论乎！"（成玄英《庄子疏》）

这里，《秋水》将似乎简单的对"大""小"的判断，提升

---

[1] 成玄英《庄子疏》曰："夫天道既有盈虚，人事宁无得丧！是以视乎盈虚之变，达乎得丧之理。故倘然而得，时也，不足为欣；偶尔而失，命也，不足为戚也。"

到对宇宙加以理解把握的层次。正是从这个层面来观照，才能真正理解所谓世间种种差别观的有限性和实质。下面两句，显然也是将人的认知问题与生命问题并论的："计人之所知，不若其所不知；其生之时，不若未生之时。"知识的领域是无穷的，而人们掌握的终究只是极为有限的部分；甚至了解得越多越会觉得所知有限。对此，古希腊有一个很好的表达，你可以划一圆圈，以代表已知的部分，当这个圆圈越大的时候，所接触的未知的部分也便越多。

然而，这种无穷的追求就是根本的目的吗？

"生之时，不若未生之时"，也就是说此刻的生命状态只是整个大化流行过程中极为有限的部分，它是不值得特意地执着以求的；[1]那么，回到上一句，很自然，对于"所不知"也是不必竭力求索的。甚至，认知的、知识的问题，在《庄子》的观念中，确实是会影响到生命、人生的："以其至小求穷其至大之域，是故迷乱而不能自得也。"成玄英疏解此句道："夫以有限之小智，求无穷之大境，而无穷之境未周，有限之智已丧，是故终生迷乱，返本无由，丧己企物而不自得也。"这其实就是内篇中《养生主》所谓"吾生也有涯，而知也无涯；以有涯随无涯，殆已"。在《庄子》看来，像河伯那样固执于所谓"小""大"之类的追问，就是这样的一种危险的态度。其实，在相对性视野中，毫末之下更有微细者在，天地虽大而天外有天，要确定一个静止固定的"至细之倪"或"至大之域"，是没有什么意义的。显然，从比较视角取消固滞的"小""大"之类观念而论，此一表述通贯了《齐物论》之旨。

---

[1] 参后第五讲对《养生主》中有关庄子生命观的讲析。

庄子讲义

河伯曰："世之议者皆曰：'至精无形，至大不可围。'是信情乎？"

北海若曰："夫自细视大者不尽，自大视细者不明。①夫精，小之微也；垺，大之殷也；故异便②。此势之有也。夫精粗者，期于有形者也；无形者，数之所不能分也；不可围者，数之所不能穷也。可以言论③者，物之粗也；可以意致者，物之精也；言之所不能论，意之所不能察致者，不期精粗焉。"【一】

① 林希逸《庄子鬳斋口义》释曰："'自细视大者不尽'，管中窥天之类也；'自大视细者不明'，鹏鸟下视，野马尘埃之类也。"

② 这里提出了"异便"的说法，即谓各有利，各有其立场。《齐物论》"民湿寝则腰疾偏死"云云，郭象《注》曰："此略举三者，以明万物之异便。"即言万物各有其性，因而各有其利，各有其立场在。

③ 陆德明《经典释文》指出"论"或作"谕"，即言谕、言传之意。

河伯继续提出的这个问题，依然纠缠在"大""小"上面；他要追究至大与至小的极限。

首先，是"小"的方面，这比较复杂，较不易把握。至小的是所谓"精"。"精，小之微也"，其"微"至于"无形"。"精"的这一意义，今天还有"精""微"两字连缀而成的"精微"一词，透露其间消息。"精"的这种实存而微、不可捉摸的特性，在《老子》第二十一章中曾用来形容"道"的微妙：

孔德之容，惟道是从。道之为物，惟恍惟惚。惚兮恍兮，其中有象；恍兮惚兮，其中有物。窈兮冥兮，其中有精。其精甚真，[1]其中有信。

"道之为物"，是说"道"确实是存在的，因而可以说是一实存性的"物"；但它恍惚迷离，与通常的实存性的"物"又迥然不同。在肯定其如"物"之存在（"其中有物"）的一面之同时，又指出它如同"象"（"其中有象"）之非"形"【二】——"象"较之"形"远为虚涵。所谓"天象""地形"，此"象""形"二者是不能混淆的，主要缘由就在于"地"之"形"是确凿可以触量的，而"天"之"象"仅是视觉中的依稀景象，可远观而不可近扪，它或许是实在的，比如星辰确乃实体，也可以是"山路元无雨，空翠湿人衣"（王维《山中》）的，比如飘云、彩虹之类。这种似真似幻的表现，【三】正是"道"呈现出来的特质，如同"精"，"窈冥"而"甚真"，"其中有信"——"信"在这里是"信实"的意思，也就是《秋水》下文"信情"（"情"非"情感"之"情"，而是"实情"之"情"）的意思。

其次，是至大的方面，这是显见的。"至大不可围"，就是大到不可围绕、不可范围。

北海若的回应，首先破除的仍是对"大""小"的固执。"自细视大者不尽，自大视细者不明"，也就是说，从"小""大"出发，各有其优劣、利钝，因而，追究绝对的"小"或绝对的"大"，都没有什么绝对的价值。因为，如果你执着于"大"的时候，"视细"则"不明"；反之，如果执着于"小"的时候，"视大"则"不尽"。那么，一定去追究"小"或"大"还有什么特别意义呢？这第一层回应，固然主要是破除对"大""小"的固定意见，但另有

庄子讲义

---

[1]此或以为当作"冥兮窈兮"，严灵峰曰："疑系古文羼入正文，并脱去'冥兮窈兮'四字。盖上文'惚兮恍兮，其中有象；恍兮惚兮，其中有物'，则下当应之：'窈兮冥兮，其中有精；冥兮窈兮，其中有信。'则文例一律矣。"（陈鼓应《老子注译及评介》引，中华书局，2009年，第147页）

146

一点应该特别提出：无论是"自细视大"还是"自大视细"，都突出了观察的主体地位。反省认知主体的问题，是一个非常重要的取向，由此，各种不同的观察以及给出的判断，都不再是全知全能的，而是具有特殊性的；进而也就可以承认种种不同观念之间的相对合理与并行兼备。这是《庄子》中很值得注意的一个洞见。

北海若回应的第二层次，尤其重要："夫精粗者，期于有形者也；无形者，数之所不能分也；不可围者，数之所不能穷也。"这里提示了一个非常关键的分野："道"与"物"这两个世界的分野。所谓"精"或"粗"，都是在"物"的"有形"范围之中来说的，如成玄英《庄子疏》所说："夫言及精粗者，必期限于形名之域，而未能超于言象之表也。""超于言象之表"的才是"道"，这一点下文有进一步的说明。而在有"精""粗"之别的"物"之外，有一个"无形""不可围"的天地，它是不能量度的，成玄英《庄子疏》明确指出此即"道"的世界："'无形''不可围'者，'道'也。至道深玄，绝于心色，故不可以名数分别，亦不可以数量穷尽。"也就是说，"道"是无形而超乎大、小之别的。如果我们进一步理解"道"与"物"之间的这种差别，就可以知道，此处所谓的"大""小"之别，只是"物"的世界中种种差别的一种，不妨作为差别相的代表来看；此外还有诸如贵贱、是非、东西等对待的分立。其实，也正是在"道"的立场上，万物才是无差别相而等齐的；而在"物"的层面上，不妨承认种种差别的存在。这也就是北海若在下一节的回应中明确说出"以道观之，物无贵贱；以物观之，自贵而相贱"的道理。不过，这里暂时还有一层意思要发挥，所以且看北海若此番回应的第三层次。

北海若回应的第三层次，涉及《庄子》的言意观念。"言"当然就是"言语"；"可以言论者"，即通过言语可以表达的内容。

"意"则指意念、思索；"可以意致者"，即通过意念、思索可以把握的内容。这两者之间固然有"粗""精"之别，但相对于后面那个"言之所不能论、意之所不能致者"的层面，则还是属于一个层面的，这个层面就是"物"——无论是"物之粗"还是"物之精"，都属于"物"。后面这个层面，则属于"道"，成玄英《庄子疏》称之为"妙理"。概括言之，"言""意"所及的乃是"物"的世界，超乎此"物"的世界，"道"是"言""意"都不能及的。这一大分野，是循着上面第二层次回应中"道""物"之别来的；由此，也可以澄清《庄子》言意观念中一个重大的问题，即言语的传达功能究竟如何。有论者以为《庄子》对言语持绝对的怀疑态度，认为它无法传达任何真切的意旨；这似乎并不那么准确。简而言之，《庄子》在"物"的层面中，还是承认言语传达有效性的，至于涉及"道"的层面，则"道可道，非常道"（《老子》第一章），言语是无能为力的了。

言语存在一个有效的界限，而"道"超乎此"物"的界限之外：这是《庄子》语言观念的两个根本点。于前者，《则阳》篇有清楚的表白："言之所尽，知之所至，极物而已。"言语和知性所能究竟的，以物为极。后者，《庄子》中也有类似的表述。《天道》有如下一节有名的文字：

> 世之所贵道[1]者书也，书不过语，语有贵也。语之所贵者意也，意有所随。意之所随者，不可以言传也，而世因贵言传书。世虽贵之，我犹不足贵也，为其贵非其贵也。故视而可见者，形与色也；听而可闻者，名与声也。悲夫，世人以形色名声为足以得彼之情。夫形色名声果不足以得彼之情，

---

[1] 敦煌出土 S.1603 号《天道》写本残卷无"道"字。

则知者不言，言者不知，而世岂识之哉！

这里，"书"是言语的书面文字记载形式，"语"即"言语"，"意"是"语"试图传达的意旨，至于"意之所随"则超乎意外、"不可言传"，按成玄英《疏》即指"道"："意之所出，从道而来。"也即下文所说的"彼"。有形世界的"形色名声"，都不能"得彼之情"，不能传达"道"之实际。因此，"知者不言，言者不知"：知晓"道"之实际的人不言，因为所言不及道；而言说不已的人则并不了知"道"，因为不明白言、道之不相及。

　　紧接着《天道》这节论说，有一个非常生动的故事，虽然不能说就是切当阐说"道"不可言的特性，但至少精彩地突显了精微的意涵——类似于"道"——难以言表的意思：

　　桓公读书于堂上。轮扁斫轮于堂下，释椎凿而上，问桓公曰："敢问，公之所读者何言邪？"公曰："圣人之言也。"曰："圣人在乎？"公曰："已死矣。"曰："然则君之所读者，古人之糟魄已夫！"桓公曰："寡人读书，轮人安得议乎！有说则可，无说则死！"轮扁曰："臣也以臣之事观之。斫轮，徐则甘而不固，疾则苦而不入。不徐不疾，得之于手而应于心，口不能言，有数存焉于其间。臣不能以喻臣之子，臣之子亦不能受之于臣，是以行年七十而老斫轮。古之人与其不可传也死矣，然则君之所读者，古人之糟魄已夫！"

斫轮的恰到好处，虽然不就是天道，但其精微难以言表则恰相类似，是不能"喻"、不能"传"的。正因为精微之处难以言传，而言传者照《秋水》篇所云皆属"粗"者，所以轮扁要说桓公所诵读的乃是"古人之糟粕"而非"精华"。

在《庄子》的视野中，道是无法以诉诸形迹和理智的方式获致的，那么以如何的途径能够获致呢？《天地》篇有一则很有意趣的寓言，大致回答了这一问题：

> 黄帝游乎赤水之北，登乎昆仑之丘而南望，还归，遗其玄珠。使知索之而不得，使离朱索之而不得，使喫诟索之而不得也。乃使象罔，象罔得之。黄帝曰："异哉，象罔乃可以得之乎？"

"玄珠"所喻即"道"，陆德明《经典释文》引司马彪注就是这么说的。那么要获得"道"得采用什么样的方式，而什么样的方式是无效的呢？首先，"知"求索"玄珠"而"不得"，"知"即"智"，也就是说，以智性的方式是无法得"道"的。其次，"离朱"求索"道"而"不得"，所谓"离朱"，在《骈拇》篇之中，他是古代目力极佳的人，据《淮南子·原道训》，"离朱之明，察箴（针）末于百步之外"。这位明察秋毫的人物也无法寻得"玄珠"，当然意味着"道"非追求形迹者可了解的。再次，"喫诟"求索"道"而"不得"，唐代成玄英《庄子疏》释"喫诟"为"言辨也"，这是说言语不能得"道"。最后，得"玄珠"之"道"的是"象罔"，照成玄英的解说，"象罔"为"无心之谓"。如果从字面上说，"象"乃有形迹者，而"罔"即无有，喻指无形迹。综而言之，即求"道"得"道"的恰当方式是无用言辨、智性，不着形迹，也就是离形去智的"坐忘"之类。这个"象罔"的寓言，在后世颇引起诗人的共鸣，唐代李白《大猎赋》《金门答苏秀才》和白居易《求玄珠赋》都用及此典，只是"象罔"皆作"罔象"，不过，其意味显然是一样的。

补释

【一】传世《庄子》文本，于此后尚有如下一段文字："是故大人之行，不出乎害人，不多仁恩；动不为利，不贱门隶；货财弗争，不多辞让；事焉不借人，不多食乎力，不贱贪污；行殊乎俗，不多辟异；为在从众，不贱佞谄；世之爵禄不足以为劝，戮耻不足以为辱；知是非之不可为分，细大之不可为倪。闻曰：'道人不闻，至德不得，大人无己。'约分之至也。"此段文字，在篇中似颇突兀，陈鼓应谓："上文讨论河伯提出的'至精无形，至大不可围'问题，北海若的回答到'不期精粗焉'已告段落，也把问题交代清楚。这里突然冒出和上下文义不相干涉的一段，显系他文错入，或为后人羼入，当删。"（《庄子今注今译》，中华书局，2009 年，第 451 页）可从。故略而不说。

【二】《老子》第四十章有"大象无形"，正揭明"象""形"二者之不同；又第十四章中有"无物之象"句。《韩非子》的《解老》篇应该算至今所得见最早的《老子》诠释著作，其释曰："人希见生象也，而得死象之骨，案其图以想其生也。故诸人之所以意想者皆谓之'象'也。今'道'虽不可得闻见，圣人执其见功以处见其形，故曰：'无状之状，无物之象。'"前半"生象""死象"的解说，段玉裁《说文解字注》已经指出"说同俚语"，不可信从；不过，所谓"人之所以意想者皆谓之'象'也"，则确然可取。

【三】钱锺书《管锥编》引吕惠卿《道德经传》说二十一章语："'象'者，疑于有物而非物也；'物'者，疑于无物而有物者也。"认为《老子》的"作者、注者皆工于语言，能形容似无如有之境"；并且引述文学中的类似表现，如韩愈《早春呈张十八员外》之一"天街小雨润如酥，草色遥看近却无"（参见李华《仙游寺》"听声静复喧，望色无更有"），司空图《诗品·冲淡》"遇之匪深，即之愈稀"，英国罗斯金（Ruskin）《近世画家》（*Modern Painters*）书中论透纳

（Turner）画语："天际片云，其轮廓始则不可见，渐乃差许意会，然后不注目时才觉宛在，稍一注目又消失无痕"（The cloud, with its edge first invisible, then all but imaginary, then just felt when the eye is not fixed on it, and lost when it is, at last rises）。参见《管锥编》第二册，中华书局，1979年，第432页。

河伯曰："若物之外，若物之内，恶至而倪贵贱？恶至而倪小大？"

北海若曰："以道观之，物无贵贱；以物观之，自贵而相贱；以俗观之，贵贱不在己。以差观之，因其所大而大之，则万物莫不大；因其所小而小之，则万物莫不小。知天地之为稊米也，知豪末之为丘山也，则差数睹矣。以功观之，因其所有而有之，则万物莫不有；因其所无而无之，则万物莫不无。知东西之相反而不可以相无，则功分定矣。以趣观之，因其所然而然之，则万物莫不然；因其所非而非之，则万物莫不非；知尧、桀之自然而相非，则趣操睹矣。昔者尧、舜让而帝，之、哙让而绝；汤、武争而王，白公争而灭。由此观之，争让之礼，尧、桀之行，贵贱有时，未可以为常也。梁丽①可以冲城，而不可以窒穴，言殊器也；骐骥骅骝，一日而驰千里，捕鼠不如狸狌，言殊技也；鸱鸺②夜撮蚤，察毫末，昼出瞋目而不见丘山，言殊性也。故曰，盖③师是而无非，师治而无乱乎？是未明天地之理，万物之情者也。是犹师天而无地，师阴而无阳，其不可行明矣。然且语而不舍，非愚则诬也。帝王④殊禅，三代殊继。差其时，逆其俗者，谓之篡夫；当其时，顺其俗者，谓之义之徒。默默

庄子讲义

① "梁丽"，成玄英《庄子疏》释曰："梁，屋梁也。丽，屋栋也。"俞樾《诸子平议》以为"楼车"，其言甚辩，郭庆藩《庄子集释》引《列子》之《汤问》篇"雍门鬻歌，余音绕梁欐，三日不绝"，证"梁丽"确当作"梁栋"解。

② "鸱"字衍，《淮南子》的《主术》篇袭此曰："鸱夜撮蚤蚊，察分秋毫；昼日颠越，不能见丘山，形性诡也。""鸱"下即无"鸱"字。

③ 杨树达《庄子拾遗》："'盖'与'盍'通，'何不'也。《礼记·檀弓上》篇云：'子盖言子之志于公乎？'又云：'子盖行乎？'郑注云：'"盖"，皆当为"盍"。盍，"何不"也。'此二文通用之证。"

④ 马叙伦《庄子义证》谓"帝王"疑当作"五帝"。

河伯对北海若所谓"物"以及非"物"之"道"的意思，似乎听进去了一些，所以他会问及"物之内"（"物"的世界之中）、"物之外"（"物"的世界之外）；但他并没有真正理解，所以他追问的仍然是如何区分种种差别如贵贱、小大。

北海若的回应，首先还是紧紧扣住"道""物"这一关键分野。"以道观之，物无贵贱；以物观之，自贵而相贱"："道"是整全的，超乎个别的"物"之上，可以说是"无己"的，[1] 所以对于贵贱之类区别并不执着；至于"物"则是个别的、自我的，因而种种区别性的范畴如贵贱、小大，就是确立自我的重要标志；而通常的情形是赋予自我更高的价值地位而加以肯定，同时对他者作出较低的价值评断加以贬斥，即"自贵而相贱"。下句"以俗观之，

---

[1] 参第二讲关于《逍遥游》"至人无己"的讲析。

贵贱不在己", 进一步描写出在"物"的世界中区分贵贱之类差别的迷失: 虽说看似"自贵"而"相贱", 但其实所"贵"者并不在于自身。所谓"贵""贱"是在相对的差别关系中——比如你贱我贵、彼贱此贵, 等等——确立的, 因而, 这样的价值判断并非独立、自主的, 而是与外在诸物牵扯不已的。对此, 成玄英《庄子疏》分疏得很清楚: "夫荣华戮耻, 事出傥来, 而流俗之徒, 妄生欣戚。是以寄来为贵, 得之所以为宠; 寄去为贱, 失之所以为辱。斯乃宠辱由乎外物, 岂贵贱在乎己哉!"

在否定了"贵""贱"的绝对性之后, 北海若接着再次对固着于"大""小"的观念作出批判; 这个否定, 承接了上文中反省观察主体的路径展开。"以差观之", 是就差别而言, 而差别之成立, 乃基于比较而来。这样, 如果从"大"的角度说, 一切物都可以说是"大"的, 因为总有比较它显得"小"的物存在, 它也就比较而言总属于"大"的; 如果从"小"的角度说, 一切物都可以说是"小"的, 因为总有比较它显得"大"的物存在, 它也就比较而言总属于"小"的。天地如米粒, 毫末若丘山, 就是在这样的一个比较性视野中得到的推论, 看似奇怪, 其实从比较的角度来说, 这也不奇怪: 天地在宇宙间不妨就如米粒之"小", 毫末比较至为精微者或者就确若丘山之"大"。

前面曾经提及, 所谓"大""小"其实不过是世间种种差别的代表而已, 诸如"贵贱""有无""是非"之类对立、对举都是类似的。在说过了"大小""贵贱"之后, 《秋水》篇接着讨论"有无""是非"。

首先是"有无"。"以功观之", 所谓"功"即"功用""作用", 是有形迹的, 可以显示出来的。那么什么叫"功"的"有"和"无"呢? 传统的阐释是从"东西之相反而不可以相无"一句切入的。郭象《注》曰：

> 天下莫不相与为彼我，而彼我皆欲自为，斯东西之相反也。然彼我相与为唇齿，唇齿者未尝相为，而唇亡则齿寒。故彼之自为，济我之功弘矣，斯相反而不可以相无者也。故因其自为而无其功，则天下之功莫不皆无矣；因其不可相无而有其功，则天下之功莫不皆有矣。

成玄英《庄子疏》承郭注而发挥说：

> 夫东西异方，其义相反也，而非东无以立西，斯不可以相无者也。若近取诸身者，眼见耳听，手捉脚行，五藏六腑，四肢百体，各有功能，咸禀定分，岂眼为耳视而脚为手行哉？相为之功，于斯灭矣。此是"因其所无而无之，则万物莫不无"也。然足不行则四肢为之委顿，目不视则百体为之否塞，而所司各用，无心相为，济彼之功，自然成矣，斯"因其所有而有之，则万物莫不有"也。以此观之，则功用有矣，分各定矣。

郭、成两位的意思是说：世间的种种事物都是二元相对的，比如东西之别，虽然相反，却不能够没有对方，如果没有对方，那么自己也就不能成立了。在此意义上，世间万物之间具有相异相济的关系，从相异的角度言，事物各有功用，不能交错替代，因而相互的作用是不存在的，这是"无"的一面；但是却也不能就此确认事物之间完全没有相关作用、关联，"唇亡而齿寒"或"目不视而百体为之否塞"就是很好的说明，所谓"无心相为"的作用是确然存在的，这便是"有"的一面。

更有意思的是，郭象和成玄英还进而从事物之不着力于作用他物而以自主作用为主，但却实实在在可以对他物形成影响、作用这一点，强调了谨守己分的重要："若乃忘其自为之功而思夫相为之惠，惠之愈勤而伪薄滋甚，天下失业而情性烂漫矣。"（郭象《注》）"若乃忘其自为之功而思夫相为之惠，则彼我失性而是非淆乱也，岂庄生之意哉！"（成玄英《疏》）这与《庄子》尊重、保守"性命之情"的观念，[1]应该说确是契合的。

不过，照郭、成的注说，所谓的"万物莫不有"和"万物莫不无"，其实是从不同的观察角度来说"万物之功莫不有"和"万物之功莫不无"，这么阐述似乎有些迂曲。所以有些注者就直接将"万物莫不有"和"万物莫不无"，理解为实在的"万物"之"有""无"，意思是：从事物的功用、形迹来说，就万物实际存有的一面来说，则万物便都存在；而如果就万物空无的一面来说，则万物都不存在。这似乎有些难以理解，其实表达的同样是观察立场和视角之重要。苏轼《赤壁赋》中有两句非常著名的话："自其变者而观之，则天地曾不能以一瞬；自其不变者而观之，则物与我皆无尽也。"意旨庶几类似。[2]东坡意谓：如果从世界无时无刻不在变化之中的角度来看，虽然天地之沧海桑田较之人生百年迟缓太多，但究竟也时时在变化，没有一刻停止；如果从眼前目下没有形迹变化的角度来看，则天长地久的自然万物与作为有限生命的人的你我，此刻相晤相会，瞬间永恒，都是真实存在的。相对长久的自然万物和时命有限的人，两者相对形成的尖锐对比，引发过无数的慨叹，而东坡能以理化情，这其中的关键，显然在

[1] 参后第六讲《〈庄子〉外三篇：无为》中的相关诠释。
[2] 以往论者曾指出《赤壁赋》该句祖《德充符》"自其异者视之，肝胆楚越也；自其同者视之，万物皆一也"（吴子良《荆溪林下偶谈》"坡赋祖《庄子》"条）。实则就所谓"变"与"无尽"而言，与《秋水》此处的"有""无"似乎更接近些。

庄子讲义

如何看取、如何面对。

回过来，说到怎样就一物或万物，从不同视角看取其"有""无"，佛家或许也可以提供一个例子。佛教的一个观点是世间万法乃是缘起的，即因缘聚合而成，由所谓"地""水""火""风"四大元素构成；所以就"四大"缘聚形成世间万物而言，不妨承认其为"有"，虽然这终究不过是俗谛；而就诸法的真实本性而言，因为它们出诸缘起，所以空无自性，没有一个真正的自我主宰，所以根本是空无的。

再以下，北海若要否定的是"是""非"。"以趣观之"的"趣"，成玄英《庄子疏》解作"情趣志操"，因而后来的注家有理解为"志趣"的；这大抵也可通解。不过，下文的"趣操"二字，或许是"趣舍"之讹，[1]那么与"舍"相对，"趣"就应该是"取"了。这个"取"是"取向""认取"的"取"，是表肯定意向的；这样，"以趣观之"就是"从所肯定的方向上来说"的意思了。自我肯定而否定对立面，这是世间的一般常态；《秋水》这里揭示的就是这一点。举出尧和桀，就是要突出这在世俗的观念中处于"然"与"非"两个极端的人物，他们其实也是"自然而相非"的。成玄英《疏》说得细致，因而也就明白："天下之极相反者，尧、桀也，故举尧、桀之二君，以明是非之两义。故尧以无为为是，有欲为非；桀以无为为非，有欲为是：故曰'知尧、桀之自然相非'。"

现在，我们回顾北海若所否定的"贵贱""小大""有无""是非"等等对立的范畴，可以清楚地看出来，这些二元对立观念之成立，都是偏执自我特定视角和立场的结果，是局限于"物"的

---

[1] 刘文典《庄子补正》："'操'疑'捨'字之误。'趣捨'即'取舍'，周季恒言也。下文'吾辞受趣舍，吾终奈何'，《天地》篇'趣舍滑心，使性飞扬''且夫趣舍声色，以柴其内'，'趣舍'即'趣捨'也。"

层面的判断；而如果从周全的"道"的立场来观照，则"无贵贱"之别，既然"无贵贱"，同样的，也无"小大""有无""是非"之类的分立。

下文承接上文最后所举尧、桀的实例，进一步以比较具体的例子来佐证上述观点。这中间涉及的一个非常重要的因素是时间。"尧、舜让而帝"与"汤、武争而王"，虽然在严格的儒家观念中，他们之间或许有高下优劣的微妙差别，但尧、舜与汤、武无疑都属于正面的模范帝王；而他们得天下之或禅让或争战的不同方式，本身就体现了时代的差异所造成的取径之不同，应该说，这不同的方式都是具有切合时代的合理之处的。进而，同样是禅让和争战，在后代的不同条件下，却也完全会有截然不同的结果：战国时燕王哙效法尧舜禅让，让位给相子之，引发内乱，齐国来伐，哙、子之死；[1]春秋时楚平王孙白公胜起兵争国，为叶公子高所杀。[2]是因为什么呢？最关键的就是"时"的不同："争、让之礼，尧、桀之行，贵贱有时。""贵贱"之类价值，是受到特定时代的种种条件、情况制约的，有宜有不宜，不可固执以为"常"——即永恒不变的常态。

这层意旨，《庄子》屡有涉及，如《天运》篇谓："礼义法度者，应时而变者也。今取猿狙而衣以周公之服，彼必龁啮挽裂，尽去而后慊。观古今之异，犹猿狙之异乎周公也。""应时而变"是大变动时代必需的智慧，固执凝滞于一时一地的礼义法度，谬误不单纯因为时代不同，说得透彻些，是因为不同时代所具有的情势、境况不同了：处在猴子的境地自然不必着衣，处在制礼作

[1]参《史记》卷三十四《燕召公世家》，谓"燕君哙死""燕子之亡"；而卷十五《六国年表》记"君哙及太子相子之皆死"，又《史记集解》引《汲冢纪年》曰："齐人禽〔擒〕子之而醢其身也。"

[2]参《左传》"哀公十六年"及《史记》卷四十《楚世家》。

庄子讲义

158

乐的周公时代，服制之类自然是非常重要的了。说明时代差异背后的实质，是条件、境况、情势的差异；于此，《天运》篇还有几句讲得极为分明的话：

> 夫水行莫如用舟，而陆行莫如用车。以舟之可行于水也而求推之于陆，则没世不行寻常。古今非水陆与？周鲁非舟车与？今蕲行周于鲁，是犹推舟于陆也，劳而无功，身必有殃。

这是鲁国太师金批评孔子力主行周礼的话，所谓的"周"与"鲁"其实就是"古"与"今"的代言，而"古今"如同"水陆"的譬喻，便极清楚地点明了时代差异背后的实质是情势的完全不同。这么说来，"时势"这一概念，"时"固然是显著的标志，"势"乃是关键的实质。

《秋水》接下来的数句，"梁丽可以冲城，而不可以窒穴，言殊器也；骐骥骅骝，一日而驰千里，捕鼠不如狸狌，言殊技也；鸱鸺夜撮蚤，察毫末，昼出瞋目而不见丘山，言殊性也"，所谓"殊器""殊技""殊性"，都是从世间万物特性的不同着眼的，因为有这些不同，所以世间万物其作用和价值也自然各不相同。这种种特性的不同，体现了不同的"势"——条件、境况、情势。可以说，此处数语乃是承上文点出的"时势"，对"势"的进一步阐发。

既然有种种的合适与不合适，那么是否可以仅取其合适而抛却其不合适呢？"盖师是而无非，师治而无乱乎？"仅取其正面而抛弃负面，在《庄子》看来是完全错误的，"是未明天地之理，万物之情也。是犹师天而无地，师阴而无阳，其不可行明矣"。仅有天而不及地，或者仅有阴而不及阳，是不可能的。这回应了前文所谓"知东西之相反而不可以相无"的意思。这一表述的背后体现了《庄子》对世间万物的一个重要态度：并非断然否认"物"的世界中一切的对立或差别，比如东西、阴阳，而是否定对世间万物对立、差别中的任何一方面持固执、片面的肯定或否定；因为它们在不同的时势之下各有其合宜或不合宜，在这一条件下的合宜或许在另一条件下就是不合宜，而在这一条件下不合宜在另一条件下则可以是合宜的。关键在于把握"时势"的合宜。

合乎时宜的观念，在战国时代，并不是《庄子》的独家意见。那是一个礼崩乐坏、天翻地覆，一切价值受到质疑和重新估价的时代。《孟子》中有一个非常典型的例子，《梁惠王》篇里，孟子就不是简单认为以臣下杀君上便是所谓"弑"，他公开指斥暴君不过是"一夫"，杀之无妨。[1]这比较孔子以《韶》乐"尽美矣又尽善也"，而《武》乐"尽美矣未尽善也"的评价(《论语·八佾》)，[2]其间时代差异造成的价值变化至为显著。

合宜把握"时势"既是关键，而"时势"是流动无滞的；所以应当顺随物性、时势而宛转不拘。这一方面，为北海若与河伯下番问答中所谓"无拘而志""无一而行"云云埋下伏笔线索；另一方面，这也与《齐物论》"两行"之说相通而呼应，因而，郭象的注释就援引了《齐物论》。[3]

---

[1]《孟子·梁惠王》："齐宣王问曰：'汤放桀、武王伐纣，有诸？'孟子对曰：'于传有之。'曰：'臣弑其君，可乎？'曰：'贼仁者谓之贼，贼义者谓之残，残贼之人谓之一夫。闻诛一夫纣矣，未闻弑君也。'"

[2]朱熹《论语集注》卷二释曰："'韶'，舜乐。'武'，武王乐。美者，声容之盛。善者，美之实也。舜绍尧致治，武王伐纣救民，其功一也，故其乐皆尽美。然舜之德，性之也，又以揖逊而有天下；武王之德，反之也，又以征诛而得天下，故其实有不同者。"

[3]"两行"参第四讲《〈齐物论〉：照之于天》的讲析。郭象注此句曰："夫天地之理，万物之情，以得我为是，失我为非；适性为治，失和为乱。然物无定极，我无常适，殊性异便，是非无主。若以我之所是，则彼不得非，此知我而不见彼者耳。故以道观者，于是非无当也，付之天均，恣之两行，则殊方异类，同焉皆得也。"

最后，北海若回到"时"的层面，点出适应"时""俗"的重要："帝王殊禅，三代殊继。差其时，逆其俗者，谓之篡夫；当其时，顺其俗者，谓之义之徒。默默乎河伯，女恶知贵贱之门，小大之家！"这一方面指出了世人的道德评断不过在于是否适应"时""俗"的奥秘，另一方面北海若对河伯的语气，多少也透露出对这种同样的行为却因"时势"之异而得到不同评价的嘲讽之意——这嘲讽或许就是针对儒家的吧。

文中的"义之徒"可以略作说明。"义"，就是"合宜"的意思。《中庸》就有"义者，宜也"的解释。唐代韩愈的名文《原道》曰："博爱之谓仁，行而宜之之谓义。"也就是这个意思。"仁""义"往往合言为"仁义"，其实两者还是有所区别的。《中庸》说："仁者，人也，亲亲为大；义者，宜也，尊贤为大。"前者在"仁者爱人"（《孟子·离娄》），自以"亲亲"为先，后者在合理适宜，故举贤任能。《礼记》之《表记》篇进而说："厚于仁者薄于义，亲而不尊；厚于义者薄于仁，尊而不亲。"这些都显示了"仁"与"义"之间的微妙差别。

二、守天反真的精神

《秋水》至此主要涉及的是认知，以下则隐然转向了实践层面。

河伯曰："然则我何为乎，何不为乎？吾辞受趣舍，吾终奈何？"北海若曰："以道观之，何贵何贱，是谓反衍；无拘而志，与道大蹇①。何少何多，是谓谢施；无一而行，与道参差。严乎若国之有君，其无私德；繇繇乎若祭之有社，其无私福；泛泛乎其若四方之无穷，其无所畛域。兼怀万物，其孰承翼？是谓无方②。万物一齐，孰短孰长？道无终始，物有死生，不恃其成③；一虚一满，④不位乎其形。年不可举⑤，时不可止；消息⑥盈虚，终则有始。是所以语大义之方⑦，论万物之理也。物之生也，若骤若驰，无动而不变，无时而不移。何为乎，何不为乎？夫固将自化。"

①《说文解字》："蹇，跛也。"《方言》："蹇，扰也。"《汉书》颜师古注："蹇，谓不顺也。"跛足，故行路艰难；此处意谓滞碍不顺，林希逸《庄子鬳斋口义》释"蹇"为"违碍"。

②"无方"，王先谦《庄子集解》释为"无所偏向"。

③"成"，即《齐物论》"道隐于小成"、"其成也，毁也"的"成"，是"物"此刻既具的形态。

④"一虚一满"，杨树达《庄子拾遗》以为当作"一虚一盈"："'满'当作'盈'，与'生'、'成'、'形'为韵。下文云'消息盈虚'即其证。此汉人避惠帝讳所改。"

⑤"举"，郭象《注》释为把握、抓取，解"年不可举"曰："欲举之令去，而不能。"这与下句"时不可止"的"欲止之使停，又不可"相对。成玄英《疏》自然不破《注》，说："夫年之夭寿，时之赊促，出乎天理，盖不由人。故其来也不可举而令去，其去也不可止而令住，俱任之，未始非我也。""年不可举"，李善注《文选》之曹丕《与吴质书》引作"年不可攀"，则意更明晰。

⑥"消息"，即生长、消减，"息"乃"繁衍生息"之"息"。

⑦《吕氏春秋》高诱注："方，道也。"

河伯在听了北海若的一番议论之后，还是没有能够真正理解，而且似乎完全被弄糊涂了。在他想来，既然"东西相反而不可以相无"，同一行为在不同的情势之下乃至于有完全不同的价值判断，那么如何才可能达到正确的境地呢？哪些是该做的，而哪些是不该做的呢？

北海若的答问则清楚地延续了此前的论说。前面，北海若破除了所谓"贵贱""大小""是非"等简单的固执对峙，显示这些都是在"物"的层面上自我偏执而导致的分歧之见，并不合"道"。那么，就必得超越主体的自我偏执，提升自己的智慧及视境以了悟世界的本相。而世界的本相是变易自化的，大化之流行，无有一时一刻是停滞不动的，这是其一；既然世界的本相是变易不居的，那就不能执一己之偏见，而当顺乎其"自化"，确立合"道"的应物之方，这是其二。这两点，即是北海若在此番答问中阐说的两层主要意思；这在前面其实都已涉及，可以引申而得，只是这里做了更清楚的正面表达。

"以道观之，何贵何贱，是谓反衍。"头两句显然是重申前面"以道观之，物无贵贱"的观点，这里则将此一情形称为"反衍"。郭象《注》解释"反衍"为"反覆相寻"，成玄英《疏》曰："反衍，犹反覆也。夫贵贱者，生乎妄执也。今以虚通之理照之，则贵者反贱而贱者复贵，故谓之'反衍'也。"也就是说，所谓"反衍"即"贵贱"之类的主观判断，是会不断转移变化的，甚至往往变得完全相反、对立，如上文言及的同样的禅让或争战，"差其时""逆其俗"即"篡"，"当其时""顺其俗"即"义"。在这个意义上，当然要"无拘而志，与道大蹇"，即不能拘限于自己的心志，因而与大道不合，郭象《注》所谓"自拘执，则不夷于道"。这样理解"反衍"，是取主观观念、价值判断的角度，与上文对不同立场——"以道观之"还是"以物观之"——的强调相契合。

"反衍"另有一种解说，陆德明《经典释文》曰："本亦作畔衍。"并引李颐语："犹漫衍合为一家。"郭庆藩《庄子集释》更益证据曰："《文选》左太冲《蜀都赋》注引司马作'叛衍'，云：'叛衍，犹漫衍也。'"是以"反衍"作"叛衍"，通"漫衍"。"漫衍"，当即《齐物论》"因之以曼衍"之"曼衍"，"曼衍"依成玄英《疏》："曼衍，犹变化也。"无论如何，变化的涵义是一致的，只是"反衍"更突出向对立方的转变。由此导向一种理解方向，有论者以为"反衍"即《老子》所谓"反者道之动"（第四十章）；如此，则"反衍"主要就不是指主观的价值观念会随情势发生种种变化，而是指世间万物本身都是处在不断变化过程之中的。这变化尤其会向相反的对立面变化，也就是说"反衍"侧重的是客观的而不是主观的方面。这样的理解虽然与上文"以道观之，何贵何贱"有些隔膜，不过与下文似乎比较切合。"何少何多，是谓谢施"，"谢施"者，成玄英《疏》曰："'谢'，代也；'施'，用也。[1]夫物或聚少以成多，或散多以为少，故施用代谢，无常定也。"这"代谢"云云，显然主要是指事物自身之变化情形。这样，从客观方面说，正因为万物处于沧海桑田（"反衍"）、代谢不已（"谢施"）的变化状态之中，所以主观上就不能拘限（"拘"）、偏执（"一"）于自我的心志（"而志"）和行为（"而行"），以致与大道参差不合。

北海若接着形容正确的姿态，应如国君之"无私德"、社神之"无私福"。"私"即"偏私"，"无私"就是周遍无偏。"私"与"无私"的对比，就是"物"与"道"的对比。"道"是周遍的，"若四方之无穷，其无所畛域"，"无畛域"就是没有拘限；"道"包容一切（"兼怀万物"），没有什么会独受其庇翼（"其孰承翼"），它没有任何偏向（"无方"），对万物等齐视之（"万物一齐"），短长之类皆非所计。在这个脉络里，我们或许可以了解到，"万物一齐"的"齐物"之论，显然不是说世间万物在实体上都是一样的，而是说在"道"的视野里，"短长"之类的差异是没有意义的，因为这些判定处在不断的变动之中，因而不可固执。

"道无终始，物有死生"，再次强调"道"与"物"的不同。[2]所谓"道无终始"，是因为"终则有始"，即大化流行中某一阶

---

[1] 成玄英的这两个解释采用的是司马彪注《庄子》的说法（陆德明《经典释文》引）；其中释"谢"字没有什么问题，而"施"作"用"解似乎不那么妥当。"谢施"与"反衍"应该是对应的，"衍"者衍生、伸展之义，则"施"亦当类此；《诗经》的《周南·葛覃》篇中有"施于中谷"句，《毛传》曰："施，移也。"陈奂《诗毛氏传疏》解云："'施''移'双声，'移'亦延也。"

[2] "道"与"物"体现不同的法则，这是古代思想的基本观念，比如《老子》就区分"天道"与"人道"，说："天之道，损有余而补不足；人之道则不然，损不足以奉有余。"（第七十七章）

段的终结，并不是一个截然的中断，而是另一阶段的开始。而如果从"物"的角度来说，则一个阶段的终结就是终结，此后乃是化为"异物"了，所以"死生"——这里的"死生"不妨理解为一种形象的说法，其实就是指"物"的现实存在与消亡；而"道"自然是无所谓存在与消亡的——乃是大限。[1] 以下形容的都是"道"（"大义之方"）的流行、"物"的变迁（"万物之理"）。这其中的关键便是变化不居。而这种变化是在时间的维度中展开的，所谓"年不可举，时不可止"，"无动而不变，无时而不移"；这种变化是不拘"成""形"的，"一虚一满"，"消息"不已，"终始"相续的。这一变化的情形，在《庄子》中称为"自化"。这个变化是自主的、自然的，它构成世间万物的基本秩序。"自化"是我们所谓世界大化流行的本相，面对它，主体的主观行为该如何作为呢（"何为乎，何不为乎"）？不过就是依循其"化"，"无拘而志""无一而行"，"不恃其成""不位乎其形"。

《天道》篇中有一段话，非常明白地表示了世间万物自有其运作规律和秩序，人们正当的行为准则乃循道仿德而已：

> 天地固有常矣，日月固有明矣，星辰固有列矣，禽兽固有群矣，树木固有立矣。夫子亦放德而行，遁道而趋。

如果相反，面对世间万物的"自化"，人们一味殚精竭虑考虑自己的作为与否，则将扰乱天道自然，成玄英《庄子疏》所谓："万物纷乱，同禀天然，安而任之，必自变化，何劳措意'为'与'不为'？"

---

[1] 这层意思只要看《至乐》篇里庄子"鼓盆而歌"一节所透露的两种不同的生命观就非常清楚了。参后面第五讲的解析。

河伯曰：“然则何贵于道邪？”

北海若曰：“知道者必达于理，达于理者必明于权，明于权者不以物害己。至德者，火弗能热，水弗能溺，寒暑弗能害，禽兽弗能贼。非谓其薄之也，言察乎安危，宁于祸福，谨于去就，莫之能害也。故曰：‘天在内，人在外，德在乎天。’知天人之行，本乎天，位乎得①，蹢躅而屈伸，反要②而语极③。”

① “得”，即“德”，见下文释说。

② “反要”，即下文“是谓反其真”之义。

③ “语极”之“极”，注家一般以为终极，如林希逸《庄子鬳斋口义》即谓“理之至极也”。钟泰《庄子发微》则释云：“‘语极’者，极穷尽也。至此则言语之所不能及，故曰‘语极’，禅师家所谓‘言语道断’者也。”并且引前文“可以言论者”云云，论曰：“至于要，则正言之所不能论，意之所不能察，故曰‘语极’。谓言语至是而穷。”其言甚辩，可以参考。

河伯终于进抵“道”之前，问及“道”的作用。从《秋水》篇的脉络来看，前面点明了“道”“物”的不同，指出应当循“道”而动，接着当然得更申明“道”的作用了。

“道”与“理”二字如今往往连在一起读，称“道理”。其实两者间是有差别的：“道”大致更高一层，“理”则稍落实些，可以“天道”来对应“物理”，却很难将“天理”与“物道”对举。“道”是天地宇宙的大奥秘、总原则，而“理”乃是具体的世间“万物之理”。即如钟泰《庄子发微》曰：“道者理之总名，理者道之别相。”

“知道者必达于理”，即通晓天地大道的人一定明了种种事理。“达于理者必明于权”，通晓事理，也就了解事物的种种变化，如上文所谓"若骤若驰，无动而不变，无时而不移"，那当然也就懂得应对之权变。"明于权者不以物害己"，善于应机权变的人，自然不会逆物之动，与物相刃相靡，[1]而伤害到自己。这里点出了"权"的重要性；特别需要指出的是，所谓"权变"，不是没有原则的墙头草，而是要在通达"道"与"理"的前提下，审时度势，有所变通，这是一个原则性与灵活性很好结合的高境界。孔子也曾表露过这样的意思，《论语·子罕》："可与共学，未可与适道；可与适道，未可与立[2]；可与立，未可与权。"（大致是说：可以一同向学，却未必可以共同求道；可以共同求道，却未必可以一起依礼而行；可以一起依礼而行，却未必可以一道应机权变。）由此可见，"权"是一个非常高的境界，是很难把握因而在次第上也较迟才能把握的一种实践。

"知""道"而"达""理"，"达""理"而"明""权"，从而保全自我，这是北海若回答河伯"道"之所以可贵的缘由。接着，北海若再以得"道"而臻于"至德"境界者何以能"不以物害己"说明之。"火弗能热，水弗能溺，寒暑弗能害，禽兽弗能贼"，这番能事，我们在《逍遥游》篇的藐姑射山神人那里已经见识过，只是那里更多些神秘，而《秋水》的"至德"者则更显示出理性的色彩：他能够明察安危之机，于福祸之际则保持心境宁静，审慎地作出自己的抉择。这里值得稍稍提示的是"宁于祸福"，郭象《注》释此句曰："安乎命之所遇。"成玄英《疏》更详尽："'宁'，安也。'祸'，穷塞也。'福'，通达也。至德之人，唯变所适，体穷通之有命，达祸福之无门，故所乐非穷通，而所遇常安也。"

[1]《齐物论》："一受其成形，不忘以待尽。与物相刃相靡，其行尽如驰，而莫之能止，不亦悲乎！"又参第二讲《逍遥游》"藐姑射山"一节中"物莫之伤"句。

[2]"立"，当指依礼而为，《论语·泰伯》"兴于诗，立于礼，成于乐"，《论语·季氏》"不学礼，无以立"，《论语·尧曰》"不知礼，无以立也"。

他们突出了一个"命"，如此解释，或许在此处有些引申发挥，不过如果结合下文确实提及"命"一范畴（"无以故灭命"），以及"孔子游于匡"一节，大约还是有道理的。

"至德者"趋避危害、从容应对而保全自我的根本，就在于"知道"。"天在内，人在外"，是说内心保持了天道自然，外在种种人事作为都以此为依据而行，郭象《注》解曰："天然在内，而天然之所顺者在外。"这样的话，自是所谓"德在乎天"，即"至德者"之"德"乃是契合天道的。"至德者"行为合"道"，而不是"与道大蹇""与道参差"，那么，"物"自然是不能伤了："天然之性，韫之内心；人事所顺，涉乎外迹；皆非'为'也。[1]任之自然，故物莫之害矣。"（成玄英《疏》）最后数句，继续说明合"道"的行为：知晓"天"与"人"之行为，【一】依本于天道（"本乎天"），立足于至德（"位于得"），依循天道事理而进退屈伸，变化多端，这便归返了道之关键，谈及了其终极所在。

补释

【一】"天人之行"，论者或以为是"天"与"人"对立的两种作为，前者是自然的，而后者则非。这参合下一番问答所谓"天""人"固然如此；但在郭象《注》和成玄英《疏》的观念中，"天""人"之行在此处是一致的。郭象引《大宗师》"知天之所为，知人之所为者，至矣"，谓："明内外之分，皆非'为'也。"成玄英也明确指出"天然之性"与"人事所须"，"皆非'为'也"。显然，他们认为此处所谓"人"之行，与"天"之行一样，都不是不合自然的"为"。这样，说"天人之行""本乎天""位乎得"便很是自然了。而有论者既以为"天""人"不同，则"天"之行"本乎天""位乎得"是自然的，

[1] 此"为"是人为，与"天然"或"自然"相对立，表示的是不合"道"的强为。

再加说明实无甚意义，而曰"人"之行"本乎天""位乎得"倒属于对"人"的正面要求、规定，因而可以理解。褚伯秀《南华义海纂微》就提出"天"当作"夫"。这一想法，得到文本上的一点支持，"陈碧虚《阙误》引江南古藏本作'乎'，'夫'犹'乎'也"（王叔岷《庄子校释》）。这自然也可以说得通。不过，从郭象注此句的"此天然之知自行"云云，则当初郭本确作"天"字。

> 曰："何谓天？何谓人？"
> 　　北海若曰："牛马四足，是谓天；落[1]马首，穿牛鼻，是谓人。故曰：'无以人灭天，无以故灭命，无以得殉名。[2]谨守而勿失，是谓反其真。'"

　　① "落"，通"络"，即笼络马首的意思。
　　② 刘凤苞《南华雪心编》释此数句关系曰："'无以人灭天'句是主，下三句乃申足上意。'命'即天命，'得'即天德，'故'即人心，'名'即人事。"

　　"天"与"人"是北海若在上一番答问中提出的新范畴，河伯这里要求北海若作出进一步诠说。"牛马四足，是谓'天'；落马首，穿牛鼻，是谓'人'。"这是一个譬喻性的解说，"牛马禀于天，自然有四脚，非关人事，故谓之天。羁勒马头，贯穿牛鼻，出自人意，故谓之人"（成玄英《疏》）。简捷地说，所谓"天"就是"天然"或"自然"，而"人"即是"人为""人事"。二者是相互对立的。【一】

　　在"天""人"两分的基础上，"无以人灭天，无以故灭命，

庄子讲义

无以得殉名"三句，提出了主体的行为准则，这也可以说是《秋水》一篇的核心所在。《秋水》首先由比较的视野提示"大""小"的差别；而后点出此类二元对立的相对性，从而反省认知的主体视域、能力等条件；进而又揭示世间的种种区别，在"物"的层面不妨成立，而在"道"的层面则无甚意义；最后，提出作为万物之一的人这一主体，应当依顺万物之理、天道自然，显然这是非常合乎逻辑的推展，其结论也是当然的。

在这三句之中，"无以人灭天"应该说是最为关键的，是总说。"天""人"云云，既是上文明确提示的重要范畴，而且上文数番问答涉及的主体视域、自我偏执等，其实都是属"人"的，而超越个别性的立场、以周全的"道"观照世界之类，则当然是合乎自然天道的。《荀子》的《解蔽》篇批评诸子甚为犀利，其于庄子曰："蔽于'天'而不知'人'。"对荀子的批评正确与否，我们姑且不予评断，但他窥知《庄子》之学关键在强调"天"，确实极具识力。"人""天"对立，而以依循"天"为宗旨，是《庄子》的核心观念，贯通全体。且不论其内在的思想意脉，仅就类似的文句表述而言，内篇《大宗师》便有"不以心捐道，不以人助天，是之谓真人"之语。"捐，弃也"（成玄英《疏》），"不以心捐道"即不以人之心智活动而抛弃天道；"助"谓"添助"（成玄英《疏》），"不以人助天"是说不以人的作为而增益自然天道。显然这就是"无以人灭天"的意思—— 如果我们不是狭义地理解"灭"，而将之宽泛地理解作毁伤的话。[1]

"无以故灭命"，与上句结构类似，则"命"与"故"之间构成了类似于"天"与"人"那样的对立关系。"命"的意义是清楚的，《天地》篇"泰初有无"一节已然显示，"命"是前定的，

---

[1] "添助"也可以是一种毁伤，如上所谓"落马首，穿牛鼻"即是。

是与最初的"道""德"以及成物后的物"性"相贯通的；[1]
在某种意义上，可以说"命"即本来的性命。"故"，有不同的
诠释，或者谓巧诈，或者谓"事"，【二】后者可引申为指后天的
种种作为而成就的习惯和当然。[2]无论如何，"故"与"命"都
恰构成对立的关系——在《天地》"泰初有无"一节中，明确表
示出"命"是前定的，在成形之前就确定了；而巧诈机心、世俗
习惯之类，都属于人世间后起的。去"故"而从"命"，也就是
抛开后天人间世形成的种种行为习惯或规范、抛弃巧诈机心，而
依从天命、天道。《刻意》篇有"去知与故，循天之理"一句，
表达的就是这个意思：人们自以为是的种种知识（"知"）和机巧
或习惯（"故"），这些都是离开、违逆自然天道的，故而应当抛
弃而返回去依循天理——《养生主》有"依乎天理""因其固然"
的说法，"天理"与"固然"是一回事，人们本初的状态是合乎
自然的，而今的种种设置和表现则非，故而需要回返原来——即
天道。由此看来，"无以故灭命"，更多是就在人世间保守人的
本性、使之不受扭曲而言的。

庄子讲义

　　"无以得殉名"之"得"，当释为"德"。《天地》篇有"物
得以生谓之德"的说法，而这是古时的通义，《管子》的《心术上》
篇也说："'德'者，'得'也；'得'也者，其谓所得以然也。"[3]
在这个意义上，"德"与"道"是相贯通的，《心术上》接着说：
"以无为之谓'道'，舍之之谓'德'；故'道'之与'德'无
间。故言之者不别也。间之理者，谓其所以舍也。"《庄子》书

　　[1]参第二讲中释《逍遥游》"至人无己"一句的引述。
　　[2]徐复观说："'故'，是后起的生活习惯。"《中国人性论史（先秦篇）》第十二章《老
子思想的发展与落实——庄子的"心"》，上海三联书店，2001年，第335页。
　　[3]张舜徽《管子四篇疏证》校曰："原句当作'谓其所以得也'，与下文'谓其所以舍也'
句法一例。今本文字既有误倒，又衍'然'字，而义晦矣。"《周秦道论发微》，中华书局，
1982年，第224页。

中"德""得"相通之例亦不胜枚举。[三]"名"一般即理解为名声之类，[四]它代表的是种种世俗的东西。"无以得殉名"，意为不要为了世俗的种种而丧失自己的"天德"（刘凤苞语）。这侧重于面对社会利益和价值，保全本来自我的方面。

最后，"谨守而勿失"。需要"守"而不使"失"去的，正是"天""命""得"（"德"）。这层意思，在《刻意》篇里面也有表述："纯素之道，唯神是守；守而勿失，与神为一。一之精通，合于天伦。"这里所谓的"神"固有"精神""精气"之意，而如上文所释，"小之微"的"精"，亦自有其"精粹""精华"的意谓，它也是通达天道的：《老子》所谓"道之为物，惟恍惟惚"，"窈兮冥兮，其中有精"（第二十一章），就揭示了"精"与"道"的关联。值得注意的是，《刻意》篇所谓"守""神"而"勿失"，达致的境界乃是"与神为一"，也就是融通于"神"，这时可谓"合于天伦"。如果是这样，回过来，我们或许可以说"谨守""天""命""得"（"德"）而"勿失"，也就是要与"天""命""得"（"德"）和合为一体而已：这岂非即是"无己"而"去人合天"？"合天"的状态是纯粹素朴的，《刻意》对"纯素之道"有进一步的诠说："素也者，谓其无所与杂也；纯也者，谓其不亏其神也。"一方面能够周致地保全天道之精神，另一方面则祛除所有与之无干的杂质，诸如"故""名""知"之类。如此，便可谓"反其真"了。"反"就是返回、回归；[1]"真"就是本真，是人的原初本来状态。它根源于包括人在内的世间万物所来自的那个"天""道"。

---

[1]庄学着重天然本初，视后天的种种都是违逆天道的，而无论这些作为在世俗的意义上是正面还是负面，故而重视归返本来。《老子》则以为"反者道之动"（第四十章），所以亦重视回返，曰："夫物芸芸，各复归其根；归根曰静。"（第十六章）

这一点，《渔父》篇有很清楚的诠说，曰："真者，所以受于天也，自然不可易也；故圣人法天而贵真，不拘于俗，愚者反此。"首先，"真"源自"天"，与"俗"对立。其次，"真"是内在的，《渔父》篇即有"真在内"的说法，"受于天"而"在内"，说明"真"属主体之范畴，而体现了"天道"的精神，所以它与人的本性紧密相关，《马蹄》就有"真性"的概念。[1]再次，正因为"真"内在于主体之中，而又通贯"天道"，所以"法天"不妨自"贵真"始，[2]而"贵真"即所以"法天"。

如此来看，守天而反真，其实与《逍遥游》所揭示的"无己"境界是一致的，都是在"天""人"之际取归本自然天道之径。

补释

【一】郭象《注》与成玄英《疏》承上文"天人之行"的注说中以为"天""人"之行一样，"皆非'为'也"的观点，一方面固然认可此处"天""人"之不同，但同时亦尽力主张"人"合"天"时，"人""天"一贯，"人"亦"天"也："人之生也，可不服牛乘马乎？服牛乘马，可不穿落乎？牛马不辞穿落者，天命之固当也。苟当乎天命，则虽寄之人事，而本在乎天也。"（郭《注》）"牛鼻可穿，马首可络，不知其尔，莫辨所由，事虽寄乎人情，理终归乎造物。"（成《疏》）他们的注疏，虽于此处本文不免迂回，不过在道理上却也可以成立。

【二】最初郭象对"故"的解释，就是简单的"故意"："不因其自为而故为之。"后来如陈寿昌《南华真经正义》"有心曰'故'"

---

[1]《马蹄》："马，蹄可以践霜雪，毛可以御风寒。龁草饮水，翘足而陆，此马之真性也。"成玄英诠说"谨守而勿失，是谓反其真"句，也用了"真性"一词："夫愚智夭寿，穷通荣辱，禀之自然，各有其分。唯当谨固守持，不逐于物，得于分内，而不丧于道者，谓反本还源，复于真性者也。"
[2]犹如《孟子》之《尽心》篇所谓"知天"可由"尽心""知性"而达致。

的说法，也大抵是这个意思。不过，虽然"故为之"的"有心"，与"巧诈"还是不同的，但两者间的距离似乎并不那么遥远。郭庆藩《庄子集释》释《刻意》"去知与故"之"故"曰："案'故'，诈也。《晋语》：'多为之故，以变其志。'韦注曰：'谓多作计术以变易其志。'《吕览·论人》篇：'去巧故。'高注：'巧故，伪诈也。'《淮南·主术》篇：'上多故则下多诈。'高注：'故，巧也。'皆其例。《管子·心术》篇：'去智与故。'尹知章注：'故，事也。'失之。"

成玄英《疏》释"无以故灭命"句曰："夫率性乃动，动不过分，则千里可致而天命全矣。若乃以弩励骥而驱驰失节，斯则以人情事故毁灭天理，危亡旦夕，命其安在乎！岂唯马牛，万物皆尔。"以"故"为"人情事故"，与郭象《注》似乎不合。其他如上言郭庆藩《集释》中已引《管子·心术》篇"去智与故"句之尹知章注"故，事也"。《庄子》本文亦有其例，《盗跖》篇"及其患至，求尽性竭财，单以反一日之无故而不可得"之"故"，即不妨作"事"解，林希逸《庄子鬳斋口义》曰："及其病患已成，虽欲求全其生，去其财，但求一日复如贫居无事之初而不可得也。"便如是理会。

【三】《马蹄》"彼民有常性，织而衣，耕而食，是谓同德"，成玄英《疏》曰："'德'者，得也。率其真常之性，物各自足，故同德。"《徐无鬼》"道之所一者，德不能同也"，郭象《注》："各自得耳，非相同也，而道一也。"《让王》"古之得道者，穷亦乐，通亦乐；所乐非穷通也，道德于此，则穷通为寒暑风雨之序矣"，俞樾《诸子平议》引《吕氏春秋》之《慎人》篇作"道得于此"。《天下》批评惠施"弱于德，强于物"，钟泰《庄子发微》曰："'弱于德'，自得者少；'强于物'，逐物者多。"

【四】钟泰《庄子发微》于"名"有别解，并进而牵涉该句的意旨："'名'为形名之名，非名誉之谓也。'殉名'，则守常而不知通变。

守常而不知通变，则不得矣，故曰'无以得殉名'也。《齐物论》曰：'唯达者知通为一，为是不用而寓诸庸。庸也者，用也。用也者，通也。通也者，得也。适得而几矣，因是已。'此两言'得'，皆根《齐物论》'通也者得'而言，与'德本乎天'，一言体，一言用，不容混也。"其言颇辩，录之以供参考。

三、天机与濠上之乐

与《逍遥游》一样，至"无以人灭天"数句，《秋水》开篇以来逐步推展的论说到达了全篇的核心；以下的段落大致是进一步阐说这些中心观念。

夔怜蚿，蚿怜蛇，蛇怜风，风怜目，目怜心。夔谓蚿曰："吾以一足趻踔而行，予无如矣。今子之使万足，独奈何？"蚿曰："不然。子不见夫唾者乎？喷则大者如珠，小者如雾，杂而下者不可胜数也。今予动吾天机[1]，而不知其所以然。"蚿谓蛇曰："吾以众足行，而不及子之无足，何也？"蛇曰："夫天机之所动，何可易邪？吾安用足哉！"蛇谓风曰："予动吾脊胁而行，则有似也。今子蓬蓬然起于北海，蓬蓬然入于南海，而似无有，何也？"风曰："然，予蓬蓬然起于北海而入于南海也，然而指我则胜我，鰌我亦胜我。虽然，夫折大木，蜚大屋者，唯我能也，故以众小不胜为大胜也。为大胜者，唯圣人能之。"

[1] 郭庆藩《庄子集释》："《文选》陆士衡《文赋》注引司马云：

'天机，自然也。'"《文赋》有"天机骏发"一语。

"夔"和"蚿"是两种类型的动物，"夔是一足之兽，其形如鼓，足似人脚而回踵向前也。《山海经》云：东海之内，有流波之山，其山有兽，状如牛，苍色，无角，一足而行，声音如雷，名之曰夔。昔黄帝伐蚩尤，以夔皮冒鼓，声闻五百里也。蚿，百足虫也"（成玄英《庄子疏》）。"怜"，早先便有二解，或曰"爱尚之名"，或曰"哀愍也"：

> 夔则以少企多，故怜蚿；蚿则以有羡无，故怜蛇；蛇则以小企大，故怜风；风则以暗慕明，故怜目；目则以外慕内，故怜心。欲明天地万物，皆禀自然，明暗有无，无劳企羡，放而任之，自合玄道。倒置之徒，妄心希慕。故举夔等之粗事，以明天机之妙理。
> 又解：怜，哀愍也。夔以一足而跳踯，怜蚿众足之烦劳；蚿以有足而安行，哀蛇无足而辛苦；蛇有形而适乐，愍风无质而冥昧；风以飘飘而自在，怜目域形而滞著；目以在外而明显，怜心处内而暗塞。欲明物情颠倒，妄起哀怜，故托夔、蚿以救其病者也。（成玄英《庄子疏》）

两者相较，似以前解为胜，《方言》有"爱，宋、鲁之间曰怜"的说法，而庄子据云乃宋人，【一】故以"怜"为"爱"是很可理解的。[1]

---

[1]后代的诗文中"怜"为"爱"意的屡屡可见，比如古诗《孔雀东南飞》中阿母谓焦仲卿曰："东家有好女，自名秦罗敷。可怜体无比，阿母为汝求。"

虽然从夔到心，有逐渐提升、脱略形迹的意味，[1]但总体而言，此节中诸位递相爱尚羡慕，大抵都是不恰当的；因为它们都没有持守自己的自然天性，而一意向外追逐，丧却自我本然。无论是一足还是多足，也无论是有足还是无足，都不妨其行；其间具体的不同，乃是出自天性。所以只要按照天性行动，也就可以了。这谓之"天机"。"天"形容的是自然、本来，所以"何可易邪"？它是不可改易的，[2]所谓"本性难移"。所以"无劳企慕"只要"放而任之，自合玄道"；如果违逆了"天机"，"妄心企慕"，就是"倒置"。显然，"天机"呼应的便是上文"无以人灭天"的"天"。

　　本节最后"风"的那段话，所谓"小不胜"与"大胜"，或许需要一说。风不过是流动的气息，无形无象，对于人们的手指足踏，一概都不能抗御，但它却不妨吹折大树、大屋，而这后者就不是只手单足能够做到的了。风的这种弱、强辩证法，如同《老子》所谓的水："天下莫柔弱于水，而攻坚强者莫之能胜。"（第七十八章）这一情形，是本来天性所致，世间万物都各有其利弊优劣，此弊而彼利，此劣而彼优，是世上之常然；关键是要理解、尊重这天性的千别万殊，而循其性质，并能尽其天性以实现之。郭象于此所注，颇为深切："恣其天机，无所与争，斯小不胜者也。然乘万物御群材之所为，使群材各自得，万物各自为，则天下莫不逍遥矣，此乃圣人所以为大胜也。"按照天机而动，即使有不利、不胜之处，亦不必强争；而依循着万物群材的本性而为，使它们能各有作为，尽其所长，便可以达致大胜、逍遥的境界。

---

[1]此点从"蛇谓风"的话语中可以一窥消息，蛇自称"有似"，成玄英《疏》曰："似，像也。蛇虽无足，而有形像；风无形像，而鼓动无方。"以下，"目"较之"风"的触觉，乃属视觉，更超乎实在的感触些；而"心"则无疑更形虚渺了。
[2]成玄英《疏》："天然机关，有此动用，迟速有无，不可改易。"

道理说起来奥妙，其实如果我们结合《逍遥游》最后庄子与惠施有关大瓠、大樗之用的争论，就很容易明白了：惠施所谓大瓠不宜用作瓢、大樗之不宜用作木材之类，就是它们的"小不胜"处；而庄子将大瓠"以为大樽而浮乎江湖"、大樗"树之于无何有之乡、广莫之野，彷徨乎无为其侧，逍遥乎寝卧其下"，则属通达物性而善用其"大胜"之处——这确然是"圣人"的作为。

补释

【一】《庄子》的《列御寇》篇中记"宋人有曹商者，为宋王使秦。其往也，得车数乘。王说之，益车百乘。反于宋，见庄子"，是庄子居宋无疑。两汉时，人多以为庄子乃宋人，如刘向《别录》谓庄子"宋之蒙人也"（《史记》本传司马贞《索隐》引），《淮南子·修务训》高诱注谓庄子"宋蒙县人"，班固《汉书·艺文志》谓庄子"名周，宋人"，张衡《髑髅赋》"吾宋人也，姓庄名周"。

孔子游于匡，宋①人围之数匝，而弦歌不辍。子路入见，曰："何夫子之娱也？"孔子曰："来！吾语女。我讳穷久矣，而不免，命也；求通久矣，而不得，时也。当尧、舜而天下无穷人，非知得也；当桀、纣而天下无通人，非知失也：时势适然。夫水行不避蛟龙者，渔父之勇也；陆行不避兕虎者，猎夫之勇也；白刃交于前，视死若生者，烈士之勇也；知穷之有命，知通之有时，临大难而不惧者，圣人之勇也。由处矣，吾命有所制矣。"无几何，将甲者进，辞曰："以为阳虎也，故围之。今非也，请辞而退。"

①"宋"，当作"卫"，陆德明《经典释文》引司马彪《注》："'宋'，

当作'卫'。匡，卫邑也。"

　　有关孔子的这则文字，不像《庄子》中其他不少涉及孔子的事迹那样出自完全的假设虚构。孔子受困于匡，《论语》中即有记述，[1]《史记》的《孔子世家》里记载更周全；[2]而被围时弦歌不辍的情节，从《孔子家语》[3]及《琴操》[4]亦可见。《秋水》的这节有关孔子的事迹，虽然不完全是悬虚的，但孔子在围困之中所说的这番话，倒确实是其他文献中所不见的，应当是《庄子》的拟设。孔子这番议论的中心是"命"，诠说了什么是通达"命"之后的"圣人之勇"。

　　这节文字塑造了孔子正面的"圣人"形象。他不是没有世间的追求，"我讳穷久矣"，"求通久矣"，就是证明；如果没有这些追求，那么孔子就彻底脱离了平常的世界，不是一个人间的圣人，而属于出世的神仙，比如《逍遥游》中藐姑射山的神人。

　　至于人间的通达与否，固然与你的志愿和努力相关，但绝不仅限于此，种种因素如果实际地说起来就是所谓"时势"，如果

[1]《论语·子罕》："子畏于匡。曰：'文王既没，文不在兹乎？天之将丧斯文也，后死者不得与于斯文也。天之未丧斯文也，匡人其如予何？'"《论语·先进》："子畏于匡，颜渊后。子曰：'吾以女为死矣！'曰：'子在，回何敢死！'"
[2]《史记·孔子世家》："过匡，颜刻为仆，以其策指之曰：'昔吾入此，由彼缺也。'匡人闻之，以为鲁之阳虎。阳虎尝暴匡人，匡人于是遂止孔子。孔子状类阳虎，拘焉五日。颜渊后，子曰：'吾以汝为死矣。'颜渊曰：'子在，回何敢死。'匡人拘孔子益急，弟子惧。孔子曰：'文王既没，文不在兹乎？天之将丧斯文也，后死者不得与于斯文也。天之未丧斯文也，匡人其如予何？'孔子使从者为宁武子臣于卫，然后得去。"
[3]司马贞《史记索隐》引《孔子家语》："子路弹剑而歌，孔子和之，曲三终，匡人解围而去。"
[4]张守节《史记正义》引《琴操》："孔子到匡郭外，颜渊举策指穿垣曰：'往与阳货正从此入。'匡人闻其言，告君曰：'往者阳货今复来。'乃率众围孔子数日。乃和琴而歌，音曲甚哀。有暴风击军士僵仆，于是匡人有知孔子圣人，自解也。"其中"颜渊"据《史记·孔子世家》，当是"颜刻"之误；且《论语·先进》及《孔子世家》皆明言"颜渊后"，可知"举策指匡穿垣"的不会是他。

抽象地说起来就是"命"。"时势"无论多么复杂，或许还是可以分析的。比如孔子提出当尧、舜圣君莅临天下的时候，[1]人们都可以得到施展，即"无穷人"；而桀、纣暴君统治之下，人们则无法得意、得志，即"无通人"。[2]孔子不认为是此时的人们智慧所以通达，而彼时的人们不智因而穷塞，而是那个强大的外在局势造成的："时势适然。"

而说到"命"，这就不是你可以分析的了，因为按照《天地》篇的说法，"命"甚至在人成形之前就已然确定了。[3]抽象的"命"概括了一切非自我的人力所能控制的情势。这个"命"，严格地说，该有"通""穷"两面，即有顺境，有困境。[4]如果周全理解，或许应该是顺利的时候不得意忘形，失意的时候不沮丧颓废。不过，通常人们感慨命运的时候，往往是处困境之时，孔子这时也正身处卫人的围困之中，所以他强调的也是圣人当如"不避蛟龙"的渔父、"不避兕虎"的猎夫、"视死若生"的烈士一样，"知穷之有命"，"临大难而不惧"。

我们已经指出，"讳穷"而"求通"是第一层，是常人都具有的倾向。明了"穷""通"不尽在己，而有现实的"时"与抽象的"命"的制约（"吾命有所制矣"），这是第二层，知道了人生的有限性。那么还有第三层，就是在"穷""通"不尽由己的情况下，人们该如何行动？这里，孔子或许没有用自己的话语作出

---

[1]刘文典《庄子补正》以为"尧舜"和"桀纣"之下当有"之时"二字，传本脱之："碧虚子校引张君房本'尧舜''桀纣'下并有'之时'二字。《疏》'夫生当尧舜之时，而天下太平'，'当桀纣之时，而天下暴乱'，是所见本亦并有此二字。"

[2]成玄英《疏》："夫当生尧、舜之时，而天下太平，使人如器，恣其分内，故无穷塞；当桀、纣之时，而天下暴乱，物皆失性，故无通人。"这里的"通""穷"，不是仅仅指人们是否可以飞黄腾达，而主要在于人们是否能尽其才性，自我施展，所谓"恣其分内"。

[3]参第二讲第二节中的引录和诠释。

[4]《论语·宪问》中也表达了类似的观念："道之将行也与，命也；道之将废也与，命也。"

明确表达，但他的行为已然揭明：正是因为通达人之命运，所以得从容应对种种境况（诸如顺境，而尤其是困境），在围困中"弦歌不辍"，而不为困境遽然改变——这是你能做的，也是你应做的，也只有这样才是真正做自己的主人。这样的态度，在孔子这人间圣人，是一贯的，用《论语》里的话就是"知其不可而为之"（《宪问》），是君子"行其义也，道之不行，已知之矣"（《微子》）。那么这是不是抗拒自己的"命"呢？是不是"以故灭命"呢？似乎不能这么说。孔子还是尊重天命的，所以他说："天之将丧斯文也，后死者不得与于斯文也。天之未丧斯文也，匡人其如予何？"（《论语·子罕》）在他看来，"丧斯文"与否以及他个人的安危与否都是由天命决定的；只是在这天命下，不该坐以待之，不妨尽人事，做你能做也应该做的事。

公孙龙问于魏牟曰："龙少学先王之道，长而明仁义之行；合同异，离坚白；然不然，可不可；困百家之知，穷众口之辩；吾自以为至达已。今吾闻庄子之言，茫焉异之。不知论之不及与，知之弗若与？今吾无所开吾喙，敢问其方。"

公子牟隐机大息，仰天而笑曰："子独不闻夫坎井之蛙乎？谓东海之鳖曰：'吾乐与！出跳梁乎井干之上，入休乎缺甃之崖；赴水则接腋持颐，蹶泥则没足灭跗；还虷蟹与科斗，莫吾能若也。且夫擅一壑之水，而跨跱坎井之乐，此亦至矣。夫子奚不时来入观乎！'东海之鳖左足未入，而右膝已絷矣。于是逡巡而却，告之海曰：'夫千里之远，不足以举其大；千仞之高，不足以极其深。禹之时十年九潦，而水弗为加益；汤之时八年七旱，而崖不为加损。夫不为顷久推移，不以多少进退者，此亦东海之大乐也。'于是坎井之蛙闻之，适适然惊，规规然自失也。且夫知不知是非之竟，而犹欲观于庄子之言，是犹使蚊负山，商蚷驰河也，必不胜任矣。且夫知不知论极妙之言而自适一时之利者，是非坎井之蛙与？且彼方跐黄泉而登大皇，无南无北，奭然四解，沦于不测；无东无西，始于玄冥，反于大通。子乃规规然而求之以察①，索之以辩，是直用管窥天，用锥指地也，不亦小乎！子往矣！且子独不闻夫寿陵余子之学行于邯郸与？未得国能，又失其故行矣，直匍匐而归耳。今子不去，将忘子之故，失子之业。"公孙龙口呿而不合，舌举而不下，乃逸而走。

① "察"在这里意谓片面、细琐而又离析。《天下》篇有"天下多得一察焉以自好，譬如耳目鼻口，皆有所明，不能相通"之语，"一察"即有限的片面；又篇中批评"一曲之士""判天地之美，析万物之理，察古人之全"，"察"显然与"判""析"同谓，指离散、拆解。

这一节是魏牟与公孙龙的对话。魏牟大抵赞美庄子境界之高远通达，指斥公孙龙之"察""辩"不足以了解之。

公孙龙首先自我标榜的是其名学之能，所谓"合同异，离坚白，然不然，可不可，困百家之知，穷众口之辩"云云。"然不然，可不可"，见于《齐物论》，乃是颠倒常识，以"不然"为"然"，以"不可"为"可"，或者反之亦然；体现的是名辩家的机巧。至于"合同异"，一般认为是指惠施的学说，所谓"万物毕同毕异"（《天下》）；"离坚白"，则为公孙龙之说，《公孙龙子》有《坚白论》，主要以石为例，说明触觉的"坚"与视觉的"白"是可以分离的，所谓"视不得其所坚，而得其所白者，无坚也；拊不得其所白，而得其所坚，得其坚也，无白也"。[1]然而这些特异而貌似有据的论辩，遇到庄子，则茫然失据，无以置喙。面对公孙龙的惶惑，魏牟采用了生动的譬喻来说解，是即后来流播百世的"井底之蛙"。井底之蛙与东海之鳖的对比，基本是《秋水》篇最初北海若以大映小的方式，所谓"十年九潦而水弗为加益"，"八年七旱而崖不为加损"，正是前文之"春秋不变，水旱不知"。接下来的一段话，魏牟形容庄子的言论和思想"跐黄泉而登大皇，无南无北，奭然四解，沦于不测；无东无西，始于玄冥，反于大通"，这大抵类似《刻意》篇所说的"精神四达并流，无所不极，上际于天，下蟠于地"，逶迤曲致，自由无拘。相对而言，公孙龙苛察细琐的论辩，无异于"管窥""锥指"，"以管窥天，讵知天之阔狭；用锥指地，宁测地之浅深"（成玄英《疏》）。此节对公孙龙的批评主要是针对其名辩的，如果将前文"无以得殉名"的"名"理解为"名辩"之"名"，[2]或许也可算是一种承前展开。

魏牟末后数语，又是一个精彩寓言，同样在后世成为习用的成语："邯郸学步"。但就本文的脉络而言，是什么意思呢？大约是因为魏牟担心公孙龙生比较、争胜之心——前面的问话里公孙龙已经有"论之不及""知之弗若"的表白——所以特别提出来，告诫公孙龙不要妄生攀附之想，倒不如知进退而谨守故能，成玄英《庄子疏》即如此解说道："庄子道冠重玄，独超方外；孙龙

[1]《史记·孟子荀卿列传》云："赵亦有公孙龙，为坚白同异之辩。"似以坚白、同异之说皆归公孙龙名下。

[2]参上节补释【四】中所引钟泰《庄子发微》的解释。如果对比庄子"精神四达并流，无所不极"，或许公孙龙确实可谓"守常而不知通变"。不过，钟氏并未如此联系理解，而是力主此节为后人增饰，当以后"庄子钓于濮水"节直接前"孔子游于匡"之文。

虽言辩弘博，而不离域中；故以孙学庄谈，终无得理。若使心生企尚，踌躇不归，必当失子之学业，忘子之故步。"

最后，《秋水》此处魏牟之批评公孙龙，似乎是《庄子》独家拟设的寓言。《列子》有《仲尼》篇，记载："中山公子牟者，魏国之贤公子也，好与贤人游，不恤国事，而悦赵人公孙龙；乐正子舆之徒笑之。"并且乐正子舆与公子牟辩论的时候明言："子，龙之徒，焉得不饰其阙？"[1]可见魏牟是认同公孙龙之学说的。《秋水》将他们设为对立的两方面，可以理解为其惯常的虚拟寓言的手段。

庄子钓于濮水，楚王使大夫二人往先焉，曰："愿以境内累矣！"庄子持竿不顾，曰："吾闻楚有神龟，死已三千岁矣。王巾笥而藏之庙堂之上。此龟者，宁其死为留骨而贵乎？宁其生而曳尾于涂中乎？"二大夫曰："宁生而曳尾涂中。"庄子曰："往矣！吾将曳尾于涂中。"

惠子相梁，庄子往见之。或谓惠子曰："庄子来，欲代子相。"于是惠子恐，搜于国中三日三夜。庄子往见之，曰："南方有鸟，其名为鹓雏，子知之乎？夫鹓雏，发于南海而飞于北海，非梧桐不止，非练实不食，非醴泉不饮。于是鸱得腐鼠，鹓雏过之，仰而视之曰：'吓！'今子欲以子之梁国而吓我邪？"

《秋水》篇的最后，如同《逍遥游》，也是以若干庄子与惠

---

[1]《汉书·艺文志》有《公子牟》四篇，列"诸子略"之"道家"中。钱穆《先秦诸子系年》一四六《魏牟考》，于《列子》此涉公子牟之文曰："后人疑《列子》为张湛伪书。然如此条陈义精卓，盖得之古籍，或即四篇之遗，非湛所能伪。"（香港大学出版社，1956年，第445页）

施的对话故事结尾的。而此两节在前面第一讲关于庄子其人的部分已及，不赘言。在《秋水》篇本文的脉络中，它们的意旨亦比较显豁，着重在所谓"无以得殉名"上：无论是楚相还是魏相，都是当时世俗的士人非常重视的名位，而庄子则断然鄙弃之，道理在"生而曳尾于涂中"，即不以"名位"易其"生"而已。

庄子与惠子游于濠梁之上。庄子曰："儵鱼出游从容，是鱼之乐也。"惠子曰："子非鱼，安知鱼之乐？"庄子曰："子非我，安知我不知鱼之乐？"惠子曰："我非子，固不知子矣；子固非鱼也，子之不知鱼之乐，全矣。"庄子曰："请循其本。子曰'汝安知鱼乐'云者，既已知吾知之而问我，我知之濠上也。"

这节庄子与惠子的濠上论辩，非常之著名，历来的理解亦可谓各色各样，发挥也很多。

仅就本文而言，庄子见濠水之鱼，一时兴致，叹鱼"从容"之"乐"，照成玄英《疏》的说法，是"庄子善达物情所以，故知鱼乐也"。从《庄子》于世间万物持物我同一的态度来说，这是可以想见的。然而，惠子亦如名辩家之"察""辩"，他的视野不具庄子那样通达天道的整全性，而是分析性的，是坚持一己知性立场的，所以他问道："子非鱼，安知鱼之乐？"你不是鱼，怎么知道鱼是快乐的？

庄子最初的反应是依循着惠子的逻辑展开的："子非我，安知我不知鱼之乐？"既然非同物类就不能相知，而你又不是我（犹如我不是鱼），你却可以质疑我不能知晓鱼之乐，那么循此而论，你如何能知晓我不能知道鱼之乐呢?

惠子的反应还是清楚明白的:他首先退后一步,承认"我非子,固不知子",从而保守住逻辑的前提即不同物类不能相知,下面接着就出击:"子固非鱼也,子之不知鱼之乐,全矣。"因为你不是鱼,你与鱼不是同类,所以你自然不会知道鱼之乐的。

在不同物类不能相知这样的一个前提下,庄子显然无法抗拒惠子的推理;于是他"请循其本",就是"请反其初也"(林希逸《庄子鬳斋口义》),回到惠子最初质疑自己的话语。"子曰'汝安知鱼乐'云者,既已知吾知之而问我":你惠子当初问我"怎么知道鱼是快乐的",这说明你是已经知道我知道鱼的快乐而来问我的。庄子在这里对"安"的意义作了转移,惠子之"安"的原意显然是"怎么"即"怎么会""怎么能够"之类,庄子则将"安"转为"如何"即"通过什么办法"。[一]这一转义是说,既然你问我通过什么办法知道鱼之乐,那你自然是知道我了解鱼的快乐而后才发问的:庄子将惠子问句的意思转变成是要了解庄子通晓鱼之乐的方法,而不是否认他根本不能知道鱼之乐。那么,庄子的回应就是:"我知之濠上也。"你不是问我如何知道鱼是快乐的吗?我就是在此濠梁之上,临水观鱼而得知的啊。

应该说,庄子的论辩不能说有很周洽的逻辑,而更多显示的是他的机智。然而,庄子便不对吗?世间不仅是现实,世间不仅有逻辑。惠子在争辩中所显示出来的苛察之智正是庄子所反对的,它所透露的分判事物的分析性取向,[1]是坚持个别性立场的体现,而与庄子所推重的天道之整全背道而驰,在某种意义上,可以说

---

[1]《天下》篇评惠施有"散于万物而不厌"之语,就是说他喋喋不休致辩于万物,而不能通晓天地之道;成玄英《疏》即释曰:"散乱精神,高谈万物,竟无道存焉。""目击道存"见《田子方》,意谓:"夫体悟之人,忘言得理,目裁运动,而玄道存焉,无劳更事辞费,容其声说也。"(成玄英《疏》)

这体现了"人""天"的分辨。既然《秋水》要讲"无以人灭天"，所以对惠子的观点必得予以破斥，以显物我间之相通相契。这或许是庄子与惠子争辩斗智之中，真正值得注意的吧。

可以看到，庄子展示的是一个通达天地自然、与万物沟通无碍的心灵。鱼游水中，我游梁上，同样的自在率意，鱼我双方是融通的。鱼乐，实是我乐的映射；我乐，故而鱼亦当乐。杜甫有两句诗："感时花溅泪，恨别鸟惊心。"（《春望》）或许可以移来为证，只是一哀一乐而已。庄子坚持自己的观感，反对的正是惠子的细琐分辩。这个世界有时候是不能分拆开来加以了解的——"七宝楼台，眩人眼目，碎拆下来，不成片段"（张炎《词源》）。

《秋水》一篇，虽列外篇之中，但结构井然，逐层推进至其中心观念，而后再以若干段落补充阐说之，与《逍遥游》甚类似，而论说条理，与《逍遥》《齐物》相表里，确属《庄子》中自成统绪的篇章。与《逍遥游》一样，它开篇以寓言始，河伯与北海若的数番问答，层层推展，将"无以人灭天"的主旨突显出来；随后的数节大抵亦与此中心主旨相关联。刘凤苞《南华雪心编》总论《秋水》，虽然有文章评点家式的华俏点染，但确可谓道出了该篇的大脉络，不妨参观之：

> 《秋水》一篇，体大思精，文情恣肆。开端即借河伯、海若一问一答，层层披剥，节节玲珑。忽而从大处推开，见道之无外；忽而从小处收拢，见道之无内；忽而从小大中生出精粗二意，饶他至精至粗，总是期于有形，不如一并扫却；忽而从小大外添出贵贱二层，任他分贵分贱，究竟未可为常，不如一概浑融。然后归到无方自化，为不为一齐放下，胸中

自觉雪释冰消。随又拈出达理明权，天与人妙合无间，更为水净沙明。收处将天人分际，分别出来，罕譬而喻，用三层束住上文，为学道人特进药石。"无以人灭天"句是主，下三句乃申足上意。"命"即天命，"得"即天德，"故"即人心，"名"即人事。答还他天人之问，透彻无遗。末二句，亲切指点，极精极微。看他从大处落墨，接连七段文字，洋洋洒洒，如海波接天，浪花无际，却只用"反其真"三字归结通篇，笔力超绝横绝。以下各段，分应"无以人灭天"五句，逐段读之，各尽其妙。尤妙在濠梁观鱼一段，从寓意中显出一片真境，绝顶文心，原只在寻常物理上体会得来。末二句更为透彻圆通，面面俱到。内篇庄化为蝶，蝶化为庄，可以悟《齐物》之旨；外篇子亦知我，我亦知鱼，可以得"反真"之义。均属上乘慧业、不能有二之文。

补释

【一】郭象《注》的解释如是："今子非我也，而云'汝安知鱼乐'者，是知我之非鱼也；苟知我之非鱼，则凡相知者，果可以此知彼，不待是鱼然后知鱼也。"这在道理上自然很周洽。不过本文既云"既已知吾知之"，明谓"你既已知道我知道了"，而不是"你既已知道我不是鱼"（如果这样的话，本文似当作"既已知吾非鱼"云云），那么，或许就字面而言，郭注似不那么密合。成玄英《疏》的解说更明确些："惠子云'子非鱼，安知鱼乐'者，足明惠子非庄子而知庄子之不知鱼也。且子既非我而知我，知我而问我，亦何妨我非鱼而知鱼，知鱼而叹鱼？"只是问题大概同样是与本文不够切合。

第四讲

《齐物论》：「照之于天」

一、"吾丧我"与天地人籁

"齐物论"一题，如何读法，乃是一个有分歧的问题。《文心雕龙》的《论说》曰："庄周'齐物'，以'论'为名。"是以"齐物之论"读之。古代早先大抵如此理会，《庄子》本书中《秋水》篇有"万物一齐，孰短孰长"句，《天下》篇述彭蒙、田骈、慎到学问的时候有"齐万物以为首"，显然都是"齐物"连读的。《庄子》的早期注者崔譔曾有"《齐物》七章"（陆德明《经典释文》引崔注《齐物论》"夫道未始有封"语）的说法，左思《三都赋》的《魏都赋》中有"齐万物于一朝"之句，也都是例证。这种意见直到近代如章太炎仍表认可："是篇先说'丧我'，终明'物化'，泯绝彼此，排遣是非，非专为统一异论而作，应从旧读。"（《齐物论释》）[1]章太炎针对的是古时后来不少论者渐以"齐""物论"为解的读法，比如宋代林希逸《庄子鬳斋口义》即曰："'物论'者，人物之论也，犹言众论也。'齐'者，一也，欲合众论而为一也。战国之世，学问不同，更相是非，故庄子以为不若是非两忘，而归之自然。"王应麟亦谓："'齐物论'，非欲'齐''物'也，盖谓'物论'之难'齐'

---

[1] 章太炎晚年讲演国学之时，则调和两种读法曰："'齐物论'三字，或谓齐物之论，或谓齐观物论，二义俱通。"《国学讲演录》，华东师大出版社，1995年，第208页。

也。"(《困学纪闻》卷十)近代还有一种统合两种读法、兼行并存的观点:"天下之'物'之'言',皆可齐一视之。"(王先谦《庄子集解》)【一】确实,两种读法各有合理之处,而无论是"齐""物"还是"齐""物论",关键不在"物"或"物论"上,而在"齐"。大概可以这么说,在两种读法之间不妨也可采取"齐"的姿态。

补释

【一】有学者提出,内篇三字为题的情况是后来增益的结果,原来这些篇名都是两个字的:"这种三字的篇题与纬书名称相似,在战国时代罕见,故而成为内七篇晚出的证据之一,至今未获得很好的解决。有人说这些篇名是刘向所加,然而考察刘向所编校的《管》《商》《荀》《韩》诸书,以及他所编写的《说苑》,绝大多数的篇名都是两个字。那么,若把《庄子》内七篇的三字标题归因为刘向的杜撰,恐是难以成立的。我以为,《庄子》内七篇的标题原来不是三个字,而是两个字,例如唐代元康《肇论疏》提到《庄子》内篇中的《养生主》篇以及外篇中的《知北游》篇,分别称为《庄子内篇养生章》和《庄子外篇北游章》。又如杂篇中的《庚桑楚》篇,在高山寺所藏的南朝《庄子》写本原作《庚桑》,今本《庄子音义》说'本或作《庚桑楚》',可见陆德明所见的《庄子》流行写本多作《庚桑》,没有'楚'字。又如《世说新语》提到《逍遥游》篇,只称《逍遥篇》,没有'游'字;《经典释文》所引的崔譔注释对于《齐物论》的第七章,只称为《齐物》七章,未提'论'字。如此种种,足证《庄子》内七篇的篇名原为两个字。"(王葆玹《试论郭店楚简的抄写时间与庄子的撰作时代》,载《哲学研究》1999年第4期)如果真是如此,则《齐物论》自应读作"齐物之论"了。

南郭子綦隐机而坐①，仰天而嘘，苔②焉似丧其耦③。颜成子游立侍乎前，曰："何居乎？形固可使如槁木，而心固可使如死灰乎？今之隐机者，非昔之隐机者也？"子綦曰："偃，不亦善乎，而问之也！今者吾丧我，汝知之乎？女闻人籁而未闻地籁，女闻地籁而未闻天籁夫！"

①"隐机而坐"，成玄英《疏》释作"凭几"。从汉墓中出土的实物以及当时的画像砖可以清楚地了解，"几"是古时放置在坐席之前的器具，大抵几面呈窄长形状，下有支足，供跪坐者双手前拢后两前臂凭靠其上；鉴于古人之坐姿乃是跪坐，故而身体前倾时，双手与前臂依靠着几，有支撑重心、舒缓紧张的作用（参孟晖《得几而止》，载《潘金莲的发型》，江苏人民出版社，2005 年）。

②陆德明《经典释文》指出有本子作"嗒"。后世林希逸《庄子鬳斋口义》等多作"嗒"。

③郭象以"耦"为"配匹"，俞樾《诸子平议》曰："'丧其耦'，即下文所谓'吾丧我'也。郭注曰'若失其配匹'，未合'丧我'之义。司马云：'耦，身也。'此说得之。然云身与神为耦，则非也。'耦'当读为'寓'；寓，寄也。神寄于身，故谓身为寓。"苏轼亦有"嗒然遗其身"的诗句（《书晁补之所藏与可画竹》之一），他的理解似也是"丧"其"身"。不过，俞樾说"丧身"即"丧我"，由下文看，似乎未必成立，"丧我"大约包括了身、心两方面。

南郭子綦与颜成子游，显然是师徒的关系。[1]南郭子綦跪坐依几，其时处于"苔焉似丧其耦"的状态。"苔"，陆德明《经典释文》释曰："解体貌。"大抵是指形体松弛、消散的样子。"耦"，

[1]《徐无鬼》篇作"南伯子綦""颜成子"，后者称前者曰"夫子"。

司马彪以为"身也"（陆德明《经典释文》引），"丧其耦"也就是"解体"的意思。颜成子游对南郭子綦状态的描述是"形""如槁木"、"心""如死灰"。[1] 南郭子綦夫子自道说这是所谓"吾丧我"。[2]

"吾丧我"是一个关键。"丧我"之"丧"当然不能理解成实在的"丧失"，而是"丧忘"的意思，《逍遥游》"尧治天下之民，平海内之政，往见四子藐姑射之山，汾水之阳，窅然丧其天下"的"丧"，与此类同。这个"隐机而坐"而达致的"丧"的境界，大约即是《大宗师》中所说的"坐忘"。[3]"坐忘"是"堕肢体，黜聪明，离形去知"，摆落的是身、心（"聪明"喻"知"／"智"）两方面；这与"形""如槁木"、"心""如死灰"所涉及的"形""心"两方面，正是相应的。"坐忘"忘却了"礼乐""仁义""肢体""聪明"，而最终并不是"白茫茫一片真干净"，最后"同于大通"即合于大道；同样，"丧我"之后，也不是一无所有的空白状态，而是回复到所谓"物之初"，《田子方》篇于此有说明：

孔子见老聃，老聃新沐，方将被发而干，慹然似非人。孔子便而待之。少焉见，曰："丘也眩与，其信然与？向者先生形体掘若槁木，似遗物离人而立于独也。"老聃曰："吾

---

[1] 类似的表述又见《知北游》（"形若槁骸，心若死灰"）、《庚桑楚》（"身若槁木之枝，而心若死灰"）、《徐无鬼》（"形固可使若槁骸，心固可使若死灰乎"）等篇。此两句似乎也可以有另一种读法，即将"形固可使如槁木"读作陈述句，即颜成子游目睹南郭子綦"嗒焉似丧其耦"后作出的描述；将"而心固可使如死灰乎"读作疑问句，即颜成子游进而提出有关南郭子綦内心状态的问题，因他感觉其与以往的"隐机而坐"有所不同。

[2] 朱桂曜《庄子内篇证补》："清杨复吉《梦兰琐笔》云：'元赵德《四书笺义》曰：吾、我二字，学者多以为一义，殊不知就己而言则曰吾，因人而言则曰我。吾有知乎哉，就己而言也；有鄙夫问于我，因人之问而言也。'案赵氏所云就己而言、就人而言，盖犹今文法言主位、受位也。"

[3] 成玄英《庄子疏》释"今之隐机者非昔之隐机者"句曰："子游昔见坐忘，未尽玄妙；今逢隐机，实异曩时。"便将此"隐机而坐"的"丧我"，与"坐忘"相联系。

游心于物之初。"

显然老聃"嗒然似非人""形体掘若槁木，似遗物离人而立于独也"的状态，恰如南郭子綦"荅焉似丧其耦"、"形""如槁木"、"心""如死灰"的情形。不过，这里老聃没有将自己的状态解释作"丧我"，而是"游心于物之初"。所谓"物之初"，即"未始有物"的"道"的境界。[1]

　　这么说，"丧我"，便可"游心于物之初"，也就是回返到世间诸物的本来、回返到生命的原初，也就是与"天"相合了："忘乎物，忘乎天，其名为忘己。忘己之人，是之谓入于天。"（《天地》）"忘己"也就是"丧我"，无须赘言；这里还提出了"忘天"，更深刻地指出如果是有心于"天"，则还是与真正的"入于天"的境界相去有间，"天"还是"己"惦念、追攀的对象，那当然算不上真正的与"天"融合为一。

　　至此，可以明了：本节所谓的"丧我"，乃是与道冥合、去人合天之关键。在提出了"吾丧我"之后，南郭子綦紧接着提出了天、地、人三籁之说。

子游曰："敢问其方。"子綦曰："夫大块①噫气，其名为风。是唯无作，作则万窍怒呺。而独不闻之翏翏乎？山林之畏佳，大木百围之窍穴，似鼻，似口，似耳，似枅，似圈，似臼，似洼者，似污者；激者、謞者②、叱者、吸者③、叫者、譹者、宎者④、咬者⑤，前者唱于而随者唱喁。⑥泠风则小和，飘风则大

[1]"未始有物"，即"无"，而"无"在《老子》那里即"道"。

和，⑦厉风济⑧则众窍为虚。而独不见之调调，之刁刁⑨乎？"

① "大块"，俞樾《诸子平议》释作"地"。《大宗师》有"大块载我以形，劳我以生，佚我以老，息我以死"之句，褚伯秀《南华真经义海纂微》曰："大块，本以言地。据此经意，则指造物。"

② 陆德明《经典释文》引简文帝曰："若箭去之声。"

③ 陆德明《经典释文》引司马彪注云："若嘘吸声也。"

④ 成玄英《庄子疏》释为"深也，若深谷然。"

⑤ 陆德明《经典释文》引司马彪注云："声哀切咬咬然。"

⑥ "唱于""唱喁"，形容风声的前后呼应。

⑦ "泠风"，陆德明《经典释文》引李颐注云："泠泠小风也。""飘风"，陆德明《经典释文》引司马彪注云："疾风也。"《老子》有"飘风不终朝，骤雨不终日"之句（第二十三章）。

⑧ "济"，郭象《注》释为"止"，云："烈风作，则众窍实；及其止，则众窍虚。"严复《庄子评点》另求新解："凡有窍穴，其中含气，有风过之，则穴中之气随之俱出而成真空。医家吸入器，即用此理为制。"无论如何，此乃形容风的止息，是没有疑问的。

⑨ "调调""刁刁"，指树枝摇动的样子，后者尤微细。释德清《庄子内篇注》："调调刁刁，乃草木摇动之余也。意谓风随止，而草木尚摇动不止。"

本节对风的形容，是《庄子》文笔精彩的段落，大抵采用的是铺陈的"赋"法，而具体形容则属"比"法。"大块噫气，其名为风"，点出这段所刻画的是"地籁"。风"不鸣则已，一鸣惊人"，"是唯无作，作则万窍怒呺"。"万窍"存在于"大块"之上，指出风声的根据，在于大地。以下首先是对孔窍的形容："似鼻，

庄子讲义

似口，似耳"，以人身体的器官为喻；"似枅，似圈，似臼"，以实用的器物为喻；"似洼者，似污者"，以地面的池形为喻。其次，在地形之后，形容风声，如水激（"激者"）、如响箭（"謞者"）、如呵叱（"叱者"）、如嘘吸（"吸者"）、如叫喊（"叫者"）、如嚎叫（"譹者"）、如深谷回声（"宎者"）、如悲哀之声（"咬者"）。再次，由风声间的动态呼应（"前者唱于而随者唱喁，泠风则小和，飘风则大和"），而逐渐由动而静（"厉风济则众窍为虚"），描摹出风止而树枝慢慢宁静下来的图景（"之调调，之刁刁"），从风的听觉转移到视觉，[1]细致展现风平息的过程，显示了很高妙的观察力和表现力。

子游曰："地籁则众窍是已，人籁则比竹是已。敢问天籁。"子綦曰："夫①吹万不同②，而使其自己③也，咸其自取，怒者其谁邪？"

①《世说新语·文学》"殷中军问自然无心于禀受"条刘孝标注引《庄子》，在"吹万不同"前有"天籁者"三字。

②"吹万不同"，"吹"谓风，本篇下文有"言非吹也"句可证。"万不同"，闻一多谓："三字连读，言有万种不同之吹也。《天地》篇'有万不同之富'可证。六朝以来，诗文家每以'吹万'二字连用，非是。"（《庄子义疏》）

③"自己"之"己"，或作"已"。章太炎《齐物论释定本》："司马彪注：'已，止也。'郭象《注》：'自己而然，则谓之天然，非役

---

[1]宣颖《南华经解》云："声则无闻矣，惟树尾调调然动而刁刁然微。"指出本节形容风声的文字："以闻起，以见收，不是置闻说见，止是写闻忽化为乌有，借眼色为耳根衬尾，妙笔妙笔。初读之，拉杂崩腾，如万马奔趋，洪涛汹涌；既读之，希微杳冥，如秋空夜静，四顾悄然。"

物使从己也.'是司马作'已',郭作'己'.今从郭."章氏引郭注"非役物使从己也"非直引原文,乃简括而成.

上节形容的是"地籁",即大地的孔窍之中回旋的种种风声。"人籁",是比较好理解的,颜成子游说"比竹"而成的乐器发出的声音,就属于"人籁"。"天籁"则有待解释。南郭子綦解说"天籁",就"吹"即风而言,并没有另举他物,所以郭象《庄子注》便指出:"夫天籁者,岂复别有一物哉?"也就是说,"天籁"不是像"地籁""人籁"那样,是有形迹可加以把握、区别的对象,只要是"使其自己""自取",就属"天籁"。这体现的是"任其自然"(马其昶《庄子故》)的观念。"怒者其谁邪",是反问句,答案早已了然,意即无有"怒者"。【一】无有"怒者",意味着没有外在的决定者、推动者,因此,只要是依据本身的性状,出自自然,非由造作,就可谓是"天籁"。

这里或许有一个问题可以简略说解一下。前面南郭子綦提出"吾丧我",随后紧接着提出"三籁",并就"地籁"加以形容,进而界说"天籁"。其间前后的关系究竟如何呢?在了解了"天籁"的自然之义后,大致可以这么说:祛除了自我之蔽后,才得以进而窥见天地之自然本来。

补释

【一】钱锺书曾比较问句之末的"邪"与"也":"'邪'句乃明知其不然而故问,'也'句可不知其然而真问,亦可明知其然而反诘","'邪'句伴问,言外自答曰'非是'(answer in the negative);'也'句而伴问,言外自答曰'正是'(answer in the affirmative)"(《管锥编》第三册,中华书局,1979年,第882至883页)。

大 知闲闲，小知间间；大言炎炎，小言詹詹。其寐也魂交，其觉也形开。与接为构，日以心斗。缦者、窖者、密者。小恐惴惴，大恐缦缦①。其发若机栝，其司是非之谓也；其留如诅盟，其守胜之谓也；其杀若秋冬，以言其日消也；其溺之所为之，不可使复之也；其厌②也如缄，以言其老洫③也；近死之心，莫使复阳也。喜怒哀乐，虑叹变热，姚佚启态；乐出虚，蒸成菌。④日夜相代乎前，而莫知其所萌。已乎，已乎！旦暮得此，其所由以生乎！

① "缦缦"，成玄英《庄子疏》释为"沮丧"，章太炎《齐物论释》以为谓"神志已夺，乃如昏醉"。

② "厌"，朱桂曜《庄子内篇证补》曰："厌，塞也。《论语》'天厌之'，皇侃《疏》：'厌，塞也。'《荀子·修身》'厌其源，开其渎'，杨倞注：'厌，塞也。'"《孟子》亦有以"塞"言心之偏执不通的："今茅塞子之心矣。"

③ "老洫"，林希逸《庄子鬳斋口义》："至老而不可救拔，故曰'老洫'。'洫'者，谓其如坠于沟壑也。"

④刘武《庄子集解内篇补正》谓"乐出虚，蒸成菌"两句："言以上所举心斗各种之情态"，"如乐之出于虚而无形"，"如气之蒸成菌而无根"。

前文生动地形容了种种风声，是为"地籁"；这一节文字则转而形容人言万端，是属"人籁"，不过，它们不是合乎自然的声音，因而自非"天籁"。

人们种种"言"的背后是人们所具有的种种"知"。"知"有

"大""小"之别，[1]或者广博（"闲闲"），或者细琐（"间间"）——显然它们不是真正"知""道"的那种"知"，而是各有偏执的、自以为是的"知"。[2]基于这样的"知"，自然有各种"言"，[3]或者言辞激烈、盛气凌人（"炎炎"），或者言之不已、喋喋不休（"詹詹"）。这里的"知"与"言"都体现了人们的知性，这种知性，在道家看来，实际是有害的。《老子》有"为学日益，为道日损"（第四十八章）之说，"为学"与"为道"是截然不同的，愈益追求"知""言"，其实离宇宙人生的真谛愈远：《养生主》便曾提出"知""无涯"的问题，追求"无涯"之"知"，是很危险的事（"殆已"）。求"知"且不应该，更不必论由"知"而生发出来的"言"以及"言"之间的争辩了。[4]下文刻画的即是这些言辩者的种种情态和心理。

言辩者们的心境永无宁静之日："其寐也魂交"，当其处在睡梦之中的时候，"精神交错"（陆德明《经典释文》引司马彪注）。"其觉也形开"，当其醒来之后，身与外物相接，种种意识层见叠出也是可以想象的。"与接为构，日以心斗"，便直接点出了这种心理的紧张感。林希逸《庄子鬳斋口义》释曰："平旦以来，遇合之间，便有应接，内役其心，如战斗然。"这是很精当的。然而他们并不以此为危害，而费尽心思积极投身于言辩之中，或者因怀有心机而迁缓柔奸（"缦者"），或者言语之中暗设圈套（"窖

---

[1]《逍遥游》有"小知不及大知"语，大致是指所知的天地有广狭之别。
[2]以《逍遥游》的寓言为例，则蜩与学鸠就是"小知"的代表，其笑鲲鹏便是自以为是的表现；至于以"大知"自傲，或许可以举《秋水》的河伯，"欣然自喜，以天下之美为尽在己"。
[3]王夫之《庄子解》："非'知'则'言'不足以繁，'知'有小大，而'言'亦随之。"
[4]许慎《说文解字》："言，直言曰言，论难曰语。"则"言"似指自作展开的种种言说；如果引申之，这些"言"互相之间的真正沟通和交流大概很少，而不过按照各自的理路自作发挥吧。

者"），或者算计谨密不露痕迹（"密者"）。但既然是费神用心，自然"皆不得自在，皆有忧苦畏惧之心"（林希逸《庄子鬳斋口义》），即"小恐惴惴，大恐缦缦"。

接着是对言辩者神态的形容：他们窥伺是非之际，发言急骤，加以攻击；或者等待一举取胜的时机而沉默不语，仿佛有盟誓约束一般。随后，再是对言辩者们精神疲竭的描述：他们的精神日益损消，如同秋冬时节；他们沉溺于言辩，不能复其真性；他们心智闭塞如受束缚，终生不得解脱；他们的心灵趋向死亡，无法恢复生机。

回顾以上的文句，可以发现，对言辩者情态的形容与对他们精神疲竭的揭示，两方面相间展开；这既是对他们言辩滔滔的外在表现和紧张焦虑的内心感受真实的双重写照，同时，这种交错相间的节奏，也暗示了他们在亢奋和沮丧之间沉浮而不能自解。言辩者所经历的种种喜怒哀乐的情绪，变幻不定，都是飘忽无根的。这种飘忽无根，一方面提示出它们的虚幻不真性，另一方面引出对这种种情态的来源的追溯。这些情绪时时在心中交替，一时之间确实无法把握其何所来自。

这一节文字，对人间言辩者的刻画，细致入微，也颇具层次感，与上文对风声的描绘，可并为《庄子》中运用"赋"的手法而富于文学性的段落。如果从义理上来说，则对于这些人间言辩者及神态的种种表现，突显了自我迷失的意旨：他们疲敝精神争言辩之胜，而导致真性消损，日趋心死。

非彼无我，非我无所取。是亦近矣，而不知其所为使。若有真宰，而特不得其眹。可行己信，而不见其形，有情而无形。百骸，九窍，六藏，赅而存焉，吾谁与为亲？汝皆说之乎？其有私焉？如是皆有为臣妾乎？其臣妾不足以相治乎？其递相为君臣乎？其有真君存焉？如求得其情与不得，无益损乎其真。一受其成形，不亡以待尽。与物相刃相靡，其行尽如驰，而莫之能止，不亦悲乎！终身役役而不见其成功，苶然疲役而不知其所归，可不哀邪！人谓之不死，奚益！其形化，其心与之然，可不谓大哀乎？人之生也，固若是芒乎？其我独芒，而人亦有不芒者乎？

　　本节以下，由上节人间种种迷乱状态，进而追究何者导致，欲寻得其根源所在。

　　"非彼无我"的"彼"承上节而来，即上述的种种言辩情态；"我"当即"吾丧我"之"我"，即如"坐忘"所欲抛却的专属"我"的"肢体""聪明"，也就是个体的种种欲望和知性。[1]这也就是说，上述的种种情态表现及心理，构成了言辩者一己的"知""欲"，而这些"知""欲"也正是由上述的种种情态表现出来的。接着就是要追究这一切的根源。

　　"不知所为使"的"使"，即"使其自己"的"使"，指向主使者。这个主使者，应该是存在的，"若有真宰"即似乎有那么一个真正的主宰者；但却无法确切地把握，就其实际的作用看，

────────

[1]"聪明"喻知性，无庸赘述。"肢体"喻欲望，《老子》曰："吾所以有大患者，为吾有身，及吾无身，吾有何患？"（第十三章）无论对此章解释的歧异如何，其将身体与欲望相联系，是确实的，司马光《道德真经论》即有如是理会："有身斯有患也。然则既有此身，则当贵之，爱之，循自然之理，以应事物，不纵情欲，俾之无患可也。"

是确实存在的（"信""情"），但却不能在现实层面找到（"不见其形""无形"）。[1]"百骸"云云，借人身喻真正主宰之难寻：人身的种种有形迹的身体器官，显然都不能充任主宰的角色，但"真君"的存在确是无疑的，"求得其情与不情，无益损乎其真"，"真君"虽难以实际把握，而它在有形世界的作用显示了它的存在。人自受生以来，即处于"待尽"的进程之中，[2]西方有一种说法是"向死而生"；在这个过程中，与外界事物互相冲突、残伤，且一路向前，无法终止。[3]更可悲哀的是，这个生命的过程，奔忙劳碌，却无所成就，也不知其归宿和意义何在。"其形化，其心与之然"，是说心与形化，身、心俱丧；此处的"心"是指庸常之心，[4]比如上文言辩者的衰杀老洫之心。

人生是如此之昏昧茫然的吗？或许可以说，这都是因为没有寻得"真宰""真君"的缘故吧？如果了悟"真宰""真君"，或许可以不致如此之迷乱、如此之可悲吧？

那么这个"真宰""真君"究竟何谓呢？《庄子》的文字中其实并没有给出明确的答案；而且前文论"天籁"时称："使其自己也，咸其自取，怒者其谁邪？"那么这里又提"真宰""真君"，这该如何理解呢？

或许可以这么说：所谓"天籁"无有"怒者"，盖谓外无主之者，而这恰可突显内在自我的主宰；这个内在的自我，形象化言之，即"真宰""真君"，也就是抛却了"我"的种种知、欲之

---

[1]这似乎有些类似于"道"的特性，如《大宗师》所形容的"有情有信，无为无形"，"可得而不可见"。

[2]《田子方》篇"不亡"作"不化"，即不变化；指生命这一存形于现实世界的相对稳定状态。

[3]蒋锡昌《庄子哲学·齐物论校释》曰："驰向死之终点而莫之能止也。"

[4]《德充符》篇谓王骀"为己，以其知得其心，以其心得其常心"，在"心"与"常心"之间做了区别。

后的那个"吾"。这个"吾",固然与人的主体相关,但它也是"坐忘"之后"同于大通"的那个主体,是"入于天""游心于物之初"的那个主体,[一]也就是本篇后文所说的"天地与我并生,而万物与我为一"的那个"我"。

补释

【一】王夫之《庄子解》主张"所谓君者无君也,所谓宰者无宰也","天之化气,鼓之、激之,以使有知而有言,岂人之所得自主乎",从天的自然生发来论定所谓"真宰""真君","非果有"(王敔注语)。这固然是有道理的,不过,与本文似乎不能完全合契。以"真宰""真君"为通达天道的"吾",则人的存在固有主体在,而亦与天道合一,并非完全一任自我的主体,应该也可以体现出自然的主旨。

夫随其成心而师之,谁独且无师乎?奚必知代而心自取者有之?愚者与有焉。未成乎心而有是非,是今日适越而昔^①至也。是以无有为有。无有为有,虽有神禹,且不能知,吾独且奈何哉!

① 向秀注曰:"昔者,昨日之谓也。"这个说法是惠施的命题,见《天下》篇:"今日适越而昔来。"

正因为不能把握"真宰""真君",所以会有种种的迷乱情态,可想而知,"身如槁木""心如死灰"的"吾",自然是不屑于上文所形容的言辩者的种种作为的。不能"丧我",便以"我"

为中心，这即所谓"成心"。"成心"，成玄英《庄子疏》解释说："夫域情滞着，执一家之偏见者，谓之'成心'。"个体的偏执之心，是人人都具有的，不只那些通晓事理的人，即使愚者也有。世间的种种是非之类判断，都是建立在这样的"成心"或一偏立场之上的；说没有成心却有是非，这如同说今天到越去而昨天就已到了，是完全不可能的事。这里揭示的是与"丧我"的"吾"的状态相对立的"成心"，指出人间种种言行迷乱的直接根源即在于此。

二、"以明"与"道通为一"

既探得缘由，则当有以因应之策略。本篇至此有一转进。

夫 言非吹也，言者有言，其所言者特未定也。果有言邪？其未尝有言邪？其以为异于鷇①音，亦有辩乎，其无辩乎？

道恶乎隐而有真伪？言恶乎隐而有是非？道恶乎往而不存？言恶乎存而不可？道隐于小成，言隐于荣华。故有儒墨之是非，以是其所非而非其所是。欲是其所非而非其所是，则莫若以明。

① 陆德明《经典释文》引司马彪注曰："鷇，鸟子欲出者也。"

"言非吹也"，将"言"与"吹"并论，前文"风"与"言"的两条脉络交织起来，形成对比。"言非吹"，谓"言"与"吹"不同，照蒋锡昌的说法："'言'出机心，'吹'发自然，二者不同。"（《庄子哲学·齐物论校释》）"机心"，即有谋划的、为一己利益而生的心思，[1]与"成心"大抵是同类的。出自"机心"或"成心"的种种言说，当然不能作为公论；如此的言说究竟算是说了呢还是没有说呢？[2]如此的言说与挣扎出壳的小鸟的纯朴鸣叫有差别还是没有差别呢？小鸟最初的叫声，是纯朴的，是"有声无辩"（成玄英《庄子疏》）的，而人们的言辩如何呢？答案当然是清楚的。与此类似，最初的"道"无真伪之别，最初的"言"也无是非之别，何以受到了掩蔽而分出了真伪、是非？回答是："道隐于小成，言隐于荣华。"

"小成"，林希逸谓"小见也，一偏之见"（《庄子鬳斋口义》），即是说对于大道有所窥知，但就此以为"天下之美为尽在己"（《秋水》），便仅守着那一点所知，那自然不能得大道之全了。"荣华"，成玄英谓"浮辩之辞，华美之言"（《庄子疏》），即没有执定言语的真正价值，而在外在的虚饰方面就此止步。

在《庄子》看来，儒、墨的争辩，大约就是这样"得一察焉以自好"（《天下》）的，故而他们是自以为是的，而相互之间则以对方为非。这是"成心"固执的表现，也是"道隐于小成"的表现。

既然"成心"与"小成"都是偏执一隅的，本篇提出的方向就是超越是非的两端，"以明"来破"隐"。王先谦《庄子集解》释"莫若以明"云："言莫若即以本然之明照之。"这在本篇中是一个重复出现的概念，后文两次诠释"以明"的意谓。

---

[1]"机心"，见《天地》篇："有机械者必有机事，有机事者必有机心。机心存于胸中，则纯白不备；纯白不备，则神生不定；神生不定者，道之所不载也。""机心"使内心"纯白不备"，就是说它破坏了原初无偏无私的状态。

[2]郭象《注》云："以为有言邪？然未足以有所定……以为无言邪？则据己已有言。"

物无非彼，物无非是。自彼则不见，自知①则知之。故曰彼出于是，是亦因彼。彼是方②生之说也，虽然，方生方死，方死方生；方可方不可，方不可方可；因是因非，因非因是。是以圣人不由，而照之于天，亦因是也。是亦彼也，彼亦是也。彼亦一是非，此亦一是非。果且有彼是乎哉？果且无彼是乎哉？彼是莫得其偶，谓之道枢。③枢始得其环中，以应无穷。是亦一无穷，非亦一无穷也。故曰莫若以明。

① "自知则知之"的前一"知"字，严灵峰《道家四子新编》的《庄子章句新编》曰："作'知'于义不合，本节上下文并以'彼'、'是'对文，此不当独作'知'。疑涉下'知'而误。上句'自彼则不见'，则下句作'自是则知之'，'彼'与'是'对，'见'与'知'对，文法井然。因依上下文义臆改。"

② "彼是方生"之"方"，许慎《说文解字》释为"并船"，是有"并"义。

③ "彼是莫得其偶，谓之道枢"，这一对"道枢"的界定性说明，强调的就是超乎对待之上，成玄英《庄子疏》曰："偶，对也；枢，要也。体夫彼、此俱空，是、非两幻，凝神独见，而无对于天下者，可谓会其玄极，得道枢要也。"

前面尚是一般性地指出偏执的"成心"造成了种种的自是及由此而来的争辩，此节进而集中于世间事物、言论的对待关系，以之为例，揭示人们将世间万物视为互相对立冲突的关系，从而各有其是非；而庄子则以为所有这些态度都属一偏之见，应当超越其上。

"物无非彼，物无非是"，"彼""是"就是"彼""此"。世间万物在人们的认识视野中，被分别为"彼""此"的两相对待，而这所谓的"彼""此"，因为是相对而言的，所以在不同的情形中，或者可以被视作是对方的"彼"，或者可以被视作是己方的"此"。通常的情况是，人们对于己方的"此"是能够了解的，而对对方的"彼"则难以理会。这么说，"彼"往往是由"此"而成立的，而"此"也依恃着"彼"，"彼"与"此"之间是并生的关系，如同《秋水》篇所谓"东、西之相反而不能相无"：对待关系的双方固然是彼此不同而对立的，但它们之间又是互相依恃的，缺不得对方的存在。至此，还是静态地观照"彼""此"立场的不同，以下则涉及动态变化之境。

"方生方死，方死方生；方可方不可，方不可方可"，"生"与"死"【一】、"可"与"不可"【二】相对，上两句说世间万物流变不已，下两句说主观判断时时迁易，总之，对待的双方从各自的立场观照，得到的结论正是相反的，因而这些对待的双方始终处于循环转化之中。

值得提出的是，世间万物的相对待，《老子》也予以特别关注，然而《老》《庄》两者之间是有差别的：《老子》似乎更偏于认可客体世界中对待关系确实存在，而对待关系的变化，则突出双方向对立方面的转化，所谓"反者道之动"（第四十章）；而《庄子》因为强调"成心"的作用，所以更注意对待关系作为主体认识的相对性与可变性。正是在这个意义上，《齐物论》主张超越"是""非"之类相对待的双方（"不由"），而"照之于天"。"天"，即指自然，也就是原来的本然。何以必须超越两两对待而回返本然呢？因为彼此之间的立场不同，则各有各的是非（"彼亦一是非，此亦一是非"），陷入其中的循环往复，永无解脱之时。

这里，《齐物论》提出了一个"照之于天"的比喻，"枢始得其环中"，枢是门轴，它在环形圆洞之中能够自由旋转，一无滞碍；而照郭象的《注》："夫是非反覆，相寻无穷，故谓之环。环中，空矣；今以是非为环而得其中者，无是无非也。"处于对待关系之中的"是""非"，循环反复，犹如"环"，而"环中"则是空的，超然而不涉"是""非"之类的对待，由"道"出发的观照，如"枢"那样置身"环中"，则圆通不偏了。

最后的"故曰莫若以明"，表明本节其实就是在阐说"以明"的道理；由此，也可以了解，所谓"以明"，所谓"照之以天"，所谓"道枢"，其实是一回事，都是指超越对待双方各有偏执的态度而周遍观照。

补释

【一】"方生方死"是惠施的命题，《天下》篇作"物方生方死"。郭象《注》曰："夫死生之变，犹春秋冬夏四时行耳"，"今生者方自谓生为生，而死者方自谓生为死"，"生者方自谓死为死，而死者方自谓死为生"，是着眼于死生变化而论的。王先谦《庄子集解》不同意郭象的注释，以为"生""死"不是讲的"死生之变"，而是讲"生""灭"："随生随灭，随灭随生，浮游无定。"然而无论如何，涉及到变化则无异议。

【二】王先谦《庄子集解》释"方可方不可"两句曰："言'可'即有以为'不可'者，言'不可'即有以为'可'者。'可''不可'，即'是''非'也。"如此，则与下文"因是因非，因非因是"大致是一个意思了，王先谦注后两句曰："有因而'是'者，即有因而'非'者；有因而'非'者，即有因而'是'者。既有彼此，则是非之生无穷。"如果从动态角度理解，则劳思光的说法似较合理，与上"方生方死"云云相应："有一面在生长中（方可），则另一面即在消亡中（方不可），

反之亦然。"（陈鼓应《庄子今注今译》引，中华书局，2009年，第63页）

> 指喻指之非指，不若以非指喻指之非指也；以马喻马之
> **以** 非马，不若以非马喻马之非马也。天地一指也，万物一马也。

"以指喻指之非指，不若以非指喻指之非指也；以马喻马之非马，不若以非马喻马之非马也"，对此的有关解说极为分歧，各有理路。然而，似乎都认可"指""马"之类，与公孙龙的"指物""白马非马"两论有关。这固然是正确的，不过，说《齐物论》这里出现"指""马"之类，就是在借用名家的命题或者在反对名家的命题，都不那么恰当。【一】不妨姑且将其与公孙龙命题的深层关系暂置于一边，简单直接地在《齐物论》的意脉中加以理解。"指"与"非指"、"马"与"非马"，构成了相互的对待，按照前面"以明"的观念，为它们之间的对立解纷，郭象《注》还是可以接受的："夫自是而非彼，彼我之常情也。故以我指喻彼指，则彼指于我指独为非指矣。此'以指喻指之非指'也。若复以彼指还喻我指，则我指于彼指复为非指矣。此'以非指喻指之非指'也。将明无是无非，莫若反复相喻。"也就是说，构成彼、此关系的双方，虽是不同而对立的，但如果能够易彼此是非而加以观照、反思，则可以明了彼此间的相依相恃，以及各自的局限了。

"天地一指也，万物一马也"，"指"依《公孙龙子》"物莫非指"，是指抽象的概念，"马"则相对具象。因而，或许可以说，这两句是对上文分别彼、此的某种破解，谓天地不过抽象概念而已，而万物不过就是具体事物，在这一基点上，天地、万物是共

通的。这种通一天地万物的思想，在下文有进一步的阐发。

补释

【一】比如，按照《公孙龙子》的《白马论》，所谓"白马非马"，大抵是因为"马者所以命形也，白者所以命色也。命色者非所以命形也，故曰白马非马"，有些类似"离坚白"那样的分析姿态。而"白马非马"与《齐物论》这里的"马之非马"，似乎并不能直接等同视之。如果等同视之，则"（白）马非马"与《公孙龙子》的《指物论》之"物莫非指，而指非指"主要关乎名实关系，是不能相应的。闻一多《庄子章句》以"马之非马"的前一个"马"为"抽象名词"，后一个"马"为"实物名词"（《闻一多全集》第九册，湖北人民出版社，1993年，第82页），显然不是将"马之非马"读作"白马非马"的。

可乎可，不可乎不可。道行之而成，物谓之而然。恶乎然？然于然。恶乎不然？不然于不然。物固有所然，物固有所可。无物不然，无物不可。故为是举莛与楹，厉[1]与西施，恢恑憰怪，道通为一。其分也，成也；其成也，毁也。凡物无成与毁，复通为一。

① "厉"，陆德明《经典释文》引司马彪注曰："病癞。"

"道行之而成"，如同鲁迅先生所谓"地上本没有路，走的人多了，也便成了路"（《故乡》）的意思。这里的"成"，即上面"道隐于小成"的"成"，它并不是"道"之全体，而是其中一条路径的成立，因而在成就这一条道路的同时，也就否定了其余的可能性，[一]所以下文要说"其分也，成也；其成也，毁也"。"物谓之而然"，[1]意为世间万物都是人们称呼出来的；换句话说，世间万物的存在本身即是如此的，而其具有不同的种种名号或者被赋予种种意义、价值，皆出自人们的主观立场。这些主观的赋予，《庄子》认可它们各有各的理由、各有各的合理性（"无物不然，无物不可"），所以不妨人云亦云（"可乎可，不可乎不可"）。

然而，这种姿态不能简单理解为相对主义的表现，它之承认世间的种种差别，其根基实在于了解到所有差别都是一偏，而不是周全的，它们的是非然否之别都不过是相对的，在道的周全视野之下，它们其实是一样的，都是组成这个世界的一隅而已。在这个意义上，草茎（"莛"）与屋柱（"楹"）、丑陋的癞子与美人西施，虽然在世俗的眼光中有天壤之别，其实在道的视野中乃是一般无二的。这里所谓的一般无二，不是说在形状方面一样，而是说就其本性而言，它们是一样的，是即"道通为一"。[2]"其分也，成也；其成也，毁也"，这是"于不二之理更举论端者也"（成玄英《疏》），从物的变化角度来加以论说：首先，"物"来自于"道"、衍生于"道"，故而"物"可谓是"道"之"分"；[3]

第四讲 《齐物论》：「照之于天」

---

[1]这类似于《公孙龙子》的《指物论》所说的"物莫非指"的意思。

[2]郭象《注》云："所谓齐者，岂必齐形状，同规矩哉。""理随万殊，而性同得，故曰'道通为一'也。"成玄英《疏》进而释曰："物见所以万殊，恢恑奇异，世情用之为颠倒，故有是非、可不可，迷执其分。今以玄道观之，本来无二，是以妍丑之状万殊，自得之情惟一，故曰'道通为一'也。"

[3]郭象《注》释"其成也，毁也"曰："我之所谓成，而彼或谓之毁。"这是恰当的。而其释"其分也，成也"曰："夫物或此以为散，而彼以为成。"与"其成也，毁也"意旨无二，则似有问题。"其分也，成也"承上"道通为一"而来，故而当指"道"之"分"，而不是"物"之"散"；且下文有"复通为一"之语，显然是就"道""分"而后"成"之"物"复归于整全之"道"而言的；又《庚桑楚》篇有"道通，其分也，其成也，毁也"之句，则"分"乃"道"之"分"的意思更显然可见。

其次，这一"分"构成了"物"之"成"，而此"物"之"成"，则往往是彼"物"之"毁"，比如"朴散则为器"（《老子》第二十八章），就"朴"的立场言是"毁"，就"器"的立场言则是"成"。这些所谓"成""毁"的不同论断，其实是"生于自见而不见彼"（郭象《注》），主要出自人们各自立场的主观分别，而不是在"道"的整全视野中看待的"物"的本然。如果回归到"道"那里，诸物的变化、差别，都不是绝对的，它们都属于"道"的一部分或"道"运作的某一状态而已，在"道"那里是相通的，此即"凡物无成与毁，复通为一"的真意。

补释

【一】美国诗人 Robert Frost（1875—1963）有一首很有名的诗 The Road Not Taken，写的便是面对不同路径的选择，"Two roads diverged in a yellow wood, and sorry I could not travel both"，"Then took the other, as just as fair"，诗人想象日后：

> I shall be telling this with a sigh
> Somewhere ages and ages hence:
> Two roads diverges in a wood, and I—
> I took the one less traveled by,
> And that has made all the difference.

唯达者知通为一，为是不用而寓诸庸。庸也者，用也；用也者，通也；通也者，得也；适得而几矣。因是已。已[1]而不知其然，谓之道。劳神明为一而不知其同也，谓之"朝三"。

何谓"朝三"？狙公赋芧,曰:"朝三而暮四。"众狙皆怒。曰:"然则朝四而暮三。"众狙皆悦。名实未亏而喜怒为用,亦因是也。是以圣人和之以是非而休乎天钧,是之谓两行。

① 蒋锡昌《齐物论校释》曰:"'已'上承上文而省'因是'二字,犹言:'因是已,而不知其然,谓之道。'此乃《庄子》省字法也。《养生主》:'有涯随无涯,殆已;已而为知者,殆而已矣。'犹言'殆已而为知者,殆而已矣'也。词例与此一律。"

"道通为一"的道理只有"达者"也就是通达天道的人才真正了解。"达者"犹如前文所谓的"圣人","圣人不由而照之于天","达者"则"不用而寓诸庸",两者的态度是一致的。"达者"不以"成""毁"之类对立的观点来看待万物,而从万物的功用来看;由功用来看,则物各有其用,就此而言,万物是平等的。【一】在《庄子》看来,这是一个简明的道理,因循这样的观念来理解事物,且不有意追究其缘由,而处之自然,[1]这才是合乎道的。如果劳神耗精来证成万物为一,不知其本来在性状或功用上便相同,则可谓"朝三暮四"了:猴子的智慧只能了解"朝""暮"分别的状况,不能了解归返到整体的立场,"朝三暮四"与"朝四暮三"了无差异,是"通为一"的。因而,《庄子》便主张不妨因循为用,顺应猴子的喜怒之情。[2]前面已经提及,这种姿

---

[1]"已而不知其然","已"承上"因是已",即因循万物的功用而视之的意思;既持如此态度且"不知其然",乃是形容这一态度须是不刻意而自然的,《秋水》篇有"予动吾天机,而不知其所以然"语,"不知其所以然"与"天机"相联系,与本篇此处可互相参证。

[2]闻一多《庄子章句》曰:"顺其所喜,避其所怒,因任物情而利用之,此亦'因是'之道也。"(《闻一多全集》第九册,湖北人民出版社,1993年,第83页)

态不能简单理解为相对主义、没有原则，恰恰相反，这是以把握"道通为一""物无成毁"的道理为前提的；如同狙公对待猴子那样，这是一种统领全局而后居高临下的姿态，是在更高的"道"的境界，对"物"的世界中种种各别立场的认可，认可它们或许有其各自的合理性。[1]可以设想，如果不是随顺世情而两可"朝三暮四"和"朝四暮三"，那么不是与猴子层次相等了吗？

如此立足于"道"的境界，而因顺世间种种分别，《庄子》概括为："圣人和之以是非而休乎天钧。"这包含两个方面，一是"和是非"，一是"休乎天钧"。"钧"是陶匠制陶用的转盘，它自然可以向两个不同的方向旋转，最根本的是由它的旋转可以制成陶器，何必一定坚持某一方向的旋转是正、而另一方向的旋转是反呢？[2]世间的许多是非之别、之争亦是如此，《庄子》因而便提出了"和是非""两行"。[3]

回顾《齐物论》至此的脉络，由风声万端而进至人心百态，指明"成心"固执之弊及偏至，主张澄明观照万物的是非曲折，即"莫若以明"，这里则更明"和是非"而"两行"的行为准则，是由认知进至实践了。[4]

补释

【一】徐复观《中国人性论史（先秦篇）》第十二章《老子思想

---

[1] 这一姿态，也就是《秋水》篇所谓"无拘而志""无一而行""兼怀万物"。

[2] 闻一多《庄子章句》："陶钧之运，左旋右旋，皆无不可；圣人是非两可，莫之偏任，亦犹是也。"（《闻一多全集》第九册，湖北人民出版社，1993年，第84页）

[3] 王先谦《庄子集解》曰："物与我各得其所，是两行也。"即谓或物或我、或彼或此皆可也。

[4] 合道的认知与合道的行为是紧密相关的，与此类似，《秋水》篇北海若"以道观之，何贵何贱，是谓反衍"云云一段话，也包含了认知和实践两个层面，显示了两者的密切关联，可以参看。

庄子讲义

的发展与落实——庄子的"心"》："庄子不从物的分、成、毁的分别、变化中来看物，而只从物之'用'的这一方面来看物。从'用'的这一方面来看物，则物各有其用，亦即各得其性，而各物一律归于平等，这便谓之'寓诸庸'。'寓诸庸'，即是从物的用来看物。外篇中的《秋水》篇，实际是《齐物论》的发挥，疏释。其中'以功观之，因其所有而有之，则万物莫不有；因其所无而无之，则万物莫不无。知东西之相反而不能相无，则功分定矣'。按《秋水》篇之所谓'功'，即《齐物论》之所谓'庸'；'以功观之'，即'寓诸庸'。"（上海三联书店，2001 年，第 358 页）

古之人，其知有所至矣。①恶乎至？有以为未始有物者，至矣，尽矣，不可以加矣。其次以为有物矣，而未始有封也。其次以为有封焉，而未始有是非也。是非之彰也，道之所以亏也。道之所以亏，爱之所以成。果且有成与亏乎哉？果且无成与亏乎哉？有成与亏，故昭氏之鼓琴也；无成与亏，故昭氏之不鼓琴也。昭文之鼓琴也，师旷之枝策②也，惠子之据梧③也，三子之知几乎，皆其盛者也，故载之末年。唯其好之也，以异于彼，其好之也，欲以明之。彼非所明而明之，故以坚白之昧终。而其子又以文之纶④终，终身无成。若是而可谓成乎？虽我亦成也。若是而不可谓成乎？物与我无成也。是故滑疑之耀，圣人之所图也⑤。为是不用而寓诸庸，此之谓"以明"。

① "至"，成玄英《庄子疏》释曰："造极之名。"而"古之人"，按林希逸的理解是指"古之知道者"，将拥有最高认知境界的人定位在古时，也是当时普遍的托古倾向的表现。

②　陆德明《经典释文》引崔譔释"枝策"云："举杖以击节。"林希逸《庄子鬳斋口义》解说得更明白："'策'，击乐器之物也。……'枝'，犹持也，持而击曰'枝'。……师旷枝策，即言师旷击乐器也。"

③　"据梧"，成玄英《庄子疏》云："以梧几而据之谈说，犹隐几者也。"不过，《庄子》本文对惠施的姿态有不同的描绘，《德充符》篇有"倚树而吟，据槁梧而暝"语，《天运》篇作"倚于槁梧而吟"。则不是"隐几"而是倚树。当然，无论何种姿态，"谈话"或"吟"都是惠施的主要行为方面，这里强调的是他言辩不已的形象。

④　"纶"，《经典释文》引崔云"琴瑟弦也"。

⑤　"滑疑之耀，圣人之所图也"，蒋锡昌《齐物论校释》曰："《释文》引司马云：'滑，乱也。''滑疑'即指辩者之说而言，谓其说足以使人之心乱与疑也。下文'置其滑涽'，《胠箧》'知诈、渐毒、颉滑、坚白、解垢、同异之变多，则俗惑于辩矣'，《徐无鬼》'颉滑有实'。下文，郭注：'滑涽，纷乱。'《徐无鬼》向注：'颉滑，谓错乱也。'是'滑疑'之义，盖与'滑涽''颉滑'并同。'图'借作'啚'，《说文》：'啬也。''啬'，即爱濇，省啬之义也。郭注'图而域之'，亦即省啬。此谓辩说之炫辉，乃圣人之所省啬也。下文'不用'二字，即承此'图'而言。可证'图'即省啬或不用之义。"

此节续前申明"以明"观照的意旨。文中提出了四个不同的认知层次：首先是古时最高的一个层次，即了解所谓"未始有物"，也就是最初的"无"。其次是"有物"但"未始有封"，"封"即界划，也就是说认识到物的浑沌状态，不作种种无谓的区别、分辨。[1]再次，"物"虽然"有封"，但这种区别还不具有是非

---

[1] 如同保守"浑沌"而不是"日凿一窍，七日而浑沌死"（《庄子·应帝王》）。

的价值判断意味，也就是虽然认可区别，但对区别不作高下的判别。[1]最后，则是彰显"是非"的层次，"是非"彰显了，原初超越"是非"之类对待的"道"便受到了毁伤（"亏"）。"道之所以亏，爱之所以成"："爱"乃是有所偏侧、有倾向性的情感，故而可谓偏爱、私爱；有了"是非"之别，自然肯定"是"而否定"非"，这是"爱"的"成"，同时也就是"道"的"亏"。所以，要保守"道"之不"亏"，也就不应有分别性的"成"。昭氏鼓琴与否和"成""亏"之间的关系便是由此来理解的："夫声不可胜举也，故吹管操弦，虽有繁手，遗声多矣。而执籥鸣弦者，欲以彰声也，彰声而声遗，不彰声而声全。故欲成而亏之者，昭文之鼓琴也；不成而无亏者，昭文之不鼓琴也。"（郭象《庄子注》）在庄子看来，保持整全之"道"最佳的境界自然是不鼓琴了，后世陶渊明之无弦琴（见《五柳先生传》）的意趣，大抵近此。

但是昭文终于鼓琴，师旷这位著名的乐师也击打起乐器；音声不过是"道"亏的一个方面而已，惠施在知性辩解方面投注精力，以其言辩离析大道。这三位所专精的技艺当然是达到各自领域中登峰造极的境地（"盛"），但正因为如此，所以更容易立异以自高（"唯其好之也，以异于彼"），向人彰显（"明之"）。然而，这些未必是别人一定得接受的，[2]而他们执着不已，始终沉溺其中；[3]他们的子弟后学又继续从事之，却终身未必能有成就。[4]这是

---

[1] 比如说，人们认识到世界上存在种种不同的文化形态，但持多元文化观念者则拒绝对这些不同的文化形态作出价值等第上的评价，认为它们其实各具其特定情境之下的合理性，而不是在它们之间作出文明、野蛮之类简单的抑扬。

[2] "彼非所明而明之"，王先谦《庄子集解》曰："非人所必明而强欲共明之。"

[3] "以坚白之昧终"，是以惠施例说此类以一技而鸣、实则判析大道的情形，所以不妨也包括了昭文和师旷等。"坚白"之论主要是公孙龙的论题，其《坚白论》主"离坚白"之旨；惠施亦尝预之，《德充符》篇有"天选子之形，子以坚白鸣"之语。

[4] 这里是以昭文后人继承其琴技为说，不过如同上文举惠施"坚白"只是例说，不妨概括言之。

说那些偏执的人，世代不能解悟，往而不返了。

　　真正通达大道者，自然不会以片面的能力、知识来显示自己，并且执迷不悟，《论语》有所谓"君子不器"（《为政》），"博学而无所成名"（《子罕》）的说法，庄子大约是能同意的。因为，下面接着就说：如果这样以一技自是就算成，那么人人都可算有成的吧？《庄子》的意思其实是很清楚的，这些不能算是成就，天下所有偏于一技的都不能算成（"物与我皆无成也"）。道理很简单，这些依凭一技的"成"，是整全之"道"的"亏""毁"，也就是前文所谓"道隐于小成"。既然如此，这些炫目惑心的彰显，就是"不由而照之于天"的"圣人"所鄙弃的。这当然是对"以明"的再次申明，不过，值得注意的或许是其中暗含了不偏执有限的一隅、自是自彰的实践性要求，是对上节"和之以是非而休乎天钧"的行为准则的进一步阐说。

　　今且有言于此，不知其与是类乎？其与是不类乎？类与不类，相与为类，则与彼无以异矣。虽然，请尝言之。有始也者，有未始有始也者，有未始有夫未始有始也者。有有也者，有无也者，有未始有无也者，有未始有夫未始有无也者。俄而有无矣，而未知有无之果孰有孰无也。今我则已有谓矣，而未知吾所谓之其果有谓乎，其果无谓乎？

　　《庄子》批评了惠施的言辩，以为有亏于"道"，是应当鄙弃的，这也是《齐物论》一直以来的观点。那么或许会受到质疑：既然如此，你何以同样以言来对付那些言者呢？如同《老子》谓

"道可道，非常道；名可名，非常名"（第一章），于是后人便提出异议："言者不知知者默，此语吾闻于老君。若道老君是知者，缘何自著五千文？"（白居易《读〈老子〉》）[1]对此，《庄子》这里表达出自我反省：我的这些话与其他言者的话语是一样的吗？还是不一样的呢？无论如何，既然有所言，就是一样的吧？然而，不妨姑且言之。这一态度是为"防人摘己而先自破之"（王夫之《庄子解》王敔注语），先退让一步而后进言。

"有始也者"以下一段话，推原世界的原初状态，由"有"推溯至"无"乃至"无"之前。这似乎与上面"有以为未始有物"云云有所不同，"以为"侧重的是主体的认识，而这里似乎在直指世界本体；其实仔细考虑，还是涉及到主体对世界本体的言表。如果"有无也者"还可以说是指在"有"之前存在一个"无"的实际状态，所以需要用"未始有无也者"来破解这种实体性的"无"（或许可以说这是"无无"吧）；那么"未始有夫未始有无也者"破解的是什么呢？既然已经"无无"了，那么更可破什么呢？大约只是主体对世界加以描述的言辞了吧？在那最初的时刻，"无'有'无'名'"（《天地》），自然是没有任何分辨的。这与下文明确表达的天地万物一体则不得有言（"既已为一矣，且得有言乎？"）的意思是相应的。

蒋锡昌《庄子哲学》解释这一番话的意义说："庄子所以欲推源天地万物演进之时期者，不过欲使人明白后世是非之别，实起于有天地或万物以后，在泰初未有天地或万物之时，固无所谓

[1]"言者不知知者默"，见《老子》第五十六章："知者不言，言者不知。"钱锺书《管锥编》提及《庄子》的《知北游》"辩不如默，道不可闻""道不可言，言而非也"云云，与《老子》同意，皆申说"道可道，非常道"。他并且举《寓言》"言无言，未尝言，终身不言，未尝不言"与《则阳》"其口虽言，其心未尝言"等文字，认为此乃以"不言即言""言即不言"的话头回应质疑，"白居易之嘲，庄子固逆料而复自解之"（《管锥编》第二册，中华书局，1979年，第453页及456页）。

是非也。"这一意见大致是可取的。如果作一引申，或许可以说，《齐物论》暗示了在"泰初"之后的世界里，所谓客体世界如何如何即客体世界性状的问题，根本上无法离开主体的因素。

"俄而有无矣"以下，是说在原初的状态里面出现了"有"与"无"的分别，进入了"有""无"的新境界，那么相对"泰初"而言，这些"有""无"是真切的吗？相应的，人们包括"我"的言说是真有所言还是无所言呢？

天下莫大于秋豪之末，而太山为小；莫寿于殇子，而彭祖为夭。天地与我并生，而万物与我为一。既已为一矣，且得有言乎？既已谓之一矣，且得无言乎？一与言为二，二与一为三。自此以往，巧历不能得，而况其凡乎！故自无适有以至于三，而况自有适有乎！无适焉，因是已。

回答上节的问题，其实也没有一个绝对的答案。《庄子》当然不会完全漠视"有""无"的现实世界，也不会完全否认世间种种的言说包括自己的言说确乎发生过。不过，《庄子》认为这一切都属于一个有区别、有对待的世界。人们的言说，相对而有是非，并且往往是"自然而相非"（《秋水》）；世间的"有""无"，因为与主体的因素不能完全离析，所以也是处在一个相对的视野之中的，"因其所有而有之，则万物莫不有；因其所无而无之，则万物莫不无"（《秋水》）。因此，如果要回答"孰有孰无""其果有谓乎，其果无谓乎"的问题的话，自然就没有一个固定的答案，而要看主体的立场如何了。

不过，这里，这层意思，不是直接论说出来的，而是以形象的小、大之别及其相对性的例说展现的："天下莫大于秋豪之末，而太山为小；莫寿于殇子，而彭祖为夭。"这样奇异的结论，关键在其后判断的基准不同：从比秋豪为微的事物来看，它自然是大的，而从比太山更大的事物来看，太山自然是小的；殇子与彭祖异乎常情的"寿""夭"判定，也是一样的道理。也就是说，世间的事物是相对而言的，依乎不同的视野、立场、基准，完全可能出现截然不同的情形。

　　那么是否就可以说《庄子》是相对主义的呢？其实这个说法也就是在相对的世界里面或许能够成立，在《庄子》所谓"道"的境界中，甚至可以说《庄子》是绝对主义的。要超越这些小大、有无、是非的种种分别和无穷相对不定，便得了解那个"无'有'无'名'"的"泰初"（《天地》），回到那里去。"天地与我并生，而万物与我为一"，所表达的大抵如是。一般理解这是表示齐同万物、等一视之的意思，但如果结合开篇提示的"吾丧我"之境，则这两句话似乎不能完全作认识层面的知性理解。应该说，这中间具有归返天道本然的意旨，它是突破层层有限时空和价值系统的限制，最后达到的精神提升的终点。从这个根本的境界来看待世间种种事物及争辩，方能清楚见出那是人们基于各自立场而导致的问题，本身并不具备绝对确实的意义。

　　主、客一体之后，来看"言"的问题便更清晰。"既已为一矣，且得有言乎？"此处的"一"就是"万物与我为一"的"一"，指的是天地万物及物我一体的境界；当其如是的时候，何来区别物我的言语？"既已谓之'一'矣，且得无言乎？"此处的"一"是指描述一体境界的"一"这一名言；既然已经给出了"一"这个名称来刻画"万物与我一体"的状态，那岂不就是有"言"了吗？

"一与言为二"，谓一体境界与表述的言辞合起来便是"二"。"二与一为三"，上面出现的"二"之名，合先前的"一"之名，便有了"三"。[一]这样不断累加上去，是无论怎样精于历算的人都无法应付的。从最初的"无"说起，都渐趋如此纷繁的地步，不要说后世种种争辩的叠床架屋了。《庄子》之意，是揭示离开原初无"有"无"名"的境界之后，由言辩可以生起何等分歧。解脱之途，自然就是泯息言辩了，因而下文点出"不辩"而"怀之"的心灵姿态。

补释

【一】对"一与言为二，二与一为三"，有不同的理解，古时如郭象《庄子注》曰："夫以言言一，而一非言也，则一、言为二矣。一既一矣，言又二之，有一有二，得不谓之三乎？"近如闻一多《庄子章句》释曰："'一'者，混一之谓，有'言'则有所分辩，故'既已为一'，则不得有'言'。谓之'一'，即是'言'。妙一者理，理非所言，是以知以'言'言'一'，而'言'非非一也。今'一'既一矣，而'言'又言焉，有'一'有'言'，'二'名斯起。复将后起之'二'名，对前时之妙'一'，有'一'有'二'，合之为'三'。"（《闻一多全集》第九册，湖北人民出版社，1993年，第86页）似乎一时也难以完全厘清。值得指出的倒是以对象实体叠加指称名言为数的方式，乃属名家思路，《天下》篇有"鸡三足"的命题，据《公孙龙子》的《通变论》，之所以"鸡三足"，是这么算的："谓鸡足，一；数足，二；二而一故三。"《齐物论》盖戏仿之，以反讽名家之类言辞日纷。

夫 道未始有封，言未始有常，为是而有畛也，请言其畛：有左，有右，有伦，有义，有分，有辩，有竞，有争，此之谓八德。六合之外，圣人存而不论；六合之内，圣人论而不议。春秋经世先王之志，[①]圣人议而不辩。故分也者，有不分也；辩也者，有不辩也。曰：何也？圣人怀之，众人辩之以相示也。故曰辩也者有不见也。夫大道不称，大辩不言，大仁不仁，大廉不嗛，大勇不忮[②]。道昭而不道，言辩而不及，仁常而不成，廉清而不信，勇忮而不成。五者园而几向方矣，故知止其所不知，至矣。孰知不言之辩，不道之道？若有能知，此之谓天府。注焉而不满，酌焉而不竭，而不知其所由来，此之谓葆光。

① 蒋锡昌《庄子哲学·齐物论校释》曰："'春秋经世先王之志'，即'春秋先王经世之志'；与上文'大木百围之窍穴'即'百围大木之窍穴'词例相仿，皆《庄子》倒句法也。此谓一切古史乃先王陈迹已行于世之记载。"

② 林希逸《庄子鬳斋口义》："不忮者，不见其用勇之迹也。"

此节承上，"道"是周遍而没有边际界划的，"言"因而也不应固执；所谓"常者，执定不化之意，乃是非之言也。任道而言，则无可无不可，了无一定是非之相"（释德清《庄子内篇注》）。但人们为自己一偏的立场而争执不已，"为是而有畛也"："至道至言，本无彼此，因人心之私有个'是'字，故生出许多疆界。"（林希逸《庄子鬳斋口义》）

这里举出了八种人为的界划：左、右、伦、义、分、辩、竞、争，体现的是差别、高下、贵贱、对立、是非等等。[1]与此相反，正当的也即圣人的态度是：对可以感知把握的天地之外的事，"存而不论"，就是保守其整全，不加分疏的意思；[一]对可以感知把握的天地之内的事，"论而不议"，即分疏条理而不加主观议论；对以往人类的历史经验作出评议，但并不辩争不休。[2]这中间呈现了清晰的层次性：对整全的"道"，自然不能有分辨，因为这将是对"道"的"分""毁"；而对"物"世界中的种种，不妨有所分别。无论如何，有"分"就有不能"分"者在，有"辩"就有不能"辩"者在。所以，与平常人分别且争执的态度不同，"圣人怀之"，郭象注"怀"曰"以不辩为怀"，也就是"存而不论"了。至于众人之"辩"，则是因为不能见得大道，"不见道之大，而后辩起"（王先谦《庄子集解》）。

接着举出的"五者"："大道"是不能称名的，如果道可以明确说出就不是道了；"大辩"是不必言表的，如果言表出来，就必然有不周遍的地方；"大仁"看来似乎是不仁，如果仁爱固定在某一方面，则必对其他方面有所忽略；[3]"大廉"并不是显于表面的，如过显其廉，则反不真实；[4]"大勇"也不在单纯用狠上，如果用狠未必能成事。这五个方面，如果有共同之处的话，就在

---

[1]比如"伦""义"，《盗跖》篇曰："尧杀长子，舜流母弟，疏戚有伦乎？汤放桀武王杀纣，贵贱有义乎？"可见含有亲疏、上下、贵贱等涵义。"竞""争"，郭象《注》曰："并逐曰竞，对辩曰争。"则含有对立进而自是相非的意思。

[2]按照蒋锡昌《庄子哲学·齐物论校释》的解释，上面提及的"分""辩"是有区别的。"'分'者谓分析万物，'辩'者谓辩其所是"；则"辩"有辩争的意思在。成玄英《庄子疏》曰："辩，别也。"则与"分"大体相当。

[3]《老子》有"天地不仁"（第五章）之说。闻一多对此有释云："物不胜爱，故常其爱者，必有不周遍之时。"（《庄子章句》，《闻一多全集》第九册，湖北人民出版社，1993年，第87页）

[4]闻一多《庄子章句》云："外过清激，则中近矫伪。"这是中国传统的一个基本观念，所谓中庸近情。

于又一次说明了"道隐于小成"的道理。"道"所呈现出来的境界，与通常世俗的作为大致是正相反的，一般所认为的"仁""廉""勇"其实不能真正体现"大仁""大廉""大勇"。

回到本篇的中心，即言辩知性的问题上来，则明了它们的有限性是极关紧要的："知止其所不知，至矣。"[1]言辩知性，对于天道真谛，是一种分析，是一种有限的表达，其言辩之"成"也就是道之"分""毁"。故而，要了解言辩知性的边界，在言辩知性不能及的边际止步，这才是明智的。这体现了《庄子》对于人类言语和知性的谦抑态度，因而，这句话其实也正是《庄子》对当时言辩滔滔的争辩者的一个劝告："对不能言说的要保持沉默。"（维特根斯坦《逻辑哲学论》语）

"不言之辩""不道之道"，即上文"大辩不言""大道不称"之义，这就是《庄子》指示的"至道""至言"。不言不辩，自然也就不会离析大道，而"怀而不辩"，"存之于心"（王先谦《庄子集解》释"圣人怀之"语），也即此处所谓的"天府""葆光"。"葆光"，林希逸《庄子鬳斋口义》解释说是"藏其光而不露"，或者可谓光明内在。这种内在的光明、内在的知，从人之"性"源自"泰初"（《天地》）来说，是根源于"道"的，因而保有此自我内在的知，[2]也就是对"道"的维护。

至此，本篇主旨已完全表达出来了。回顾开篇以来的意脉，大抵是首先揭示"吾丧我"之旨，接着提出三籁，着力形容的是地籁，而中心所在当然是自然的天籁。随后考察了人声万端及其心态，究索其根由，乃在偏执的"成心"；提出的解脱途径因而便在超乎对待、"以明"观照，并且进而提示了"和"而"两行"

[1]《庚桑楚》篇作："知止乎其所不能知，至矣。"
[2]内在的知与外在的知不同，前者《庄子》认为是所谓"人含其知"（《胠箧》），属于"自得"（《骈拇》），故而持肯定态度。

的实践之道。最终指出天地万物并生为一的境界，与"吾丧我"呼应，更以"怀而不辩"重申"以明""两行"之义。以下各节，与《逍遥游》《秋水》一样，以片段故事补充阐释心无固碍，超越美丑、生死、是非等分别的境界，最后突显如影随形依乎大道、突破自我局限的意旨。

补释

【一】"存而不论"之"论"如《论语》之"论"读。班固《汉书·艺文志》曰："《论语》者，孔子应答弟子、时人及弟子相与言而接闻于夫子之语也。当时弟子各有所记，夫子既卒，门人相与辑而论纂，故谓之《论语》。"可知"论"即"辑而论纂"的意思。刘熙《释名》云："《论语》，记孔子与诸弟子所语之言也"（《释典艺》），"语，叙也，叙己所欲说也"（《释言语》），"论，伦也，有伦理也"（《释典艺》），亦以"论"为分疏、条理之义。

三、"沉鱼落雁"与"物化"

本篇以下，大致以各片段故事说解，主要涉及心无固碍，超乎甘苦、美丑、生死、是非等分别性的境界，依乎大道，如影随形，突破自我的立场。

> **故** 昔者尧问于舜曰："我欲伐宗、脍、胥敖，南面而不释然。其故何也？"舜曰："夫三子者，犹存乎蓬艾之间。若不释然，何哉？昔者十日并出，万物皆照，而况德之进乎日者乎！"

本节大抵言心容万有，不局于一隅。宗、脍、胥敖是蓬艾之间的小国，"存国于卑微偏小之地，不足与较"（林云铭《庄子因》），而天下的圣主尧一旦有意讨伐，总是耿耿于怀，不能释然。舜以"十日并出，万物皆照"为喻，指出真正的圣人应该是包蕴万有，无所偏执的；而攻伐之类必然涉及一定的利害、是非，究心于此，岂所应当？

啮缺问乎王倪曰："子知物之所同是①乎？"曰："吾恶乎知之！""子知子之所不知邪？"曰："吾恶乎知之！""然则物无知邪？"曰："吾恶乎知之！虽然，尝试言之：庸讵知吾所谓知之非不知邪？庸讵知吾所谓不知之非知邪？且吾尝试问乎女：民湿寝则腰疾偏死，鳅然乎哉？木处则惴栗恂惧，猨猴然乎哉？三者孰知正处？民食刍豢，麋鹿食荐，蝍蛆甘带，鸱鸦耆鼠，四者孰知正味？猨猵狙以为雌，麋与鹿交，鳅与鱼游。毛嫱丽姬，人之所美也；鱼见之深入，鸟见之高飞，麋鹿见之决骤。四者孰知天下之正色哉？自我观之，仁义之端，是非之涂，樊然淆乱，吾恶能知其辩！"啮缺曰："子不知利害，则至人固不知利害乎？"王倪曰："至人神矣！大泽焚而不能热，河汉沍而不能寒，疾雷破山、飘风振海而不能惊。若然者，乘云气，骑日月，而游乎四海之外，死生无变于己，而况利害之端乎！"

① 蒋锡昌《庄子哲学·齐物论校释》："'同是'，即同一之是，如下文所谓'正处''正味''正色'是也。"

此言万物各有其依恃，执我以观，则无不各是其是、非其非，不足以为放之四海而皆准的通则。

啮缺首先提出：世间万物是否有共同认可的准则？值得特别注意的是，这里所谓"同是"指的是"物"世界的"同是"（"物之所同是"），而不是在"道"的层面谈论的，所以才表示没有共同的准则；如果涉及"道"，就不能这么说了，因为"道"是万物所共同依循的。

王倪表示不知道，并用重复句进一步表示自己也不知自己的不知。[1]这样啮缺就产生疑问："物便无法知晓了吗？"他的逻辑还是简单而直接的，既然你说不知道，那么就是不知道了。王倪的思路则不同，他对"知"有一个反省的分析，清楚地意识到所谓"知"是在不同立场和视野之下的"知"，所以此知或许在彼就属不知，而此不知在彼则知之（"庸讵知吾所谓知之非不知邪？庸讵知吾所谓不知之非知邪？"）。接着，王倪连续举出三个例子，说明物性不同，它们对于生存环境、食物和美的偏好是不同的，甚至完全相反。[2]这显示了"知"是各有限度的，欲知各物当各据其性，众多的不同其实各有其合理性在。回到人间主题上，"仁义之端，是非之途"，也都是各是其是，各非其非，徒然淆乱天下的言说，谈不上普遍的有效和正当性。

对于王倪否认"同是"而不做明确"利害"判别的态度，啮缺疑惑是否"至人"也是如此的。王倪称圣人甚至超越了生死，"乘云气，骑日月，而游乎四海之外"，与天地精神往来，属各别差异性的利害何足挂齿。下节即接续此意，主要讲对生死之别的超越。

瞿鹊子问乎长梧子曰："吾闻诸夫子，圣人不从事于务①，不就利，不违害，不喜求，不缘道；无谓有谓，有谓无谓，②而游乎尘垢之外。夫子以为孟浪之言，而我以为妙

---

[1] 成玄英《疏》释曰："子既不知物之同是，颇自知己之不知乎？"意思是：你既然不知道物是否"同是"，那么你是否知道你的不知道呢？大抵还是要逼出王倪的一个"知"来，王倪一旦表示有所"知"，而无论这是怎样的"知"，都是有所肯定和否定的，是即有所偏向，如郭象《注》所说："若自知其所不知，即为有知；有知则不能任群才之自当。"
[2] 很有意思的是，其中人间美人令"鱼见之深入，鸟见之高飞，麋鹿见之决骤"，此"沉鱼落雁"的表现并非如后世那样意味着美，反而意味可怕的丑。

道之行也。吾子以为奚若？"

长梧子曰："是黄帝之所听荧也，而丘也何足以知之！且女亦大早计，见卵而求时夜，见弹而求鸮炙。予尝为女妄言之，女以妄听之。奚旁日月，挟宇宙？为其吻合，置其滑涽，③以隶相尊。④众人役役，圣人愚芚，参万岁而一成纯。万物尽然，而以是相蕴。予恶乎知说生之非惑邪！予恶乎知恶死之非弱丧而不知归者邪！丽之姬，艾封人之子也。晋国之始得之也，涕泣沾襟；及其至于王所，与王同筐床，食刍豢，而后悔其泣也。予恶乎知夫死者不悔其始之蕲生乎！梦饮酒者，旦而哭泣；梦哭泣者，旦而田猎。方其梦也，不知其梦也。梦之中又占其梦焉，觉而后知其梦也。且有大觉而后知此其大梦也，而愚者自以为觉，窃窃然知之。君乎，牧乎，固哉！丘也与女，皆梦也；予谓女梦，亦梦也。是其言也，其名为吊诡。万世之后而一遇大圣，知其解者，是旦暮遇之也。"

① "务"，成玄英《疏》："犹事也。"《逍遥游》篇亦有"神人""孰弊弊焉以天下为事"，"孰肯以物为事"之说。

② 林希逸《庄子鬳斋口义》："'无谓有谓'，不言之言也；'有谓无谓'，言而不言也。"

③ 成玄英《疏》："滑乱昏杂，随而任之。"

④ 成玄英《疏》："隶，皂仆之类也，盖贱称也。……'以隶相尊'，一于贵贱也。"

此节主旨，言超乎世俗之境界，直至生死亦超脱之。

本节承上节而进展，虽然所谓"圣人"与前节"至人"未必等同，但如"不就利，不违害"大约就是前节"圣人固不知利害"

的意思，而"游乎尘垢之外"与"游乎四海之外"也是相当的。从这里可以看出，圣人是不局限于"物"的世界的（"不从事于务"），不刻意求道（"不缘道"），[1]言说也在有无之间，并且最重要的，他是与天地万物一体的："旁日月，挟宇宙"，"为其吻合"。[2]这样对于种种分歧（"置其滑涽"）、贵贱（"以隶相尊"）之类自然等而视之。

本节的重点是破死生之别，而先以丽姬的悲喜为喻，"一生之内，情变若此。当此之日，则不知彼，况夫死生之变，恶能相知哉！"（郭象《注》）所以如同丽姬"后悔其泣"一样，"恶乎知夫死者不悔其始之蕲生乎"？是否后悔当初贪生，我们不知道，但不愿回到人世则确有其例，《至乐》篇的髑髅就明确表示："吾安能弃南面王乐而复为人间之劳乎？"[3]《庄子》将生死之别，异想天开作觉梦之别，认为人生如梦，"方其梦也，不知其梦也。梦之中又占其梦焉，觉而后知其梦也"。[4]以迷离恍惚的梦境来化解固执的截然分别，成为本篇最后庄生梦蝶一节的先导。

既使我与若辩矣，若胜我，我不若胜，若果是也，我果非也邪？我胜若，若不吾胜，我果是也，而果非也邪？其或是也，其或非也邪？其俱是也，其俱非也邪？我与若不能相知也，则人固受其黮暗。吾谁使正之？使同乎若者正之？既与若同矣，

---

[1] 此即前文"已而不知其然谓之道"的意思。

[2] 《逍遥游》中的"神人"亦"旁礴万物以为一"。

[3] 所谓"南面王乐"，是因为"死，无君于上，无臣于下，亦无四时之事，从然以天地为春秋，虽南面王乐，不能过也"（《至乐》）。

[4] 如此以恍惚如梦的意识，破解生死的固执，在后世有很大的影响，最有名的当属苏轼了。

恶能正之！使同乎我者正之？既同乎我矣，恶能正之！使异乎我与若者正之？既异乎我与若矣，恶能正之！使同乎我与若者正之？既同乎我与若矣，恶能正之！然则我与若与人俱不能相知也，而待彼也邪？"

"何谓和之以天倪①？"曰："是不是，然不然。是若果是也，则是之异乎不是也亦无辩；然若果然也，则然之异乎不然也亦无辩。化声②之相待，若其不相待。和之以天倪，因之以曼衍，所以穷年也。忘年忘义③，振于无竟，故寓诸无竟④。"

①"天倪"，郭象《注》谓"自然之分也"。

②"化声"，郭象《注》曰："是非之辩为化声。"

③"忘年忘义"，郭象《注》曰："'忘年'，故玄同死生；'忘义'，故弥贯是非。"

④"振于无竟，故寓诸无竟"之"竟"，陆德明《经典释文》引崔譔本作"境"，"无竟"因可理解为"无的境界"。林希逸《庄子鬳斋口义》解此句云："年、义既忘，则振动鼓舞于无物之境。此'振'字，便是'逍遥'之意，即逍遥于无物之境，则终身皆寄寓于无物之境矣。"

前面数节主要从不当执着于一偏，而应具有超越死生等种种分别的境界着眼；这一节则回到人世的种种言辩，指出它们之间没有可以作为评断双方是非的客观标准可言，因而本节不妨理解为是对前面讨论的"同是"问题的呼应。结论当然是：论辩中的人们不能确定是非的标准，故而应当超越是非论争之上。

文中细致列数了辩论双方之间可能发生的各种情形：如果是一方在辩论中胜利了，并不代表他就一定是正确的，而对方就是错误的；可能是有一个人对、一个人错，也可能两人都对，或者两人都错；如果想找一个人来确证对、错，那本来两人之间就不能确知，旁人如何能了解呢？找一个与双方中某一方一致的人来确证，那么已经有了偏向，如何能公正呢？如果找一个对双方都持异议或者支持意见的人来确证，同样是不可能解决问题的。在如此的困境下，只有"和之以天倪"了。"天倪"是超越"相待"的"化声"之上的，因随变化的（"曼衍"），"是"与"不是"、"然"与"不然"之间并无截然的断限，而是可以相互变异的。由是，则生死、是非皆忘而不执，在"无"的境界中逍遥；这"无"的境界，应该就是"道"的境界了。

> 罔两①问景曰："曩子行，今子止；曩子坐，今子起。何其无特操与？"景曰："吾有待而然者邪？吾所待又有待而然者邪？吾待蛇蚹蜩翼邪？恶识所以然！恶识所以不然！"

　　① 陆德明《经典释文》引向秀注云："罔两，景之景也。"郭象《注》曰："景外之微阴也。"

　　"罔两"，是影子的影子；它问影子何以时行时止、时坐时起，没有自己的一定之规？其实很简单，影子不能自主，就在于它依凭于形，即影子自己所说的"所待"；既然形影不离，那么影之因顺于形就是当然的。这一寓言包涵怎样的意味呢？成玄英《疏》解释说："夫待与不待，然于不然，天机自张，莫知其宰。"影的行止是自然而然、不知其然的，显示了合"道"的特点；[1] 由此，

---

[1] 前文有"因是已，已而不知其然谓之道"的说法，《秋水》篇也有"动吾天机，而不知其所以然"语，都是因顺大道而不自主之意。

或许可以将其寓意理解为应依循天地自然之动静消息，以影随形喻，即当如影随形般依顺大道之流衍而不自主、自觉。在本篇的结构脉络中或许还有另一层意义，这种顺随而不自主，可以与开篇的"吾丧我"相应，刘凤苞《南华雪心编》即如此理会："'罔两问景'一层，骤读之，不知从何处落想，细玩之，分明是'吾丧我'三字。""丧我"，因而不由自主；"丧我"，因而因循于道。

昔者庄周梦为胡蝶，栩栩然胡蝶也。自喻适志与！不知周也。俄然觉，则蘧蘧然周也。不知周之梦为胡蝶与，胡蝶之梦为周与？周与胡蝶，则必有分矣。此之谓物化。

这个"庄生梦蝶"的故事，非常有名。当庄子梦为蝴蝶之时，翩翩飞舞，快意愉悦，完全忘却了原本庄子的那个自我。然而这终究不是此世的现实，所以当庄子醒来的时候，当然回复到本来的庄子。这时，自然的念头就是："周之梦为胡蝶"。

但是，如不以现实世界为限，在另外一个视野中来看，比如自前面已提示的人生如梦的视野中观照，那么此现实世界的庄子乃成为梦中的庄子，而梦中庄子所意识到的彼梦世界中的蝴蝶，倒或者即是庄子的本生呢？即所谓："胡蝶之梦为周"。

通常人们认可"周之梦为胡蝶"的现实世界逻辑，因而不能认可"胡蝶之梦为周"；而如果换一视野，将人生视作大梦，则在"胡蝶之梦为周"的前提下，"周之梦为胡蝶"倒是向本然的复归，是一种真实而不是"梦"了。这真是一个循环往复难以究诘的问题。

然而，一定要在"周之梦为胡蝶"与"胡蝶之梦为周"之间作出非此即彼的判定吗？换言之，一定要在两者之间选择一个确然的立场吗？"周与胡蝶，则必有分矣"，这透露了坚执分别性的意识。在分别性而不是天地万物一体的视野中，"周之梦为胡蝶"还是"胡蝶之梦为周"确实是一个需做出单一性取舍的问题。以分别计较之心思之，现实与梦境自有划然之分；然而，如果突破现实自我的局限，则问题便会显示出不同的面貌和意味，那种截然的划分，便呈现其出自有限心智的本相，它仅是基于此世的我的立场。郭象《注》云："今之不知胡蝶，无异于梦之不知周也，而各适一时之志，则无以明胡蝶之不梦为周矣。"肯定了在不同的视野中，不同的现实与梦之别各有其成立的可能。

本篇最后出现的"物化"，是破分别的利器。一方面，它打开了"道"的视野中"物"之间迁流变化的无限可能，[1]故而不当执着于彼与此、现实与梦境、生与死之类分别；另一方面，它也意味着万物浑融一体的境界，[2]其间种种分别自然也就不复成立了。

综而言之，"物化"之旨，在消解特定立场的偏执，及与天地万物一体，这正与本篇开始"吾丧我"和"天地与我并生，而万物与我为一"的中心观念相互照应，相互契合。

第四讲　《齐物论》：「照之于天」

---

[1] 郭象《注》突出的是这一层面："夫时不暂停，而今不遂存，故昨日之梦，于今化矣。死生之变，岂异于此，而劳心于其间哉！方为此则不知彼，梦为胡蝶是也。取之于人，则一生之中，今不知后，丽姬是也。而愚者窃窃然自以为知生之可乐，死之可苦，未闻物化之谓也。"成玄英《疏》更明确将"物化"解作"物理之变化"："夫新新变化，物物迁流，譬彼穷指，方兹交臂。是以周蝶觉梦，俄顷之间，后不知前，此不知彼，而何为当生虑死，妄起忧悲？故知生死往来，物理之变化也。"
[2] 释德清《庄子内篇注》如此理会："物化者，万物化而为一也。万物混化而为一，则了无人我是非之辩，则物论不齐而自齐也。"

第五讲

《养生主》：「安时处顺」

一、"缘督以为经"的养生

　　《庄子》既主张保守人性本然，则如何保养此生自然成为一个重要的关注。《养生主》的主旨即在于此。

　　"养生主"的意思，陆德明《经典释文》以为："养生以此为主也。"本篇既然以"养生"为主旨，则所有文字都当依此理解。这里的"生"当然意指通常所谓的"生命"，比如开篇的"吾生也有涯"，既然说生命有限，那自然是指人在这个物质世界上的生命了。但"生"似乎并非简单指人的物质生命，《达生》篇有"养形必先之以物，物有余而形不养者有之矣；有生必先无离形，形不离而生亡者有之矣"之语，既然有"形不离"而"生亡"的情况出现，那么"生"与"形"显然不能简单等同，我们知道，对"养形""为寿"的彭祖之流，《庄子》并不表示同情。[1]故而，所谓"养生"固然包含"养形"的成分，即所谓"有生必先无离形"，但决不仅限于此；并且，如果过度执着于"养生"的"养形"这一层面，甚至会有碍"养生"的真正实现，郭象题注即揭出此点："若乃养过其极，以养伤生，非养生之主也。"

---

［1］参第二讲中关于《逍遥游》"而彭祖乃今以久特闻，众人匹之，不亦悲乎"的讲析。

吾生也有涯，而知也无涯。以有涯随无涯，殆已；已而为知者，殆而已矣。为善无近名，为恶无近刑。[①]缘督以为经，可以保身，可以全生[②]，可以养亲，可以尽年[③]。

① 张默生以为"为善无近名，为恶无近刑"两句，"当系倒句，当解作'无为善近名，无为恶近刑'也，即言善、恶皆不当为"（《庄子新释》，齐鲁书社，1993年，第134页）。

② 此"生"既与上"身"并举分列，再结合前文引及《达生》篇"生"与"形"的区别，它自然不是指物质存在的生命形态，吴汝纶《庄子点勘》以为此"生"当读如"性"。

③ "尽年"，即《大宗师》所谓"终其天年而不中道夭"。由此，益可证"养生"与养身、养形不可混而等同。

"生"与"知"构成矛盾，人在此世的物质生命是有限的，而知识／智慧的追求，则是无尽的；两者相较，则以有限去追求无限，前者不能穷尽后者是可想而知的，更且是"殆"即危险的。

何以会是危险的呢？前面讲及的《秋水》一篇有"以其至小求穷其至大之域，是故迷乱而不能自得也"的说法，与此处意思相同，并且"迷乱而不能自得"正说明了危险之缘故。其中能否"自得"是关键，成玄英《庄子疏》解"不能自得"[1]作"丧己企物"，也就是说向外的追求导致了自我的丧失。这种奔走歧途的代表，在《庄子》看来，大约惠施算一个，《天下》篇批评他"骀荡而不得，逐万物而不反"；"不得"就是"不能自得"，"不反"即不能返回自我。于此，《秋水》篇曾告诫说："无以得殉名。"保守自

---

[1]"自得"在《庄子》是一个颇为重要的概念，参后第六讲第一节关于《骈拇》篇最末一段的讲析。

我的本真是最为重要的，而诸如"知"即便再丰富精彩，也是外在的，应该为它划定一个界限，以免往而不返。《齐物论》有"知止其所不知"语，《老子》也说："夫亦将知止，知止可以不殆。"（第三十二章）这暗示了对人而言，生命是第一位的，是最为重要的。[1]

"为善无近名，为恶无近刑"之意，即应当在这个意脉里来理解。[2]"为善""为恶"，或"近名"或"近刑"，"名""刑"都是外在的，同样有害于自我，皆非"自得"；从生命的本真而言，"善""恶"不妨一起放下，以免"名""刑"，刘凤苞释曰："有为善之迹则近名，有为恶之实则近刑，善、恶俱泯，两忘而化其道。"（《南华雪心编》）因而，这两句的意思不是说可以为善或为恶，只要不至为名所累或招致刑罚即可；[3]而是说不该去有意为善或为恶。这大抵就是《骈拇》篇最后所谓的"上不敢为仁义之操，而下不敢为淫僻之行也"。[4]也就是说"无""为善"、"无""为恶"。这在"善""恶"两边看来，即是行其"中道"："缘督以为经。""督"释"中"，因而郭象《注》曰："顺中以为常也。"成玄英进而疏曰："善恶两忘，刑名双遣，故能顺一中之道，处真常之德，虚夷任物，与世推迁。"后来又有注家指出"督"有"虚"义，故而"缘督"便有游乎虚处的意思，如屈复《南华通》说：

---

[1]当然这里涉及到一个如何界定人的生命的问题。比如儒家，也清醒意识到时间和生命的流逝（所谓"逝者如斯夫"），但这远不仅是一个自然的过程，而是一个有意义和价值的过程，所以要求取修身、仁义，等等。由此，问题出现了：在特定条件下，为了仁义可以杀生以完成生命的意义。而在《庄子》的视野中，这正是弃本而逐末，往而不返，"殆已"。

[2]古时，"为善无近名"云云，与前文分章为解，由成玄英本篇末《疏》语可知："旧来分此一篇为七章明义，观其文势，过为繁冗；今将'为善'合于第一。"

[3]朱熹有《养生主说》一篇（《朱文公集》卷六十七），即如是理解："其意以为为善而近名者，为善之过也；为恶而近刑者，亦为恶之过也。惟能不大为善，不大为恶，而但循中以为常，则可以全身而尽年矣。"他因而直斥庄子"其本心实无以异世俗乡原之所见，而其揣摩精巧，校计深切，则又非世俗乡原之所及，是乃贼德之尤者"。

[4]林希逸《庄子鬳斋口义》之《养生主》和《骈拇》的诠释，都提及了这两者间的关系。

"督者，人之脊脉，骨节空虚处也；'缘督'者，神游于虚也。"刘凤苞也称"游于至虚"，郭嵩焘亦谓"循虚而行"（郭庆藩《庄子集释》引），这与下文"庖丁解牛"的"以无厚入有间"可以相应照。此三句张默生解说得很简易清楚：

> 养生之人不可为善，因为善即近乎招名，即俗语所谓"善门难开，善门难闭"，自身便不得安闲，是违反养生之理的。养生之人亦不可为恶，因为恶即易受刑戮，更不足以保全生命。怎样才算善养生呢？善养生的人，当确知"缘督以为经"的道理。督既有中空之义，则"缘督以为经"，即是凡事当处之以虚，作为养生的常法，既不为恶，亦不为善。如此则名固不至，刑亦不及，可得从容之余地，以全其生命。

苟能做到"缘督以为经"，那么保有自己的身体（"保身"）、保全自己的天性（"全生"）、事养亲人（"养亲【一】"）、尽其自然之命数（"尽年"），便都是可以达致的结果。

《养生主》开篇就将主旨揭出，这与《逍遥游》《秋水》和《齐物论》在结构上都不同。以下完全以寓言贯穿，也是其行文的独特之处。

补释

【一】或以为此"亲"当读作"身"，日本金谷治在岩波文库本《庄子》中解说道："'养亲'，通说按字面解释为'抚养亲族'，然而上下文关系不顺。'亲'当为'身'之借字。如《礼记·祭义》篇之'亲'字，《经典释文》引别本即作'身'。"（岩波书店，1994年，第91页）果如是，则与上"保身"重。成玄英《庄子疏》曰："保守身形，全其生道，外可以孝养父母，大顺人伦，内可以摄卫生灵，尽其天命。"由此看来，本文的意思很连贯。钟泰《庄子发微》更引《孟子》之言"事孰为大？事亲为大。守孰为大？守身为大。不失其身而能事其亲者，吾闻之矣。失其身而能事其亲者，吾未之闻也"（《离娄》）云云为证，更无疑矣。

庖丁为文惠君解牛，手之所触，肩之所倚，足之所履，膝之所踦，砉然响然，奏刀騞然，莫不中音。合于《桑林》之舞，乃中《经首》之会。[1]

文惠君曰："嘻，善哉！技盖至此乎？"庖丁释刀对曰："臣之所好者道也，进乎技矣。始臣之解牛之时，所见无非全[2]牛者。三年之后，未尝见全牛也。方今之时，臣以神遇而不以目视，官知止而神欲行。[3]依乎天理[4]，批大郤，导大窾，因其固然。技经肯綮之未尝，而况大軱乎！良庖岁更刀，割也；族庖月更刀，折也。今臣之刀十九年矣，所解数千牛矣，而刀刃若新发于硎。彼节者有间，而刀刃者无厚；以无厚入有间，恢恢乎其于游刃必有余地矣，是以十九年而刀刃若新发于硎。虽然，每至于族，吾见其难为，怵然为戒，视为止，行为迟。动刀甚微，謋然已解，如土委地。提刀而立，为之而四顾，为之踌躇满志，善刀而藏之。"

文惠君曰："善哉！吾闻庖丁之言，得养生焉。"

[1] 成玄英《庄子疏》："《桑林》，殷汤乐名也。《经首》，《咸池》乐章名，则尧乐也。"

[2] "全"字据赵谏议本补。刘文典《庄子补正》引《吕氏春秋》之《精通》篇、《论衡》之《订鬼》篇，以为此句"牛"上脱"死"字，

下句"全牛"之"全"当作"生"字，"死牛"与"生牛"对言，至于今本之脱误，在汉、晋之间。果如此，则"三年之后"与"始臣之解牛时"了无差别了。细按《吕氏春秋》《论衡》之文，前者作"宋之庖丁好解牛，所见无非死牛者，三年而不见生牛"，后者作"宋之庖丁学解牛，三年不见生牛，所见皆死牛"，都是指最初三年时间内的情况；而《养生主》此处则谓"三年之后"云云，是与最初三年不同的时段了，当有所不同，而"所见无非全牛"与"未尝见全牛"恰可构成对照，故仍依而不改。

③ 林希逸《庄子鬳斋口义》："'以神遇而不以目视'者，言心与之会也"，"'官知止'者，言凝然而立之时，耳目皆无所见闻也；耳目之所知者皆止，而不言之神自行，谓自然而然也。"

④ 林希逸《庄子鬳斋口义》："'天理'者，牛身天然之腠理也。"

"庖丁解牛"属于《庄子》中最为人所熟知的故事之一。这当然首先因为它非常生动。"手之所触，肩之所倚，足之所履，膝之所踦"，庖丁解牛时的全身动作形容得非常具体而形象。"砉然""响然""騞然"，则刻画解牛时的种种听觉印象，尤其"奏刀"，将挥舞解牛刀的动作和声音合而为一，且领起下文"桑林""经首"的音乐比喻，紧凑而无赘言，显示了很高的文字表现力。

《庄子》中有许多涉及技艺的寓言故事，都很生动，而且深得其中的奥妙，"庖丁解牛"自不例外，庖丁对答文惠君的一番话便极为精辟。"始臣之解牛之时，所见无非全牛者。三年之后，未尝见全牛也。方今之时，臣以神遇而不以目视，官知止而神欲行"，从主观方面清晰区分了解牛技艺逐步纯熟的三个阶段。第一阶段是"所见无非全牛"，这还是初步的阶段，在解牛的庖丁眼中，牛还是一个庞然大物，有不知从何下手的感觉。第二阶段是"三年之后未尝见全牛",这是说眼光不再犹疑,而专注于所欲下刀的具体部分,"熟于筋骸之会,知其何处可断,虽属全牛,但见其支节分解"(张之纯《庄子评注》),也就是透过表面而深得解牛之关键了。

这两个阶段的差别,成玄英《庄子疏》借修道以阐明:"初学养生,未照真境,是以触途皆碍","服道日久,智照渐明,所见尘境,无非虚幻"。见得"尘境""无非虚幻",也就是窥知真谛了。

习艺过程中这种熟而生巧、专心致志的状态,《庄子》有深刻的领会,《达生》篇:

> 仲尼适楚,出于林中,见痀偻者承蜩,犹掇之也。仲尼曰:"子巧乎!有道邪?"曰:"我有道也。五六月累丸二而不坠,则失者锱铢;累三而不坠,则失者十一;累五而不坠,犹掇之也。吾处身也,若橛株拘;吾执臂也,若槁木之枝;虽天地之大,万物之多,而唯蜩翼之知。吾不反不侧,不以万物易蜩之翼,何为而不得!"孔子顾谓弟子曰:"用志不分,乃凝于神,其痀偻丈人之谓乎!"

"痀偻者"经过一定时间的实践,一方面熟能生巧,一方面"用志不分,乃凝于神",[1] 达到"承蜩犹掇之"的境界。后一方面,痀偻者自己形容说是"虽天地之大,万物之多,而唯蜩翼之知,

[1] 俞樾《诸子平议》援引《列子》的《黄帝》篇"疑于神"句,以为《达生》"凝"亦当作"疑";其后马叙伦《庄子义证》及刘文典《庄子补正》大抵也都同意俞樾的意见。钱锺书则仍以"凝"为是:"'乃凝于神',承佝偻丈人自称'有道'而能'不反不侧',盖当事者示人以摄心专一之旨,正当作'凝'","《黄帝》'心凝形释',张注'神凝形废',又可移释'凝于神';'执臂若槁木之枝',非'形废'而何?"(《管锥编》第二册,中华书局,1979年,第486页)

249

吾不反不侧，不以万物易蜩之翼"，也就是他的精神完全聚集在蜩翼上，此外所有的天地万物都不在其关注视野之中，这不正类似于庖丁之"未尝见全牛"吗？"方今之时"是第三个阶段，"以神遇而不以目视，官知止而神欲行"，成玄英《疏》曰："既而神遇，不用目视，故眼等主司，悉皆停废，从心所欲，顺理而行。"这时，外在客体的种种都不构成限制而不必萦心了，也可以说达到了完全自如自由的境地。

这最后的从心所欲的自由境界，其实并非绝对自我的，而是所谓"从心所欲不逾矩"（《论语·为政》），那个"规矩"还是存在的，只不过主体对之了然于心，甚且与之冥合为一，它也就似乎不构成限制了。这从文中"依乎天理""因其固然"，可以得到印证。"天理""固然"，在庖丁解牛的具体境况里面说，就是牛的本来天生的肌理、骨架，所谓"大郤""大窾""技经肯綮"之类。如果能够依照这些肌理、骨架"奏刀"，则不会有"横截""妄加"（郭象《注》）的情况，"以无厚入有间，恢恢乎其于游刃必有余地"，刀自然可以"十九年矣，所解数千牛矣，而刀刃若新发于硎"。

如果说寓言是"藉外论之"（《庄子·寓言》），那么，庖丁解牛的故事只是所"藉"之"外"而已，并非本旨；本旨是"养生"要义。庖丁自谓解牛有更高于"技"的"道"，透露出解牛技艺中包含着更深的意味；文惠君"闻庖丁之言，得养生焉"，更表明解牛的经验、心得可以横通于养生。论其要点，即在"依乎天理""因其固然"，则"游刃有余"数语，陈碧虚的理解大体是恰当的："解牛者，观其空隙之处，游刃舞蹈，以全妙技；养生者，岂不能避患深隐，保形不亏，以全天真乎？"（褚伯秀《南华真经义海纂微》引）趋避祸害，游走在种种限制和障碍之间，走出一条保守形神不亏的道路，这和庖丁解牛之道，是相同的。从这个层面上来看，"天理""固然"就具有超越牛之肌理、骨架的具体所指之上的意义，它指向天道自然。在《山木》篇中可以看到这样的清楚表达：

> 庄子行于山中，见大木，枝叶盛茂，伐木者止其旁而不取也。问其故，曰："无所可用。"庄子曰："此木以不材得终其天年。"夫子出于山，舍于故人之家。故人喜，命竖子杀雁而烹之。竖子请曰："其一能鸣，其一不能鸣，请奚杀？"主人曰："杀不能鸣者。"明日，弟子问于庄子曰："昨日山中之木，以不材得终其天年；今主人之雁，以不材死；先生将何处？"庄子笑曰："周将处乎材与不材之间。材与不材之间，似之而非也，故未免乎累。若夫乘道德而浮游则不然，无誉无訾，一龙一蛇，与时俱化，而无肯专为；一上一下，以和为量，浮游乎万物之祖；物物而不物于物，则胡可得而累邪！此神农、黄帝之法则也。若夫万物之情，人伦之传，则不然。合则离，成则毁；廉则挫，尊则议，有为则亏，贤则谋，不肖则欺，胡可得而必乎哉！悲夫，弟子志之，其唯道德之乡乎！"

人们对此节的深刻印象往往在所谓"处乎材与不材之间"。以树为喻，《庄子》中屡屡可见，多强调不材得尽天年，如《人间世》的"匠石之齐"与"南伯子綦游乎商之丘"两节即是。然而单纯强调"不材"似有偏颇，只是从特定的角度展开的论说。《山木》篇的这一节文字，在"材"与"不材"之间做了辩证，如同《人间世》"不材"的根本意义在可以保全自己、尽其天年，《山木》篇或"材"或"不材"也是为了保全自我，是为达到这个目标而在不同处境下的不同表现。然而，更重要的是，"材与不材之间"并非《庄子》的根本抉择，文中明谓"似之而非也，故未免乎累"；真正从根本上保全自我的路径是"乘道德而浮游"，[1] "浮游乎万物之祖"，[2] 也就是与天道自然同其浮沉，融合为一。显然，《山木》此节的意思，与《养生主》"缘督以为经"的行于中道、"循虚而行"（郭嵩焘语）之义，确可相互沟通。

公 文轩见右师而惊曰："是何人也？恶乎介也？天与，其人与？"曰："天也，非人也。天之生是使独也，人之貌有与也。以是知其天也，非人也。"

把握这一节的意旨，关键在如何理解"介"：它何以是属"天"的？

注家大抵释"介"为受刑戮的结果，司马彪曰："刖也。"（陆德明《经典释文》引）郭象《注》："介，偏刖之名。"按照一般的理解，既然是后天刑戮所导致的断足，那应该属"人"而非"天"，怎么会说这是"天也，非人也"呢？成玄英《疏》不破《注》，解说曰："夫智之明暗，形之亏全，并禀自天然，非关人事。假使犯于王宪，致此形残，亦是天生顽愚，谋身不足，直知由人以亏其形，不知由天以暗其智。"也就是说，右师之受刖刑，虽然是后天的如此，但根源还是在于他天生的愚蠢。还有一种对受刑

---

[1] 这也就是《逍遥游》篇所谓的"乘天地之正，御六气之变"。
[2] 刘凤苞《南华雪心编》释曰："游于未始有物之初。"按照《老子》"道生一，一生二，二生三，三生万物"（第四十二章），"未始有物"的状态即属"道"。

乃出自"天"的解释，释德清《庄子内篇注》："右师生而贪欲，自丧天真，故罪以取刖，即是天刑其人，使之独也。"这里的"天"显然与成玄英不同，它代表了正面的意义，对贪欲者实施惩罚。

那么这个受刑被刖故事的积极意义何在呢？照郭象和成玄英的注疏看，是对这样的形残安之若素，郭象《注》引了《达生》篇的话："达生之情者不务生之所无以为，达命之情者不务命之所无奈何也。"成玄英言繁，也更明白："凡人之貌，皆有两足共行，禀之造物。故知我之一脚遭此形残，亦无非命也。欲明穷通否泰，愚智亏全，定乎冥兆，非由巧拙。达斯理趣者，方可全生。"后来林希逸《庄子鬳斋口义》承此而发挥之："人世有余、不足，皆是造物，虽是人做得底，也是造物为之，盖欲人处患难之中，亦当顺受之也。"现代的张默生对此的阐释也很得要谛："右师的独足，当看作天刑，不当看作人为；倘若明白道理的人，不幸受到刑辱，犹能不怨天，不尤人，而归于命该如此，较比为恶近刑而怨天尤人者，高出多多了。所以这一段是反衬'为恶无近刑'一语的。"[1]

大致而言，右师之介，首先，无论是理解作"天"所导致（"天生顽愚"）还是"天"对丧失天真者的惩罚（"天刑其人"），都是"天也，非人也"。【一】其次，对此"形残"知命达生，那便也是顺应"天"而"全生"。

补释

【一】钟泰《庄子发微》对本段有异解："'介'，特也。'恶乎介'者，言何以特立而超于物外如是也。""天者无耦，无耦故介，故曰：'天之生是使独也。'……'人之貌有与'者，言若出于人，则有与而非独也；'有与'即有对，有对则有待，有待则恶能介也！"

[1] 张默生《庄子新释》，齐鲁书社，1993年，第140页。

意谓右师特立独行，超乎物外，故而为"天"而非"人"。如是，则右师完全是一个正面形象，与旧注大异其趣了。

> **泽** 雉十步一啄，百步一饮，不蕲畜乎樊中。神虽王，不善也。

　　本节的理解颇有不同。郭象以为"十步一啄，百步一饮"是形容"俯仰乎天地之间，逍遥乎自得之场"的情形，因而自然"不蕲畜乎樊中"，陶渊明《归园田居》其一"羁鸟恋旧林，池鱼思故渊"说的就是这个道理；"神虽王，不善也"，则承前意气逍遥而来，言"雉心神长王，志气盈豫，而自放于清旷之地，忽然不觉善之为善也"。之所以"不觉善之为善"，是因为"至适忘适，至善忘善"（成玄英《庄子疏》），其意义若用张默生的解说，就是"此种优游自得的生活虽称美善，但他不自以为美善，这又非为善近名的人可以比得了"，因而这一节是"反衬'为善无近名'一语的"[1]。

　　后人还有一种读法，以林希逸《庄子鬳斋口义》说得通贯："泽中之雉，十步方得一啄，百步方得一饮，言其饮啄之难也。若养于笼中，则饮啄之物皆足，而为雉者不愿如此"，"何以不愿？盖笼中之饮啄虽饱，雉之精神虽若畅旺，而终不乐，故曰'神虽王，不善也'"，"不善，不乐也"。如是，则雉之所谓神旺，不是指其在自然泽畔，而是在笼中。[2]我们姑且不论雉在笼中神旺的

　　[1]张默生《庄子新释》，齐鲁书社，1993年，第140至141页。
　　[2]如此读法，现代较为流行，如陈鼓应《庄子今注今译》的《养生主》解题就说："泽雉一小段，写水泽里的野鸡，逍遥自在，若关在樊中，则神虽旺，却不自遂。"（中华书局，2009年，第103页）

庄子讲义

说法是否可以成立，【一】这种解读显示的本节主旨，与前一读法其实并无根本不同，强调的都是依循本来自由生活的可贵，[1]这不禁让我们想起庄子宁愿曳尾涂中的宣言来。[2]

补释

【一】陈鼓应注引《韩诗外传》："君不见大泽中雉乎？五步一啄，终日乃饱；羽毛泽悦，光照于日月，奋翼争鸣，声响于陵泽者，何？彼乐其志也。援置之囷仓中，常啄粱粟，不旦时而饱；然独羽毛憔悴，志气益下，低头不鸣。夫食岂不善哉？彼不得其志故也。"（《庄子今注今译》，中华书局，2009 年，第 113 页）显然，《韩诗外传》的雉之神旺正在自然大泽时，它在笼中并无神旺的迹象，而是"志气低下"的。这么看来，说《养生主》此节中身处笼中的雉神旺，似乎是有问题的。

---

[1] 宣颖《南华经解》："笼中虽安，宁为饮啄，则饮食居处之不足为重轻也明矣。"
[2] 参见第三讲《秋水：无以人灭天》第三节。

二、通情达理的生死观

养生，自然将涉及生死问题，这是无可回避的大关。

老聃死，秦失吊之，三号而出。弟子曰："非夫子之友邪？"
曰："然。""然则吊焉若此，可乎？"曰："然。始也
吾以为其人也，而今非也。向吾入而吊焉，有老者哭之，如哭
其子；少者哭之，如哭其母。彼其所以会之，必有不蕲言而言，
不蕲哭而哭者。是遁天倍情，忘其所受，古者谓之遁天之刑。
适来，夫子时也；适去，夫子顺也。安时而处顺，哀乐不能入也，
古者谓是帝之县解。"

《庄子》以为死亡是不可免的，所谓"老聃死"即是证明。
历史上有关老聃的记载说他西去出关，莫知所终（《史记·老子韩
非列传》），此处偏言及其死，作为道士的成玄英不得不做一番说
解："此独云死者，欲明死生之理泯一，凡圣之道均齐。此盖庄
生寓言耳。而老君为大道之祖，为天地万物之宗，岂有生死哉！

故托此言圣人亦有死生，以明死生之理也。"（《庄子疏》）圣人亦有终期，则生命必有尽头是可以想见的了。这样，养形养寿以求长生久视便是渺不可及的企望。《庄子》既知生命不能永久，因而不以养形为根本究竟，那么，面对死亡，可以言说的便只是人的态度了。

秦失吊老聃，"三号而出"，弟子觉得奇怪，于是问：你难道不是老聃的友人吗？【一】秦失解释自己行为的这番话，以往有不同的解说。首先，成玄英《庄子疏》以"其人"为老聃弟子，因而其后秦失所批评的对象即是这些弟子："秦失初始入吊，谓哭者是方外门人，及见哀痛过，知非老君弟子也"，"夫圣人虚怀，物感斯应，哀怜兆庶，愍念苍生，不待勤求，为其演说。故其死也，众来聚会，号哭悲痛，如于母子。斯乃凡情执滞，妄见死生，感于圣恩，致此哀悼。以此而测，故知非老君门人。"

其次，以为"其人"指老子，而其后的批评对象则又有不同的说法。其一谓老子，"始也吾以为其人也，而今非也"[1]，是说"吾始以老子为非常之人也，今因吊之，乃知其不为非常人也"，为什么呢？"老子之死，其弟子之哭，无老无少皆如此其悲哀，此必老子未能去其形迹，而有以感会门弟子之心，故其言其哭哀且慕"（林希逸《庄子鬳斋口义》），揣摩其意，大抵以"彼其所以会之"的"彼"指老子。其二谓弟子（这与成玄英的理解又相契合了），"始也吾以为其人也，而今非也"是说老子今已"县（悬）解"，"'非'即非人，非人，则入于天矣，入于天则何哀之有"！"'彼'即指哭者"（钟泰《庄子发微》），他们的哀哭是不了解生命的真谛，故与老子无涉，是他们自己的错："众人会吊于此，或言或哭，如此之痛，殊非老子当日相期之本意。"（陈寿昌《南华真经正义》）

[1]陈碧虚引文如海本"其"作"至"。如作"至人"，当然指老子了。

无论这些理解如何差异，是老子不能"去其形迹"而让人忘情也好，是门人弟子不能理解老子而"感物太深，不止于当"也好，最后的意思是一致的：不能恰当地面对人生的死亡问题。死亡是人生的必然，对其用情过度，是"遁天倍情，忘其所受"："天之所受，本无物也，犹以有情相感，则是忘其始者之所受，而遁逃其天理，背弃其情实。"（林希逸《庄子鬳斋口义》）[1]

人的生死是一个自然而然发生的过程，"'时'者值其时，'顺'者顺其常"（钟泰《庄子发微》），"安时处顺"就是知道生命有其来临之时，也应顺其天理，坦然面对它的离去："既知其来去之适然，则来亦不足为乐，去亦不足为哀"，"知其自然而然者，于死生无所动其心，而后可以养生也"（林希逸《庄子鬳斋口义》）。"哀乐不能入也"，表达的正是面对生死的态度：是了解自然之必然，而后坦然顺应之，与大化迁变同其节律，[2]而不是徒然试图去改变生死的自然过程。这在《庄子》是基本的取径。

《德充符》的最后有一节庄子与惠施的对话：

> 惠子谓庄子曰："人故无情乎？"庄子曰："然。"惠子曰："人而无情，何以谓之人？"庄子曰："道与之貌，天与之形，恶得不谓之人？"惠子曰："既谓之人，恶得无情？"庄子曰："是非吾所谓情也。吾所谓无情者，言人之不以好恶内伤其身，常因自然而不益生也。"惠子曰："不益生，何以有其身？"庄子曰："道与之貌，天与之形，无以好恶内伤其身。今子外

---

[1] 钟泰《庄子发微》释"遁天倍情"曰："死为反真而恶死，是遁天也"，"情有其节而过哀，是背情也"。以"情"为"情感"解，或非本义。
[2] 郭象《注》曰："夫哀乐生于失得者也。今玄通合变之士，无时而不安，无顺而不处，冥然与造化为一，则无往而非我矣，将何得何失，孰死孰生哉！故任其所受，而哀乐无所错其间矣。"

乎子之神，劳乎子之精，倚树而吟，据槁梧而瞑。天选子之形，子以坚白鸣！"

两人讨论的是人有情、无情的问题。显然，庄子其实并不是完全否认人有喜怒哀乐之类自然的情感反应，他所谓"无情"是顺应自然（"因自然"），"不以好恶内伤其身"，这不正是《养生主》所说的"哀乐不能入"吗？

《庄子》的这一观念，后代颇有呼应，玄学时代对圣人有情与否发生争论，"何晏以为圣人无喜怒哀乐"，王弼则以为"圣人茂于人者神明也，同于人者五情也。神明茂，故能体冲和以通无；五情同，故不能无哀乐以应物。然则圣人之情，应物而无累于物者也。今以其无累，便谓不复应物，失之多矣"（《三国志·魏书·钟会传》裴松之注引何劭《王弼传》）。圣人同样有五情，所以不是绝对没有哀乐之情的发动，只是因为其"神明"能通达道之根本，[1]故而能不"累于物"而已，其主张与《庄子》"哀乐不能入""不以好恶内伤其身"可谓一脉贯通。

补释

【一】弟子对秦失表示奇怪的理由，注家有不同的理解。郭象《注》曰："怪其不倚户观化，乃至三号也。"成玄英《疏》进而说明："秦失、老君，俱游方外，既号且吊，岂曰清高？故门人惊疑，起非友之问。"并且成玄英还批评门人说："方外之人，行方内之礼，号吊如此，于理可乎？未解和光，更致斯问者也。"这是说弟子因为觉得秦失应该

---

[1] "体冲和以通无"，"无""冲""和"都源自《老子》。王弼注《老子》，尤重"无"，"天地万物皆以无为本"（《晋书·王衍传》）；"冲""和"并见《老子》第四十二章："万物负阴而抱阳，冲气以为和。"王弼《注》曰："万物之生，吾知其主，虽有万形，冲气一焉。"

更超然而其实际表现却同于常人而感到奇怪。另一种理解则是弟子们觉得秦失的表现似乎不够与老聃为友的情分："吊之为礼，哭死而吊生。三号，则哭死为不哀；无言而出，则吊生为不足。"（吕惠卿《庄子义》）宋以下多如此解："弟子之问，谓老子于秦失，本朋友也，何其吊之如此不用情乎？"（林希逸《庄子鬳斋口义》）

指 穷于为薪，火传也，不知其尽也。

此语承上论生死而来。[1]不过，这不是直接的说理，而是一个譬喻，林希逸《庄子鬳斋口义》谓："死生之理，固非可以言语尽"，"却把个譬喻结末，岂非文字绝妙处"？

"指穷于为薪"的"指"，以往解作"手指"；朱桂曜以为："'指'为'脂'之误或假。《国语·越语》'勾践载稻与脂于舟以行'，《注》：'脂，膏也。'脂膏可以燃烧之薪，故《人间世》篇曰：'膏火自煎也。'此言脂膏有穷，而火之传延无尽，以喻人之形体有死，而精神不灭，正不必以死为悲。"[2]《庄子》是否主精神不灭，暂可存而不论，[3]其以"指"为"脂"，确实文从

[1]成玄英篇末《疏》语曰："旧来分此一篇为七章明义，观其文势，过为繁冗；今将'为善'合于第一，'指穷'合于老君，总成五章，无所猜嫌也。"

[2]闻一多《庄子内篇校释》引，《闻一多全集》第九册，湖北人民出版社，1993年，第40页。

[3]以往注家并非将此理解为精神不灭，而是强调生命之不同变化形态亦是一种延续，如郭象《注》曰："时不再来，今不一停，故人之生也，一息一得耳"，"养得其极也，世岂知其尽而更生哉"！成玄英《疏》说得更明白："善养生者，随变任化，与物俱迁，故吾新吾，曾无系恋，未始非我，故续而不绝"，"岂知新新不住，念念迁流，昨日之我，于今已尽，今日之我，更生于后耶"？

理顺。"薪尽火传"譬喻的意思是："薪有穷尽之时，而世间之火，自古及今，传而不绝，未尝见尽。"（林希逸《庄子鬳斋口义》）由此譬喻转而言生死，则大约是指人的个体生命如脂薪，必将有穷尽之时，但大化流行如同火焰，变迁而又相续；这一自然过程如"火传"未尝断绝，个体的生死不过是这一过程的一个环节而已，将自己的生命置于这个自然过程中看，它便可谓是无有穷尽的。类似的说法，还可举出《知北游》篇：

> 生也死之徒，死也生之始，孰知其纪！人之生，气之聚也。聚则为生，散则为死。若死生为徒，吾又何患！故万物一也。

这里明确说出生与死之间相互转化、相互连续的关系，指出它们是一体的，所表达的意思与"薪尽火传"无异，只不过那是以"气"而非以"火"为喻罢了。

生死，是人生的大问题。《庄子》对于生死问题的态度，在中国文化传统中具有特殊的意义，对于后世敏感的心灵曾有深刻的影响。以下拟综合《庄子》的相关材料以及后代的诗文，作一概说。

庄子达观，如果仅仅面对世间种种，还算不得彻底；只有勘破最后的生死大关，才完全成就其达观。《列御寇》篇中的一节显示的正是这彻底的达观和解脱：

> 庄子将死，弟子欲厚葬之。庄子曰："吾以天地为棺椁，以日月为连璧，星辰为珠玑，万物为赍送。吾葬具岂不备邪？何以加此！"弟子曰："吾恐乌鸢之食夫子也。"庄子曰："在

上为乌鸢食，在下为蝼蚁食，夺彼与此，何其偏也！"

这种超乎常情的态度，不是一时的兴到之举，而是以对于生死问题的认识为基础的。《庄子》书中一再表达过死是无可奈何的必然，因为世间一切都处在迁变不已之状态中："物之生也，若骤若驰，无动而不变，无时而不移。"（《秋水》）"死生，命也，其有夜旦之常，天也。人之有所不得与，皆物之情也。"（《大宗师》）

明了人生而必有死，这也可以只是一个依据一般生命现象作经验观察的结论，真正达观面对生死，尚待对生命存亡的根本缘由的透视。《庄子》对此有自家深切的看法。这在《至乐》篇"鼓盆而歌"一节得到了最充分的展示：

> 庄子妻死，惠子吊之，庄子则方箕踞鼓盆而歌。惠子曰："与人居，长子，老身，死，不哭亦足矣，又鼓盆而歌，不亦甚乎！"庄子曰："不然。是其始死也，我独何能无概！然察其始而本无生，非徒无生也而本无形，非徒无形也而本无气。杂乎芒芴之间，变而有气，气变而有形，形变而有生，今又变而之死。是相与为春秋冬夏四时行也。人且偃然寝于巨室，而我噭噭然随而哭之，自以为不通乎命，故止也。"

庄子妻死，惠施来吊唁时，见他不仅没有悲哀之色，且正敲着瓦缶唱歌。面对惠施的责难，[1]庄子解释他的理由是："察其始而

---

[1]后世与惠施同一观感的不少，蒋济《万机论》："庄周妇死而歌。夫通性命者，以卑及尊，死生不悼，周不可论也。大象见死皮，无远近必泣，周何忍哉！"孙楚《庄周赞》："本道根য়，归于大顺；妻亡不哭，亦何所欢？慢吊鼓缶，放此诞言；殆矫其情，近失自然。"沈括《梦溪笔谈》卷九："庄子妻死，鼓盆而歌。妻死而不辍鼓可也，为其死而鼓之，则不若不鼓之愈也。"参钱锺书《管锥编》第三册，中华书局，1979年，第1076至1077页。

本无生，非徒无生也而本无形，非徒无形也而本无气。杂乎芒芴之间，变而有气，气变而有形，形变而有生，今又变而之死，是相与为春秋冬夏四时行也。"在庄子看来，人生是一个自然的过程，自无而有，由气而成形，再回归于无形，如同四季之迭代。很明显，其中最为重要的一个关键是气的形成与变化。关于"气"在包括人在内的物种品类之生灭中的作用，《知北游》作了最简单明白的表述："人之生，气之聚也。聚则为生，散则为死。"也就是说，人的生命之存在与结束其实不过是气的聚散活动而已。《至乐》与《知北游》的这两节文字结合起来，可说尽庄学气化人生观念之精要而无遗。

气构成万物存在的基本质素，是庄学乃至古代非常重要的一种观念。如《老子》第四十二章云："道生一，一生二，二生三，三生万物；万物负阴而抱阳，冲气以为和。"这里的"一"，应该就是指的"气"，气分阴阳，是为"二"，因而下文才会说万物是合阴阳而和的。《淮南子·天文训》释《老子》此言道："道始于一，一而不生，故分而为阴阳，阴阳合和而万物生。"

虽然古人对气的理解或有歧异，气之构成万物在古时确是一种流行的生成模式。[1]《庄子》之人生气化论以此为背景方得成立，但它在清晰性上则远远突过旁人。固然这是其杰出之处，然而由此进而得出对于生死问题的通贯一体之态度，才是庄学真正异乎他人、流被后代的精光所在。

即以老子而论，庄子虽然认同老子将生命的发生视为一个自然发生的过程，但他超乎老子之处，乃在于更进一步认为死与生属同一连锁上的环节。死与生犹如四季的轮转，犹如日夜的交迭。

---

[1] 参裘锡圭《稷下道家精气说的研究》，《道家文化研究》第二辑，上海古籍出版社，1992年。

（《大宗师》："死生，命也；其有夜旦之常，天也。"）而在老子，这点并不明确。《老子》中对于死似乎主要持消极的态度，并且强烈认为死是应当趋避的，在老子看来，"人之生也柔弱，其死也坚强；草木之生也柔脆，其死也枯槁；故坚强者死之徒，柔弱者生之徒"（第七十六章），因而他主张处柔下之位，[1] 从而达到长久存在之目的。[2]

比较老、庄的言说，可以看出，庄子不仅关注气之聚合而物生，而且更坦然言明气消散而物灭；且就《至乐》篇"鼓盆而歌"的语境而言，庄学似乎更加侧重在后者。正是这建立在气之聚散观念上的生命观，使得庄学可以将生命视为一个连续的自然迁变过程，用庄子的话来说，就是"死生为一条"（《德充符》）。《大宗师》记子祀、子舆、子犁和子来是莫逆于心的知交，因为他们一致认识到"以无为首，以生为脊，以死为尻"，"知死生存亡之一体"的道理。因此，庄学才能够以平静而自然的心态来面对死亡。它所谓的"真人"是明了此理的："不知说（悦）生，不知恶死……不忘其所始，不求其所终；受而喜之，忘而复之。"（《大宗师》）当生来到时便欢喜迎受，最后又忘生死之隔，欣然回归原初的状态。[3]

或以为庄子已经修炼到无情境界，刘小枫曾尖锐地质疑：庄学的根本目标是否欲使人心成为石头？[4] 其实，在"鼓盆而歌"中，可以清楚地看出，庄子实在是怀有悲哀的，所谓"是其始死也，我何独能无概"，并不是如石头一般没有知觉感性的。只是

[1]《老子》第二十八章："知其雄，守其雌。"

[2]第三十六章："柔弱胜刚强。"第七十六章："强大处下，柔弱处上。"

[3]"忘而复之"的"复"，成玄英《庄子疏》释曰："反未生也。"也就是如《至乐》"鼓盆而歌"一节所谓的复归到原初的一切无有。

[4]刘小枫《拯救与逍遥——中西方诗人对世界的不同态度》第二章《适性得意与精神分裂》之九，上海人民出版社，1988年，第211页。

他能以人生一气之流行的观念来消释悲哀，以理化情，以情从理。在《德充符》中，庄子实已言明所谓"无情"并非一无感应："吾所谓无情者，言人之不以好恶内伤其身。"也就是说没有决然否定主体好恶之情的存在，只是强调不因情感的冲动而伤害到内心。这大概才是他能够给予后人切实支持和安慰的地方。

中古玄学对于圣人有情与否曾有不同意见，而王弼所谓"应物而无累于物"之说（何劭《王弼传》）正是对庄学的承继阐发，而在当时应归于"有情"一线的。

三、后世的同情与不解

庄学对于死亡的达观，虽然具有甚高的境界，但远超常情之外，不是一时即可为人接受的。对于生命的关切是人类基本的冲动。这似乎是一个无法逾越的关口。

汉人对于生命的长生久视抱有强烈的企望，在某种意义上构成了对古典理性精神的反拨，对于长生法术的追求乃成一时风尚。这一点在文学中也有鲜明的表现[1]。然而求仙之在现世难以应验，最终必然会引致对它的反省、疑惑。在企求破灭之后的失落是令人触目惊心的。《古诗十九首》里即充斥着生死之感，其最主要表达的就是人生有限的尖锐意识：

> "人生天地间，忽如远行客。"（《青青陵上柏》）
> "人生寄一世，奄忽若飙尘。"（《今日良宴会》）
> "人生非金石，岂能长寿考。"（《回车驾言迈》）
> "人生忽如寄，寿无金石固。"（《驱车上东门》）
> ……

---

[1] 参钱志熙《唐前生命观和文学生命主题》第九章《汉代文学中的神仙主题》，东方出版社，1997 年。

对此，古诗作者诉诸的法门是及时行乐、世间荣名等。[1]这是一种执着生命的表现。在他们的视野中，死亡如果是不可避免的，那么不妨专注现世的生活；然而，这种专注恰恰是对于不在视野中心的死亡的强烈意识的证明。在这个意义上，他们对于庄子式的视死生为一体的观念，一定是不能理会的。

再后，因眷恋、执着于现世生命而对庄子的以理化情从而坦然面对生命的达观作出直接反对的有王羲之。

《兰亭集序》真伪曾有争论，然而似乎无论从书法史还是文本观念的角度，都没有充分的证据可推翻王羲之作为作者的地位。[2]

兰亭会时在永和九年（353）春三月三日，众名士临水修禊，饮酒赋诗，将所作诗汇集后，王羲之作《兰亭集序》，时人比之石崇《金谷诗序》。[3]

> 永和九年，岁在癸丑，暮春之初，会于会稽山阴之兰亭，修禊事也。群贤毕至，少长咸集。此地有崇山峻岭，茂林修竹，又有清流激湍，映带左右。引以为流觞曲水，列坐其次；虽无丝竹管弦之盛，一觞一咏，亦足以畅叙幽情。
>
> 是日也，天朗气清，惠风和畅。仰观宇宙之大，俯察品类之盛，所以游目骋怀，足以极视听之娱，信可乐也。

---

[1] 参马茂元《古诗十九首初探》之《前言》第四节《〈古诗十九首〉的基本内容，它的现实性和思想性》，陕西人民出版社，1981年。

[2] 参郭沫若《由王谢墓志出土论到兰亭序的真伪》，《文物》1965年6期；《兰亭序与老庄思想》，《文物》1965年9期；《新疆新出土的晋人写本〈三国志〉残卷》，《文物》1972年8期。高二适《兰亭的真伪驳议》，《文物》1965年7期。收录有关争议文字的有《兰亭论辩》，文物出版社，1973年。

[3]《世说新语·企羡》："王右军得人以《兰亭集序》方《金谷诗序》，又以己敌石崇，甚有欣色。"

夫人之相与，俯仰一世，或取诸怀抱，晤言一室之内；或因寄所托，放浪形骸之外。虽趣舍万殊，静躁不同，当其欣于所遇，暂得于己，快然自足，不知老之将至。及其所[1]之既倦，情随事迁，感慨系之矣。向之所欣，俯仰之间，已为陈迹，犹不能不以之兴怀；况修短随化，终期于尽。古人云："死生亦大矣。"岂不痛哉！

每览昔人兴感之由，若合一契，未尝不临文嗟悼，不能喻之于怀。固知一死生为虚诞，齐彭殇为妄作。后之视今，亦犹今之视昔，悲夫！故列叙时人，录其所述，虽世殊事异，所以兴怀，其致一也。后之览者，亦将有感于斯文。

当那些名士们在四世纪的中叶，聚集在会稽山阴兰亭的"崇山峻岭，茂林修竹"之间时，"天朗气清，惠风和畅"，他们"仰观宇宙之大，俯察品类之盛"，相与"畅叙幽情"，"信可乐也"。一个"乐"字，突显了当时的氛围。然而，随后来临的是良辰美景难以久住的伤悲："向之所欣，俯仰之间，已为陈迹"，"修短随化，终期于尽"，"岂不痛哉"！一个"痛"字，点明了此刻的情感陡转。以此看《兰亭集序》，大抵可认为其具有两层结构，即兰亭集会之乐以及由联想到快乐之不永而来的悲哀。

这在晋人生命意识敏感的背景下并不显得特殊，在山川美景及欣悦心情下，因深感这一切不能持久而骤然转向悲哀，古时作品中已往往可见。汉武帝刘彻的《秋风辞》就是典型，所谓"欢乐极兮哀情多"。而彼时人用以比拟《兰亭集序》的《金谷诗序》，也有类似的转折：在叙写众人饮宴于"清泉茂林"之间后，表达

---

[1] "所"，释为"意"，参见《徐复语言文字学论稿》，江苏教育出版社，1996年，第281页。

了"感性命之不永，惧凋落之无期"（《世说新语·品藻》刘孝标注引）的伤感。孙绰因兰亭之会同时所作的《兰亭后序》也有类似的情形，他同样描画了兰亭周遭环境之美，"高岭千寻，长湖万顷"，记叙了诸名士"藉芳草，镜清流，览卉物，观鱼鸟"之乐，而后因时光之流逝而悲慨中来："耀灵纵辔，急景西迈，乐与时会，悲亦系之，往复推移，新故相换，今日之迹，明复陈矣。"（《艺文类聚》卷四）

然而最引人瞩目的，是《兰亭集序》中对庄学生死观的直接否定："固知一死生为虚诞，齐彭殇为妄作。"[1]所谓"一死生"，见诸《庄子·德充符》"以死生为一条"及《庄子·大宗师》"孰能以无为首，以生为脊，以死为尻；孰知死生存亡之一体者，吾与之友矣"；而"齐彭殇"，见《庄子·齐物论》"莫寿于殇子而彭祖为夭"。

对于王羲之而言，生死之间有着截然的划界，这是一个无法解脱的困境，因而庄子寿夭生死一致之说是无法接受的。在某种意义上，这个态度与王羲之之天师道徒身份相关。王氏家族世代奉道，《晋书》卷八十《王凝之传》："王氏世事张氏五斗米道。"同卷《王羲之传》载："与道士许迈共修服食，采药石不远千里，遍游东中诸郡，穷诸名山，泛沧海。"许迈是当时有名的道士，晚岁与王羲之甚相得，《晋书》传云："羲之造之，未尝不弥日忘归，相与为世外之交。"[2]而在道教初期，相比较其他的精神传统之不同，最为根本的一点就是追求长生。葛洪《抱朴子》内篇《道意》云："夫神仙之法，所以与俗人不同者，正以不老不

第五讲 《养生主》：「安时处顺」

---

[1]"虚诞""妄作"，此前见诸刘琨《答卢谌书》："聃、周之为虚诞，嗣宗之为妄作。"
[2]参陈寅恪《天师道与滨海地域之关系》第七节《东晋南北朝之天师道世家》，载《金明馆丛稿初编》，上海古籍出版社，2020年。

死为贵耳。"在早期道教趋生避死观念之下，其视野中生与死的境界是断然不同的，所以庄子所谓两者"一体"或"一条"的观念，在道教徒王羲之必是完全无法接受的。

这中间的不合，清乔松年即曾点到，以为《兰亭集序》与当时流行的庄学宗旨有别，其《萝藦亭杂记》曰："六朝谈名理，以老庄为宗，贵于齐死生，忘得丧。王逸少《兰亭序》谓'一死生为虚诞，齐彭殇为妄作'，有惜时悲逝之意，非彼时之所贵也。"他并以此解释萧统《文选》之不取《兰亭集序》的缘由。乔氏之说，确属洞见。王瑶更进而言及王羲之的道教背景与该文的关系："右军世事天师道，其雅好服食养性及不远千里之采药石，皆对于死生恐惧之表现，而欲求生命之延长也……《兰亭序》所申言兴怀者，本即此意。"[1]

《世说新语》中有王羲之明确反对当时老庄玄谈的记载，[2]而他的《杂帖》中更有直斥庄子之言。他称奉佛法者"荡涤尘垢，研遣滞虑，可谓尽矣，无以复加"，并称"吾所奉设教意正同，但为形迹小异耳"，而对于庄子之说则曰："漆园比之，殊诞谩如下言也。"[3]王羲之在当时名士奉庄甚烈的风气中之不以庄为然，是显见的。而在当时，庄学与道教的关系确实远远不像后来如李唐时代那样相与为一：毕竟《庄子》在当时人的心目中还是一部玄学

---

[1]王瑶《读书笔记十则·兰亭集序》，载《中古文学史论集》，上海古籍出版社，1982年，第204页。但对《文选》之不取此《序》，王氏在思想方面提出另外的解释："齐梁之际，佛教已极为盛行，清谈内容亦与前大异；《梁书》昭明太子传言其'崇信三宝，遍览众经'，……佛教与天师道对生死观点之最大不同，即为轮回之说；故佛教盛行后，齐梁诗文中即罕有时光飘忽及人生短促之表现矣。昭明笃行佛法，于右军之惜时悲逝，自无同感。"这牵涉到佛教进入士人精神世界后对他们生命意识的重大影响，要言不烦而切中肯綮。钱志熙《唐前生命观和文学生命主题》第十六章第二节《佛教勃兴与生命文学的消沉》即发挥此点。

[2]《世说新语·文学》"王右军与谢太傅共登冶城"条。

[3]《全上古三代秦汉三国六朝文》之《全晋文》卷二十五。

要典而不是道经。据《隋书·经籍志》，道士之讲《庄》在隋时；[1]
而《庄子》成为《南华真经》更到唐玄宗天宝初年。即使在那时，
还是有人对老庄道家与道教究竟有否关联表示怀疑，吴筠《玄纲
论》便记载了有人对他的责问："道之大旨莫先乎老庄，老庄之
言不尚仙道，而先生何独贵乎仙者？"由此返观初期道教，更可
体会其与道家之区别。至少在庄子看来，道教之希望长生久视实
在是违逆自然的举动。《大宗师》表示了人作为天地自然的产儿
当依循本分的意识："夫大块载我以形，劳我以生，佚我以老，
息我以死。故善吾生者，乃所以善吾死也。今之大冶铸金，金踊
跃曰：'我且必为镆铘。'大冶必以为不祥之金。今一犯人之形，
而曰：'人耳！人耳！'夫造化者必以为不祥之人。"我相信，在
庄子看来，道教追求人之永生的企望，实在与这里的"不祥之人"
没有什么差别。

庄学与神仙之区别，古人是非常明白的，在辨章学术、考镜
源流的《汉书·艺文志》[2]中，《庄子》列道家，而与神仙家分
列不同的类别。虽然《庄子》中也有神仙之说，如《逍遥游》之"藐
姑射山"一节：

> 有神人居焉，肌肤若冰雪，淖约若处子。不食五谷，吸
> 风饮露。乘云气，御飞龙，而游乎四海之外。……之人也，
> 物莫之伤，大浸稽天而不溺，大旱金石流土山焦而不热。[3]

---

[1]《隋书·经籍志》："以《老子》为本，次讲《庄子》"。

[2]《汉书·艺文志》本刘歆《七略》，因而其基本的学术认识可以大致说代表了两汉
之际人的观念。

[3]又如《齐物论》："至人神矣，大泽焚而不能热，河汉冱而不能寒，疾雷破山、飘风
振海而不能惊……乘云气，骑日月，而游乎四海之外。"《大宗师》："古之真人，……
登高不栗，入水不濡，入火不热。"

神人的如此能事确实奇异，然而《秋水》对于此类超乎常态的情形有非常理性化的解释：

> 至德者，火弗能热，水弗能溺，寒暑弗能害，禽兽弗能贼。非谓其薄之也，言察乎安危，宁于祸福，谨于去就，莫之能害也。

也就是说，神人、真人们之所以不畏水火，是因为能察其安危、进退得宜而不近（"薄"）险境而已。而《刻意》篇对所谓养形之人也有明确的批评，"吹呴呼吸，吐故纳新，熊经鸟申，为寿而已矣；此导引之士，养形之人，彭祖寿考者之所好也"；而真正的得道者乃是"不导引而寿"的——在庄子看来，养神较之养形重要得多，而这正是与早期道教通过炼形而祈求长生相对立的。[1]

当时真正领会庄学真意的似乎是陶渊明。陶渊明在精神上几乎重演了以往诗人曾经的所有对生死问题的思虑。他也一样为生命的短暂、有限而焦虑：

> 人生似幻化，终当归空无。（《归园田居》其四）
> 寒暑有代谢，人道每如兹。（《饮酒》其一）
> 一生复能几，倏如流电惊。（《饮酒》其三）
> 宇宙一何悠，人生少至百。
> 岁月相催逼，鬓边早已白。（《饮酒》其十五）

---

[1] 长生的祈向，其实也为道教留下了麻烦的后患，比如在与佛教的竞争中也因而处于下风：它追求的是人人可以验证的此世的事，而佛教除了现世报之外很大部分的验证在于另一个世界乃至来生。参黄永年《佛教为什么能战胜道教》，原载《文史知识》1986年第8期，收入《文史探微》，中华书局，2000年。

人生无根蒂，飘如陌上尘。

分散逐风转，此已非常身。（《杂诗》其一）

诗人为抵抗生命之短暂和空无而寻求依托和意义，比如儒家之事业与世俗之功名，乃至道教之长生企望，然而这一切他在最终都放弃了。陶渊明最后的道路就是庄学的道路。这样的精神历程在《形影神》诗中显示得最为清晰。[1]《形赠影》：

天地长不没，山川无改时。

草木得常理，霜露荣悴之。

谓人最灵智，独复不如兹。

适见在世中，奄去靡归期。

奚觉无一人，亲识岂相思。

但余平生物，举目情凄洏。

我无腾化术，必尔不复疑。

愿君取吾言，得酒莫苟辞。

此谓死亡对于人生而言是不可避免的，不如抓取现时，及时行乐；而在这里，"酒"乃是现实快乐的象征。这其实也就是《古诗十九首》中"昼短苦夜长，何不秉烛游？为乐当及时，何能待来兹"（《生年不满百》）的主张。在《驱车上东门》中也提及了作为快乐代表的"酒"："不如饮美酒。"

---

[1]虽然对此组诗有别的解释，如逯钦立《陶渊明集》等以为有感于慧远《万佛影铭》及《形尽神不灭论》而作，但就陶渊明的原意而言，应该是清楚的，在诗序中明谓因"贵贱贤愚莫不营营以惜生"，为除此"惑"，"故极陈形影之苦，言神辨自然以释之"。因而该组诗之主旨无疑首先是针对生命问题的。陈寅恪《陶渊明之思想与清谈之关系》（载《金明馆丛稿初编》）解释最为切当，虽然其称陶氏之旨乃变创道教之自然说而成，在道家与道教生命观不同的角度看似略有含混。

这里值得提出的是，陶渊明虽然肯定人生必然有死，但似乎没有非常之明确地反对长生之术，他只是说"我无腾化术"而已；下面《影答形》中对于神仙之说也只是说仙道邈远不可及，似乎也并未决然否定昆华仙境之乌有。通观陶诗，虽然他一再坚决地说人之既生则终究不免于死，但似乎对于神仙之说很少决然否定之辞[1]，这或许与陶氏一族世奉天师道有些关系[2]。由此，亦可以与王羲之并观，了解家族信仰对于士人内心具有相当的影响力。

作为对把握现世实在快乐的"形"的回应，《影答形》曰：

存生不可言，卫生每苦拙。

诚愿游昆华，邈然兹道绝。

与子相遇来，未尝异悲悦。

憩荫若暂乖，止日终不别。

此同既难常，黯尔俱时灭。

身没名亦尽，念之五情热。

立善有遗爱，胡为不自竭？

酒云能消忧，方此讵不劣。

"影"谓个体生命之价值意义在于声名之类，饮酒自乐不如立善扬名。这也就是《古诗十九首》中所谓的"奄忽随物化，荣名以为宝"（《回车驾言迈》）。

"形""影"都是前人表举过的道路，而陶渊明不以为然，

庄子讲义

---

[1]《连雨独饮》"世间有松乔，于今定何间"两句，大约是比较明显的例子。

[2] 参陈寅恪《魏书司马睿传江东民族条释证及推论》，载《金明馆丛稿初编》，上海古籍出版社，2020年。

他的宗旨见于《神释》：

……

　　三皇大圣人，今复在何处？

　　彭祖寿永年，欲留不得住。

　　老少同一死，贤愚无复数。

　　日醉或能忘，将非促龄具？

　　立善常所欣，谁当为汝誉？

　　甚念伤吾生，正宜委运去。

　　纵浪大化中，不喜亦不惧。

　　应尽便须尽，无复独多虑。

　　在人生终究有一死的共同前提之下，"神"对现世的及时行乐与生命凭身后之声名而延伸这两种姿态都作出清楚的否定：饮酒或许反而会伤生，而身后之名凭谁传？而且即使声名留后，又有何意义？[1]诗人的结论是"委运"："纵浪大化中，不喜亦不惧。应尽便须尽，无复独多虑。"这种归依自然、顺从迁化的生命观念，消释了恐惧和悲哀感，是古代庄学的真精神，也是当时玄学的新成果。

　　庐山诸沙弥之《观化决疑诗》中有云："观化化已及，寻化无间然。生皆由化化，化化更相缠。宛转随化流，漂浪入化渊。"[2]所谓"宛转随化流"即表述人生乃一大化流行过程的意旨。然而此诗之顺化，似乎主要在臻于观念上的通达，从诗题即可知其重

---

[1]《挽歌诗三首》其一："得失不复知，是非安能觉？千秋万岁后，谁知荣与辱。"《怨诗楚调示庞主簿邓治中》："吁嗟身后名，于我若浮烟。"

[2]载逯钦立《先秦汉魏晋南北朝诗》之《晋诗》卷二十，中华书局，1983年,，第1087页。

点在乎"观"化，诗的最后"悲哉化中客，焉识化表年"两句，更显示出此诗主观倾向要在悟解世人，因而对上引诗句更切当的理解是：它们是对世间众生不由自主处于大化流行之中的描述，而不是欲完整阐述人生之真谛。

由此返观，陶渊明则不仅仅在于"观化"，其"纵浪大化中"表露的更是主体于大化流行的投入姿态，在直面自身的迁化时自觉地持有欣然的平静。此属庄学之真意，看《大宗师》子舆病后的表白，他便是欣然而平静地接受己身异变的。[1]

陶渊明是一个超乎时代的诗人。但他所理解的庄学以及他的自我作为却在后代受到文士的最大尊重，成为他们心智的主流归依。比如说曾屡和陶诗的苏轼。

苏轼在文字中一再写及人生如梦的感慨，[2]而说到他生命意识的表现自不能不提及《赤壁赋》：

> 壬戌之秋，七月既望，苏子与客泛舟游于赤壁之下。清风徐来，水波不兴。举酒属客，诵明月之诗，歌窈窕之章。少焉，月出于东山之上，徘徊于斗牛之间。白露横江，水光接天。纵一苇之所如，凌万顷之茫然。浩浩乎如冯虚御风，而不知其所止；飘飘乎如遗世独立，羽化而登仙。
>
> 于是饮酒乐甚，扣舷而歌之。歌曰："桂棹兮兰桨，击空明兮溯流光。渺渺兮予怀，望美人兮天一方。"客有吹洞箫者，

---

[1]《大宗师》："浸假而化予之左臂以为鸡，予因以求时夜；浸假而化予之右臂以为弹，予因以求鸮炙；浸假化予之尻以为轮，以神为马，予因以乘之，岂更驾哉！且夫得者，时也；失者，顺也。安时而处顺，哀乐不能入也。"

[2]《念如娇·赤壁怀古》："人生如梦。"《西江月·中秋》："世事一场大梦，人生几度新凉。"

倚歌而和之，其声呜呜然，如怨如慕，如泣如诉，余音袅袅，不绝如缕，舞幽壑之潜蛟，泣孤舟之嫠妇。

苏子愀然，正襟危坐，而问客曰："何为其然也？"客曰："'月明星稀，乌鹊南飞'，此非曹孟德之诗乎？西望夏口，东望武昌。山川相缪，郁乎苍苍，此非孟德之困于周郎者乎？方其破荆州，下江陵，顺流而东也，舳舻千里，旌旗蔽空，酾酒临江，横槊赋诗，固一世之雄也，而今安在哉？况吾与子，渔樵于江渚之上，侣鱼虾而友麋鹿，驾一叶之扁舟，举匏樽以相属，寄蜉蝣于天地，渺沧海之一粟。哀吾生之须臾，羡长江之无穷。挟飞仙以遨游，抱明月而长终。知不可乎骤得，托遗响于悲风。"

苏子曰："客亦知夫水与月乎？逝者如斯，而未尝往也；盈虚者如彼，而卒莫消长也。盖将自其变者而观之，则天地曾不能以一瞬；自其不变者而观之，则物与我皆无尽也。而又何羡乎？且夫天地之间，物各有主。苟非吾之所有，虽一毫而莫取。惟江上之清风，与山间之明月，耳得之而为声，目遇之而成色。取之无禁，用之不竭，是造物者之无尽藏也，而吾与子之所共适。"

客喜而笑，洗盏更酌，肴核既尽，杯盘狼藉。相与枕藉乎舟中，不知东方之既白。

如果就文本结构的分析入手来讨论东坡之生命意识较之前代的进展，《赤壁赋》似乎也是《兰亭集序》的最佳对照。相对于上文言及的《兰亭集序》之由"乐"而"悲"的双层式结构，《赤壁赋》的基本结构则是由"乐"而"悲"，再转"悲"回"喜"的三层式。《赤壁赋》开篇，"苏子与客泛舟游于赤壁之下"，"月出于东山之上，徘徊于斗牛之间。白露横江，水光接天。纵一苇之所如，凌万顷之茫然"，当此良辰美景、"饮酒乐甚"之时，有客吹箫"呜呜然，如怨如慕，如泣如诉"，形成第一重由"乐"而"悲"[1]的转折。

此一变折与《兰亭集序》并无大异。问客缘由，乃因回想当年一世之雄曹操而今安在，感慨相对自然之江山，人生之渺小有限："寄蜉蝣于天地，渺沧海之一粟。哀吾生之须臾，羡长江之无穷。"面对客所提出的人生有限之悲哀，苏轼的回应先以眼前之水月为喻，水虽长流而终究在，月有盈缺而实无易，"盖将自其变者而观之，则天地曾不能以一瞬；自其不变而观之，则物与我皆无尽也。而又何羡乎？"此解脱之辞化解了客之悲哀，转为"喜而笑"，从而构成第二重的转"悲"回"喜"。而《赤壁赋》之所以较之《兰亭集序》转进一层，关键就在于它借鉴了《庄子》之说，并在精神上依循了《庄子》以理化情的路向。

苏轼的解脱之说辞，宋人已经指出乃用《庄子》之意，[2]即《德充符》所谓"自其异者视之，肝胆楚越也；自其同者视之，万物皆一也"。此节在《庄子》本文的上下文中恰也关涉到生死问题，篇中孔子称赏鲁国的贤人王骀能识得世间物化之大体，面对"死生亦大矣"[3]之事，能"不得与之变"【一】，亦即平静待之而无异常，宋林希逸即释曰："不得与之变者，言死生之变虽大，而此心不动。"（《庄子鬳斋口义校注》）之所以如此，其背后的理据即：万物就其根本而言是同一的，虽然从其实在现象之不同来观照则差别甚大——肝胆之间距甚至也如楚越两地之远。这层意

---

[1] 赋中下文"托遗响于悲风"句含"悲"字。

[2] 吴子良《荆溪林下偶谈》"坡赋祖庄子"："盖用庄子语意。"周密《浩然斋雅谈》："盖用《庄子》句法。"参曾枣庄《苏文汇评》卷上，四川文艺出版社，2000年。

[3]《兰亭集序》亦引述此句。

思在《德充符》中没有那么清晰的表述，而如果合观《秋水》便明白很多了。《秋水》如下的言说也是苏轼解脱之辞所本："以差观之，因其所大而大之，则万物莫不大；因其所小而小之，则万物莫不小。"非常重要的一点是，这一"以差观之"在《秋水》中是与"以道观之"的立场相对而言的："以道观之，物无贵贱；以物观之，自贵而相贱。"也即说就天地间最后的原理而论，物类之间实无差别；而在较低下的层次即各"物"类的层次而言，则有贵贱是非之区别及由此而来之相争。[1]

庄子这一"以差观之"的视角，运用于生死之透视，在阮籍那里已有明确的先例在。阮籍分别作《通易》《通老》《达庄》三论，包括了中古所谓"三玄"，是正始玄学之重《易》《老》向竹林以下重《庄》转关的主要象征。[2] 在《达庄论》中，他曾阐释庄子之说云："以生言之，则物无不寿；推之以死，则物无不夭。自小视之，则万物莫不小；由大观之，则万物莫不大。殇子为寿，彭祖为夭；秋毫为大，泰山为小。故以死生为一贯，是非为一条也。"[3] 此贯通《庄子》的《齐物论》[4]、《秋水》之言，将死生等齐为一。苏轼《赤壁赋》在论理上应是延续阮籍之理解。这自然是对于庄学的一种阐发，然而它与前文条理《庄子》死生观念时提出的基于人生一气贯通、聚散生灭的论说似略有不同，虽然在以理化情的精神方向上阮籍与苏轼承庄学而来，其间是完全一致的。

---

[1] 此亦即《齐物论》之意旨，物类之"齐"并非实在层面上的等齐，而是自"道"之立场来看，物类之别异没有意义。

[2] 参拙作《阮籍与汉魏思潮述略》，《中国文学研究》1992 年 1 期。

[3] 陈伯君《阮籍集校注》，中华书局，2012 年，第 141 页。

[4] 《齐物论》："天下莫大于秋豪之末，而太山为小；莫寿于殇子，而彭祖为夭。"

补释

【一】王骀之能"不得与之变",郭象的解释是:"彼与变俱,故死生不变于彼。"也就是说王骀与天地同一,因而与天地之物化迁变同一物化迁变了,因而死生对于他便也就无所谓变化了。成玄英《庄子疏》解说得明白:"王骀心冥造物,与变化而迁移,迹混人间,将死生而俱往,故'变'所不能变者也。"这一说法不仅可以得到《齐物论》所谓"天地与我并生而万物与我为一"的支持,而且在阮籍的《达庄论》中,引及《德充符》上引最后句作"自其同者视之,则万物一体也"。郭象以王骀与天地之变迁物化同体,大约魏晋时人都作如是理会的。

第六讲

《庄子》外三篇：「无为」

一、"尽己性"的自然人性

　　《庄子》外篇开始的数篇之间，存在显著的联系性。

　　首先，从文章的体式上说，它们不像《逍遥游》乃至《秋水》那样，突出地采用了寓言的形式来表情达意，而基本以说理的方式展开。当然它们也不是一味言理，其中也有非常精辟的类比譬喻。这些类比譬喻与寓言的区别何在呢？或许可以借用亚里士多德《诗学》里的说法，寓言是有一定"长度"的，[1] 而譬喻则没有前者那样展开的空间。其次，从表达的意旨来看，它们大致都与《庄子》的社会、政治观念相关，相互之间自然也略有分别。《骈拇》一篇，述《庄子》之自然人性论，主旨以为儒家所提倡的仁义之类非人性之固然，因而是必须加以反对的，正当的途径不过是尊重人性的本然，自适自得而任性命之情。

　　《骈拇》是《庄子》外篇的首篇。外、杂篇的命名，与内

---

[1]亚里士多德《诗学》定义"悲剧"说："悲剧是对一个严肃、完整、有一定长度的行动的摹仿。"而艾布拉姆斯（M. H. Abrams）在他的《文学术语汇编》（*A Glossary of Literary Terms*, New York: Rinehart and Wiston Holt, 1999）中将"寓言"（Allegory）界定为一种"叙述"（Narrative）："An allegory is a narrative, whether in prose or verse, in which the agents and actions, and sometimes the settings as well, are contrived by the author to make coherent sense on the 'literal', or primary, level of signification, and at the same time to signify a second, correlated order of signification." "叙述"无疑是具有"长度"的。

篇不同。内篇的命名大抵依该篇的内容而拟定，"逍遥游""齐物论""养生主"之类，突出的都是该篇的中心主旨；而外、杂篇则如古代篇名确定的一般通例，取该篇开首数字而成。《骈拇》之名即取自本篇首二字。

骈拇枝指，出乎性哉！而侈于德。附赘县①疣，出乎形哉！而侈于性。多方乎仁义而用之者，列于五藏哉！而非道德之正②也。是故骈于足者，连无用之肉也；枝于手者，树无用之指也；多方骈枝于五藏之情者，淫僻于仁义之行，而多方于聪明之用也。

①"县"即"悬"，《庄子》书与此相同的一个例子涉及最早的"小说"一词，《外物》篇："饰小说以干县令，其于大达亦远矣。"成玄英《疏》曰："'干'，求也。'县'，高也。夫修饰小行，矜持言说，以求高名令问（当作"闻"）者，必不能大通于至道。字作'县'字（当为"者"），古'悬'字多不著'心'。"

②"道德之正"的"正"有"本"义，《逍遥游》"天之苍苍，其正色邪"之"正色"即谓"本色"，即本来之颜色。

《庄子》的譬喻往往是由非常简单而明晓的事例入手的，所谓能近取譬。

"骈拇"，"谓足拇指连第二指也"（陆德明《经典释文》引司马彪注）；[1]"枝指"，"谓手大拇指傍枝生一指，成六指也"（成玄英《疏》）。一合一歧，一足一手，这两个譬喻所喻的是"出乎性""侈

---

[1]所以说是足拇指，因下文有"骈于足"句。

于德"：它们出自其"性"，而于其得自天道之"德"而言则超乎常然，是为歧多者。"附赘县疣"，[1]谓身上的赘肉悬瘤，它们"出乎形""侈于性"：生就于"形"体，而于其本来应然之"性"则属歧多。这里先后出现"德""性""形"等范畴，它们之间的关系是不可混淆的，[2]俞樾《诸子平议》卷十八的诠释极为清晰而精确："'性'之言'生'也，'骈拇枝指'，生而已然者也，故曰'出乎性'。'附赘县疣'，成'形'之后而始有者也，故曰'出乎形'。'德'者所以生者也，《天地》篇曰'物得以生谓之德'是也。'骈拇枝指''出乎性'，而以'德'言之则侈矣；'附赘县疣''出乎形'，而以'性'言之则侈矣。崔云'德，犹容也'，司马云'性，人之本体也'。混'性'与'德'与'形'而一之，殊失其旨。"由此可见，如果要真正了解古典的意旨，必须进入其话语系统，并贴近地把握其范畴系统，而这样的范畴系统也就是其观念和思想系统，只有通过语辞本身才能真正趋近其思想真奥——这也就是仅仅通过翻译后的语言，永远不可能真切体会一种思想、哲学（不论这是域外的哲学还是本土的古典思想）的道理所在。

本篇开始的"骈拇枝指""附赘县疣"，只是类比性的譬喻，它们都没有得到展开，形成自己的一段故事，好像《逍遥游》的鲲鹏与蜩、学鸠或者《秋水》的河伯与北海神若那样。下文紧接着就点出了文章主要的关切所在："多方乎仁义而用之。"成玄英《庄子疏》释"方"为"道术"；林希逸《庄子鬳斋口义》释"多方"为"多事""多端"。无论如何，"仁义"乃歧多者。

"仁义"之类的人间价值，前人曾有将之比列于人身之五脏

---

[1]《庄子·大宗师》中有"以生为附赘县疣"之语。

[2]参第二讲讲析《逍遥游》"至人无己"时所引《天地》"泰初有无"一节。

的说法，《白虎通》之《性情》篇以为：肝仁，肺义，心礼，肾智，脾信。五脏是人内在的秉赋，仁义之类附着于五脏，意味着它们也是人性本然所具的。但在《庄子》看来，这种将后天价值附着于先天自然的努力，不过是徒劳的，仁、义、礼、智、信之类终究不是人们得自"道""德"的本然。如同骈拇是连缀了无用的肉、枝指是多长了无用的手指，仁义之类是多出于自然生长的五脏之外的，属于过度运用耳之聪、目之明的行径——下面一节进而阐明"多方于聪明之用"的弊端。

是 故骈于明者，乱五色，淫文章，①青黄黼黻②之煌煌非乎？而离朱③是已。多于聪者，乱五声，淫六律，④金石丝竹黄钟大吕之声非乎？而师旷⑤是已。枝于仁者，擢德塞性⑥以收名声，使天下簧鼓以奉不及之法非乎？而曾、史⑦是已。骈于辩者，累瓦结绳窜句，游心于坚白同异之间，而敝跬誉无用之言非乎？而杨、墨是已。故此皆多骈旁枝之道，非天下之至正也。

① 成玄英《庄子疏》："五色，青、黄、赤、白、黑也。青与赤为文，赤与白为章。"

② 陆德明《经典释文》引《周礼》："白与黑谓之黼，黑与青谓之黻。"

③ 陆德明《经典释文》引司马彪注，谓离朱"黄帝时人，百步见秋毫之末"，离朱，即《孟子》所谓离娄。

④ 成玄英《庄子疏》："五声，谓宫、商、角、徵、羽也。六律，黄钟、大吕、姑洗、蕤宾、无射、夹钟之徒是也。"

⑤ 陆德明《经典释文》引司马彪注，谓师旷"晋贤大夫也，善音律，

能致鬼神"。

⑥ "擢"是"拔"的意思（陆德明《经典释文》引司马彪注）。"塞"，王念孙以为当作"搴"："'塞'与'擢'义不相类，'塞'当作'搴'，'擢''搴'皆谓拔取之也。"（刘文典《庄子补正》引）"擢""搴"都是指强行于人的本性抽取、提升仁义。

⑦ 成玄英《庄子疏》称史鳅"卫灵公臣"，"禀性仁孝"。

过度运用目明、耳聪会如何呢？过度运用目明耳聪，则迷乱于五色及五色相互之间的混和，沉溺于五声及纷乱变幻的乐律。其实，对此，《老子》已指出："五色令人目盲，五音令人耳聋，五味令人口爽。"（第十二章）这一节所涉及的例说，大抵就是发挥《老子》的意思，所以王夫之在《庄子解》中以为"外篇则但为老子作训诂，而不能探化理于玄微"。但这里提出的"骈于明""多于聪"，其根本目的还是在于批评儒家等的学说，也就是说它们是譬喻类比的话头，而非所欲表达的本旨。所谓离朱、师旷，乃是曾参、史鳅、杨朱、墨翟的陪衬；曾、史在这里是儒家的代表，而杨、墨则是名辩的代表。名辩家言辞滔滔，[1]究心于离坚白、合同异之类机巧而无益的话题以取名誉，【一】是《庄子》一再反对的，以为是对天地整全大道的判析；【二】至于对儒家的批评是本篇的主要着重点所在，所谓"擢德塞性"是说儒家多事地标举仁义，徒然使天下混乱。凡此种种超乎本性的追求乃是过度的，足以乱人之视听、知觉和心性，都不是天下的"至道正理"（成玄英《疏》）。

---

[1] 林希逸《庄子鬳斋口义》："辩者之多言，连牵不已，累叠无穷而无意味，故以累瓦结绳比之。"

补释

【一】不妨想一想《秋水》篇中公孙龙"困百家之知，穷众口之辩，吾自以为至达已"的得意。坚白、同异之说主要是公孙龙和惠施的论题，前者有《坚白论》，后者有"万物毕同毕异"之说（《天下》）。不过，墨翟的后学也有以论辩显明于当时的；《韩非子》的《显学》篇记墨子后学"有相里氏之墨、有相夫氏之墨，有邓陵氏之墨"，而《天下》篇明谓"相里勤之弟子，五侯之徒，南方之墨者苦获、己齿、邓陵子之属，俱诵《墨经》，而倍谲不同，相谓别墨，以坚白、同异之辩相訾"。因此，这里泛论墨家也是可以的。至于杨朱，据《孟子》在当时也属显学，《尽心下》有"逃墨必归于杨，逃杨必归于儒"的说法，不过，其学术据先秦时诸家记述，以"为我"（《孟子·尽心上》）、"贵己"（《吕氏春秋·不二》）为主，"义不入危城，不处军旅，不以天下大利易其胫一毛"（《韩非子·显学》），似与"辩者"无干；有论者以为此乃杨朱后学的作为，《骈拇》篇的并举杨、墨，"当是就杨朱后学与后期墨家的墨辩来讲的"（侯外庐等《中国思想通史》第一卷"古代思想"第十章《杨朱学派的贵生论和宋尹学派的道体观》第一节《杨朱学派和墨者、道家的关系》，人民出版社，1957年，第338页）。

【二】《天下》篇批评各家"多得一察焉以自好，譬如耳目鼻口，皆有所明，不能相通。犹百家众技也，皆有所长，时有所用；虽然，不该不遍，一曲之士也。判天地之美，析万物之理，察古人之全，寡能备于天地之美，称神明之容"。具体到名辩，则以惠施为代表批评说："遍为万物说，说而不休，多而无已，犹以为寡"，"散于万物而不厌"，"逐万物而不反"，"由天地之道观惠施之能，其犹一蚊一虻之劳者"。

彼正正①者，不失其性命之情。故合者不为骈，而枝者不为跂②；长者不为有余，短者不为不足。是故凫胫虽短，续之则忧；鹤胫虽长，断之则悲。故性长非所断，性短非所续，无所去忧也。

①　"正正"，当作"至正"。俞樾《诸子平议》曰："上'正'字乃'至'字之误。上文云'故此皆多骈旁枝之道，非天下之至正也'，此云'彼至正者，不失其性命之情'，两文相承。今误作'正正'，义不可通。"
②　刘文典《庄子补正》案："碧虚子校引江南古藏本'跂'作'岐'，义较长。""岐"即"歧"。

天下的"至道正理"，应当是合乎性与命的本来实际的。"性命之情"，在《庄子》中反复出现，如下文有"任其性命之情而已矣"，《在宥》篇有"彼何暇安其性命之情哉"等。此"情"不是"情感"的意思，而是"实情""情况"的"情"，指实在、真实。所谓"性命"，参照《天地》"泰初有无"一节的表述，[1]"性""命"上达天道、道德，故而可以连属而称；而"性命之情"，是指性、命的真实情形，这个真实情形，就是其得自天道的本真状况，不妨直接理解作本性自然。这样，"彼至正者，不失其性命之情"的意思便是：至道正理，在于保全其自然的本性。这与《秋水》篇所谓"谨守而勿失"的意思是完全一致的。

既然是尊重、保守天性自然，那么世间万物千差万别，有种种不同的性状。所以，所谓"骈"、所谓"跂"，如果是天然而成，则也不妨是合乎性命之情的。《大宗师》中，子祀、子舆、

第六讲　《庄子》外三篇："无为"

子犁、子来四人为友，子舆有病，"曲偻发背，上有五管，颐隐于齐[1]，肩高于顶，句赘[2]指天"，子舆明白这是"造物者又将以予为此拘拘也"，故而并不厌恶，且表示："浸假而化予之左臂以为鸡，予因以求时夜；浸假而化予之右臂以为弹，予因以求鸮炙；浸假而化予之尻以为轮，以神为马，予因以乘之，岂更驾哉！"表现出安顺自然之变、不作违抗的态度。

如果合乎自然的畸形是合理的，那似乎与上文"骈拇"之类不合"德""性"而"侈""出"的说法不合了。其实略加辨析，上文之"德""性"，是说一般的常态，林希逸《庄子鬳斋口义》谓"人所同得曰'德'"，宣颖的解释亦云："比于人所同得则为剩余矣。"（《南华经解》）应该说，这是符合《庄子》之意的，下文有"常然"一语，而后篇《马蹄》更谓"民有常性，织而衣，耕而食，是谓同德"，其中"常性"与"同德"并举，指的就是人们的一般情形。不过，问题依然存在：如果形体上的"骈拇"及伦理上的"仁义"是本来天生的，那么至少它合乎这一具体个体的"性命"，即使这不属"同德""常然"，是否有存在的合理性呢？假若回答是否定的，那么至少对长有骈拇或禀持仁义之性的个体而言，不是等于否定他的自然本性了吗？从这段文字来看，回答显然并非否定。"凫胫虽短，续之则忧；鹤胫虽长，断之则悲。故性长非所断，性短非所续，无所去忧也。"后节更直接说道："骈于拇者，决之则泣；枝于手者，龁之则啼。"既然生就的形体上的"多""歧"，不必强求一律，如果"仁义"确是个体的天然秉赋，当然也没有断然否弃的道理。

---

[1] "齐"，即"脐"。《人间世》篇："支离疏者，颐隐于脐，肩高于顶，会撮指天，五管在上，两髀为胁。"

[2] "句赘"，《人间世》作"会撮"，或释曰"发髻"，盖"赘"与"撮"古通，"句"之音义同于"髻"（陈鼓应《庄子今注今译》，中华书局，2009年，第209页）。又有注者以为"当指弯起上突的臀部，既云'指天'，可推知正常人不指天，旧说难通"（马恒君《庄子正宗》，华夏出版社，2005年，第80页）。

这么说的话，不论任何情形，一概反对"仁义"似乎并不能成立。郭象《注》的解释或许可以显示其中的真切意义。郭象提出如离朱、师旷、曾、史、杨、墨等"数子皆师其天性，直自多骈旁枝，各自是一家之正耳。然以一正万，则万不正矣。故至正者不以己正天下，使天下各得其正而已"。即谓如若出乎"天性"，则即使在一般的观点里面属于"多骈旁枝"，也不妨其为自己"一家之正"；关键是不能以一家之义对万千情态作统一的律求，这样天下万物便可各得其所。【一】成玄英《疏》的发挥更其显明："自天然聪明仁辩，犹如合骈之拇、傍生枝指，禀之素分，岂由人为"，而"愚惑之徒，舍己效物，求之分外，由而不已"。问题就在一旦律求，则世人必将丧失自我本来，而奔走攀求非己的外在目标。【二】这一诠释的意思，或许在此处没有充分的展现，不过，结合下文所谓"自得"来看，是有根据的。

补释

【一】郭象因此甚至认为所谓"骈""跂"之类其实不过是从别人的标准来观照时得到的判断，他注"合者不为骈，而枝者不为跂"曰："以枝正合，乃谓合为骈；以合正枝，乃谓枝为跂。"这样的说法固然有合理性，但是完全立足于个体各别的立场，似乎也未必尽《庄子》之义，即以《庄子》的观点，虽然个体的情状值得尊重，但仍然是肯定"常然""同德"的一般本性的。

【二】成玄英释后文"吾所谓臧者，非所谓仁义之谓也，任其性命之情而已矣"句时的话已很清楚地表明了这一点："夫曾参、史鱼、杨朱、墨翟，此四子行仁义者，盖率性任情，禀之天命，譬彼骈枝，非由学得；而惑者睹曾、史之仁义，言放效之可成，闻离、旷之聪明，谓庶几之必致，岂知造物而亭毒之乎？"

意^①仁义其非人情乎！彼仁人何其多忧也？且夫骈于拇者，决之则泣；枝于手者，龁之则啼。二者，或有余于数，或不足于数，其于忧一也。今世之仁人，蒿目而忧世之患；不仁之人，决性命之情而饕贵富。故意仁义其非人情乎！自三代以下者，天下何其嚣嚣也？

① "意"，成玄英《疏》作"噫"，释为"嗟叹之声也"。

上文已经指出，《庄子》分疏了个体的种种自然本性和"常然""同德"的一般本性，固然前者是值得尊重的，不必因其超乎常态而苛责之，甚至为之"断""续"；但一般的情状也得受到确认。在后一层面上，《庄子》坚持"仁义"之类并非"人情"或曰"性命之情"的本然。"仁义其非人情乎！彼仁人何其多忧也？"意思是：仁义难道是人的性命之情吗？如若果真如此，则仁人便不必忧心忡忡了；现在仁人之多忧，正是仁义并非人之常然，故而需要竭力标举的证据。[1]"仁人蒿目而忧世之患"，标举仁义的作为，看似与"不仁之人决性命之情而饕贵富"不同，其实一样，都违背了人性的本然；只是，后者是追求富贵而违逆了性命之情，前者则以不属普遍人性的仁义作号召，鼓励人们追求外在于本性的目标。

就人性的普遍性而言，仁义非其本来所具，而是外附的。这

[1] 郭象注此二句曰："夫仁义自是人之情性，但当任之耳。""恐仁义非人情而忧之者，真可谓多忧也。"是肯定"仁义"乃是"人情"的。成玄英《疏》不破《注》，说："夫仁义之情，出自天理，率性有之，非由放纵。彼仁人者，则是曾、史之徒，不体真趣，横生劝奖，谓仁义之道可学而成。庄生深嗟此迷，故发慨叹。分外引物，故谓'多忧'也。'非其人情乎'者，是人之情性者也。"他们指出勉力提倡仁义使天下人追求分外目标之误，是有道理的；但他们认定《庄子》视"仁义"为"人情"，则与《庄子》的主旨不合，参下文之引述阐说可知。

庄子讲义

是《庄子》对儒家批判的一个核心观念。宣颖诠说《骈拇》时点出："圣门言仁义即是性,庄子却将仁义看作性外添出之物。"(《南华经解》)这一观念是贯通性的,而不仅见于《骈拇》;《天道》篇通过老子和孔子的对谈,也鲜明地揭出了这一关键:

> 孔子西藏书于周室。子路谋曰:"由闻周之征藏史有老聃者,免而归居,夫子欲藏书,则试往因焉。"孔子曰:"善。"往见老聃,而老聃不许,于是翻十二经以说。老聃中其说,曰:"大谩,愿闻其要。"孔子曰:"要在仁义。"老聃曰:"请问,仁义,人之性邪?"孔子曰:"然。君子不仁则不成,不义则不生。仁义,真人之性也,又将奚为矣?"老聃曰:"请问,何谓仁义?"孔子曰:"中心物恺,兼爱无私,此仁义之情也。"老聃曰:"意,几乎后言!夫兼爱,不亦迂乎!无私焉,乃私也。夫子若欲使天下无失其牧乎?则天地固有常矣,日月固有明矣,星辰固有列矣,禽兽固有群矣,树木固有立矣。夫子亦放德而行,循道而趋,已至矣;又何偈偈乎揭仁义,若击鼓而求亡子焉?意,夫子乱人之性也。"

孔子与老子的事,许多典籍里面都有记载,[1]他们曾经相遇,大约是真实的。不过,这一段无疑是《庄子》的造作。当孔子滔滔不绝发挥经书的时候,老子打断他的话头,表示"愿闻其要"。[2]孔子的回答简捷明了:"要在仁义。"老聃的反应直击关键:"请

---

[1]除《庄子》中屡见老、孔接谈事外,《吕氏春秋》(《当染》:"孔子学于老聃。")、《礼记》(《曾子问》:"吾闻诸老聃。")、《史记》(《孔子世家》:"适周问礼,盖见老子。"《老子韩非列传》:"孔子适周,将问礼于老子。")等都有孔子问学于老子的记述。

[2]这也是道家对儒家学说的一个基本批评,司马谈论六家要旨时谈及儒家,就有"博而寡要,劳而少功"(《史记·太史公自序》)之语。

问，仁义，人之性邪？"这里可以清楚地看出老庄道家对人性本来的重视，将其置于优先于"仁义"之类世俗伦理规范的地位。孔子的回答是肯定的："仁义，真人之性也。"显然，"仁义"是否属于人性固有，是老子和孔子分歧的关键之所在。

在老子看来，世界自有其秩序，"天地固有常矣，日月固有明矣，星辰固有列矣，禽兽固有群矣，树木固有立矣"，万物都依照自己本来的性命而存在、活动，最好也是最恰当的便是"放德而行，循道而趋"，即依循"道""德"而动，不强行施加与"道""德"违逆的作为，照严复的批语说："'放德而行，循道而趋'，即《养生主》篇所谓'依乎天理'。"《养生主》除"依乎天理"句，还有与之相应的一句"因其固然"，此"固"正与此处《天道》所谓"固有常""固有明""固有列""固有群""固有立"之"固"相应。从《养生主》我们可以知道，"天理"就是"固然"，它们是异语同谓，而"固然"即"本然"，也就是说，"天理""天道"不过就是"自然""本然"而已。至于"仁义"，原本外在于人性本然，仁人却"偈偈乎"标举，其结果最后将是"乱人之性"，"若击鼓而求亡子焉"，愈是用力，愈是不能奏效，成玄英《庄子疏》说得清楚："言孔丘勉励身心，担负仁义，强行于世，以教苍生，何异乎打击大鼓而求觅亡子，是以鼓声愈大而亡者愈离，仁义弥彰而去道弥远。"

与此类似，非议"仁义"，责备其败坏自然天道的例子，还见于《天运》篇：

> 孔子见老聃而语仁义。老聃曰："夫播糠眯目，则天地四方易位矣；蚊虻噆肤，则通昔不寐矣。夫仁义憯然乃愤吾心，乱莫大焉。吾子使天下无失其朴，吾子亦放风而动，总德而

立矣，又奚杰然若负建鼓而求亡子者邪？夫鹄不日浴而白，乌不日黔而黑。黑白之朴，不足以为辩；名誉之观，不足以为广。泉涸，鱼相与处于陆，相呴以湿，相濡以沫，不若相忘于江湖！"

孔子见老聃归，三日不谈。弟子问曰："夫子见老聃，亦将何规哉？"孔子曰："吾乃今于是乎见龙！龙，合而成体，散而成章，乘云气而养乎阴阳。予口张而不能嗋。予又何规老聃哉？"子贡曰："然则人固有尸居而龙见，雷声而渊默，发动如天地者乎？赐亦可得而观乎？"遂以孔子声见老聃。

老聃方将倨堂而应，微曰："予年运而往矣，子将何以戒我乎？"子贡曰："夫三皇五帝之治天下不同，其系声名一也。而先生独以为非圣人，如何哉？"老聃曰："小子少进！子何以谓不同？"对曰："尧授舜，舜授禹，禹用力而汤用兵，文王顺纣而不敢逆，武王逆纣而不肯顺，故曰不同。"老聃曰："小子少进！余语汝三皇五帝之治天下。黄帝之治天下，使民心一，民有其亲死不哭而民不非也。尧之治天下，使民心亲，民有为其亲杀其杀而民不非也。舜之治天下，使民心竞，民孕妇十月生子，子生五月而能言，不至乎孩而始谁，则人始有天矣。禹之治天下，使民心变，人有心而兵有顺，杀盗非杀，人自为种而'天下'耳，是以天下大骇，儒墨皆起。其作始有伦，而今乎妇女，何言哉！余语汝，三皇五帝之治天下，名曰治之，而乱莫甚焉。三皇之知，上悖日月之明，下睽山川之精，中堕四时之施。其知憯于蛎虿之尾，鲜规之兽，莫得安其性命之情者，而犹自以为圣人，不可耻乎，其无耻也？"

子贡蹴蹴然立不安。

孔子见老子，谈的还是"仁义"。老子的批评是说仁义将乱人心；[1]他比喻说如同眼睛里进了簸糠会看不清世界的真面目，如同蚊虫叮咬皮肤会使得人彻夜不眠——可想而知，簸糠和蚊虫自然不是人身体的一部分，而是足以构成危害的外在之物，那么仁义属人性之外的危害者是无疑的了。

老子的正面主张，与《天道》篇"放德而行，循道而趋"类似，是"放风而动，总德而立"：前一句，是说"依无为之风而动"（《经典释文》引司马彪注）；后一句，是形容禀执道德之正。[2]鹄白乌黑，喻自然禀性，无须亦不能改易，保守本然即好。[3]最后"相濡以沫"与"相忘于江湖"的对比，又见《大宗师》，此处则是以"江湖比于道德，濡沫方于仁义"（成玄英《疏》），"大道废，有仁义"（《老子》第十八章），相濡以沫是在道德的江湖枯竭之时的可怜举动，上上之境自然是身处道德之中而无用仁义之沫，虽淡然相忘但获得的是真正的优游自在。[4]下文老子对子贡言三皇五帝治理天下的不同，呈现了一个人性本然逐次丧失而仁义伦理渐渐兴盛的过程，可谓是以其理论观念观照历史的结论。比如最初"民有其亲死不哭而民不非"，"若非之，则强哭矣"（郭象《注》）。这"强"就是有意的强制，尊重本性的话，自然不能接受。[5]后乃使民心"竞""变"，"儒墨皆起"，破坏了日月山川四时的自然秩序，这使得世间万物都不能安于其"性命之情"，

---

[1] "愦吾心"之"愦"，陆德明《经典释文》谓一作"愤"；"愦"，《说文解字》释为"乱"。

[2] 林希逸《庄子鬳斋口义》释"总德而立"之"总"为"执"。

[3] 成玄英《庄子疏》释曰："夫鹄白乌黑，禀之自然，岂须日日浴染，方得如是？以言物性，其义例然。黑白素朴，各足于分，所遇斯适。"

[4] 成玄英《庄子疏》："夫泉源枯竭，鱼传沫以相濡；朴散淳离，行仁义以济物。及其江湖浩荡，各足以相忘；道德深玄，得性所以虚淡。"

[5] 当然，这有特殊的历史背景，成玄英《庄子疏》已经指出那是"不独亲其亲，不独子其子"的时代。而当历史条件变化，比如尧之时，"使民心亲"，亲疏有别，大抵也是可以接受的。

庄子讲义

"乱莫甚焉"！这不就是《骈拇》所谓的"自三代以下者，天下何其嚣嚣也"吗？

　　各篇的意旨结合起来观察，维护人性自然、本然，是《庄子》的一个基本信念。儒家所谓"仁义"，对本来的自然人性是一种侵害，故而受到其抨击是当然的。以下段落，便是这一点的展开。

　　且夫待钩绳规矩而正者,是削其性者也;待绳约胶漆而固者,是侵其德者也;屈折礼乐,呴俞仁义,以慰天下之心者,此失其常然也。天下有常然。常然者,曲者不以钩,直者不以绳,圆者不以规,方者不以矩,附离不以胶漆,约束不以纆索。故天下诱然皆生而不知其所以生;同焉皆得而不知其所以得。故古今不二,不可亏也。则仁义又奚连连如胶漆纆索而游乎道德之间为哉,使天下惑也!

　　从尊重性之本来的角度说，世间之物，其"正"其"固"，只有在出自本然的情况下才是正当的；如果以"钩绳规矩""绳约胶漆"之类来加以修治，即使达到了"正""固"的状态，那也是对"德""性"的损害、侵扰。这也就是上面言及的"骈于拇者，决之则泣；枝于手者，龁之则啼"。在《庄子》的视野中，如果是合乎本性的，即使曲直方圆不同，只要不是出自钩、绳、规、矩之类外在的强求，都属正当，这也就是上文所谓"合者不为骈，而枝者不为跂；长者不为有余，短者不为不足"。

　　"诱然皆生而不知其所以生,同焉皆得而不知其所以得"，"诱然"即"油然""自然"之义，"不知"则非出故意，这指出了天下万物秉赋自然（"得"即得于德）、自然生长的正道。此即所谓"常然"——"天下有常然"。钩绳规矩，与鲲鹏蜩鸠一样，从来不是《庄子》关注的中心，它们作为隐喻，在此意指着"仁义""礼乐"之类儒家所提倡的价值。礼乐中弯腰曲体（"曲折"）的行为，中规中矩；为表现仁义而做出的慰抚怜爱（"呴俞"）等举动：凡此种种，都非"常然"，而是受到规范后的矫饰之举。说到底，"仁义"之类不是人性本来具有的，而是如"胶漆纆索"般捆绑缚着在"道德""性命"之上的。成玄英《疏》解此节很是明白："夫物赖钩绳规矩而后曲直方圆也，此非天性也；喻人待教迹而后仁义者，非真性也。夫真率性而动，非假学也。故矫性伪情，舍己效物而行仁义者，是减削毁损于天性也。""天下万物，各有常分，至如蓬曲麻直，首圆足方也，水则冬凝而夏释，鱼则春聚而秋散，斯出自天然，非假诸物，岂有钩绳规矩胶漆纆索之可加乎！在形既然，于性亦尔。故知礼乐仁义者，乱天之经者也。"

夫小惑易方，大惑易性。何以知其然邪？自虞氏招仁义以挠天下也，天下莫不奔命于仁义，是非以仁义易其性与？故尝试论之，自三代以下者，天下莫不以物易其性矣。小人则以身殉利，士则以身殉名，大夫则以身殉家，圣人则以身殉天下。故此数子者，事业不同，名声异号，其于伤性以身为殉，一也。

将"仁义"缚着于"道德"，足以惑乱天下，这是所谓"大惑"。"大惑"乱人之性，为害较之"小惑"严重得多，后者不过辨不清方向，如同前曾引述的《天运》篇所谓"播糠眯目，则天地四方易位”而已，[1]“仁义”之乱天下，则“乱莫大焉”（《天运》）！

《骈拇》将以“仁义”扰乱天下的开始追溯至舜，这与《天运》篇指舜“使民心竞”略有相似。因为舜开始标举“仁义”，使得天下人都努力追求，以外在的“仁义”为目标，“弃本逐末而改其天性”（成玄英《疏》）。“以物易性”之“物”，是相对“我”而言的外在的事物，“以物易性”就是逐“外物”（杂篇有此篇名）而丧失自我之本的意思。《缮性》篇有言曰："丧己于物，失性于俗者，谓之倒置之民。"即是批评追逐外物而丧失自我本性的。保守自我本性是第一位的，所有有碍于此的都属谬误，无论其在世俗的价值系统中如何：利、名、家、天下，或许在世人的眼中有崇高、卑下之别，但对它们的追求有一共同之处，即"伤性以身为殉"，所以都得加以反对。

臧与谷，二人相与牧羊而俱亡其羊。问臧奚事，则挟策读书；问谷奚事，则博塞以游。二人者，事业不同，其于亡羊均也。

伯夷死名于首阳之下，盗跖死利于东陵之上，二人者，所死不同，其于残生伤性均也，奚必伯夷之是而盗跖之非乎！

天下尽殉也。彼其所殉仁义也，则俗谓之君子；其所殉货财也，则俗谓之小人。其殉一也，则有君子焉，有小人焉；若其残生损性，则盗跖亦伯夷已，又恶取君子小人于其间哉！

臧与谷的故事是一个譬喻，虽然一个是因为读书，一个则因为游戏，在通常的观念中二者当然有高下之分，但他们的主要事

---

[1] 林希逸《庄子鬳斋口义》："小迷则东西南北易位矣，大迷则失天地之性矣。"

业是牧羊，却都没有做好，致使羊走失，那么无论什么理由，都不能辞其咎。伯夷、盗跖之间的对比，更显然有正、邪之别：一个为道义而不食周粟，饿死首阳山下；一个则为大盗，横行世上。两者的评价岂能比并？而从"残生伤性"以致失去生命这一点上，则实在没有差别——何必肯定伯夷而贬责盗跖呢？"盗跖亦伯夷已"，盗跖与伯夷是一样的。这真是一个惊世骇俗的说法！其实，在《庄子》看来，世俗的价值向来当不得真。《秋水》篇已明谓："贵贱有时，未可以为常也。"贵贱本来就属于世间某一特定的价值系统，从来是"自贵而相贱"的，所谓伯夷之贵（"君子"）与盗跖之贱（"小人"），乃是在儒家仁义礼数的价值系统中才得以确立的差别罢了；如果"以不残为善，今均于残生，则虽所殉不同，不足复计也"（郭象《注》）。这层意思，在《庄子》中数数可睹，如《在宥》篇：

> 昔尧之治天下也，使天下欣欣焉人乐其性，是不恬也；桀之治天下也，使天下瘁瘁焉人苦其性，是不愉也。夫不恬不愉，非德也。非德也而可长久者，天下无之。

尧与桀，一是圣王一是暴君，"乐其性"与"苦其性"自然也不相同，然而，两者都不符"德""性"，在这点上是一致的。[1]《天地》曰："桀、跖与曾、史，行义有间矣，然其失性，均也。"这里点明"失性"，与《骈拇》上文"伤性""损性"云云尤相契合。又《盗跖》篇同样涉及小人君子所殉有异，而于"易性"则同之说："满苟得曰：'……小人殉财，君子殉名，其所以变其情，易其性，则异矣；乃至于弃其所为而殉其所不为，则一也。'"

---

[1] 前者有"非德"之明文。后者，成玄英《疏》点出："尧以德临人，人歌《击壤》，乖其静性也；桀以残害于物，物遭忧瘁，乖其愉乐也。尧、桀政代斯异，使物失性均也。"

且夫属其性乎仁义者，虽通如曾、史，非吾所谓臧也；属其性于五味，虽通如俞儿，非吾所谓臧也；属其性乎五声，虽通如师旷，非吾所谓聪也；属其性乎五色，虽通如离朱，非吾所谓明也。吾所谓臧者，非所谓仁义之谓也，臧于其德而已矣；吾所谓臧者，非所谓仁义之谓也，任其性命之情而已矣；吾所谓聪者，非谓其闻彼也，自闻而已矣；吾所谓明者，非谓其见彼也，自见而已矣。夫不自见而见彼，不自得而得彼者，是得人之得而不自得其得者也，适人之适而不自适其适者也。夫适人之适而不自适其适，虽盗跖与伯夷，是同为淫僻也。余愧乎道德，是以上不敢为仁义之操，而下不敢为淫僻之行也。

"属"，郭象《注》："以此系彼为属。""属其性乎仁义"，便是以仁义附属于本性之上，以仁义易弃本性，追求这原本外在的仁义，是"殉仁者耳"（郭象《注》），所以即使达到如曾参等人那样的境界，也是丧失本我之性，不可谓善（"非吾所谓臧也"）。成玄英《疏》解得很清楚："夫舍己效人，得物丧我者，流俗之伪情也。故系我天性，学彼仁义，虽通达圣迹，如曾参、史鱼，乖于本性，故非论生之所善也。"其他诸如能精细分别五味、五色、五声，也都不是值得肯定的。

这里的关键在于，曾参、俞儿、师旷、离朱等精通于此，或许是出于他们的自然禀性，是"禀分聪明，率性而能，非关学致"的，而如果以他们为榜样，"希离慕旷，见彼闻他，心神驰奔，耳目竭丧"，"矫性伪情，舍己效物"，则"虽然通达，未足称善"（成玄英《疏》）。最后推出的结论，当然是在保守自己原初的本性："臧于其德"，"任其性命之情"——"德"是得自于天道自然的，"性命之情"也就是人性的本来。真正的"聪""明"是"自闻""自见"，而不是"闻彼""见彼"，后者是向外的追索，而前者才是自我固有之性的体现："听耳之所闻，视目之所见，保分任真，不荡于外者，即物皆聪明也。"（成玄英《疏》）[1]追逐"外物"，不能"自得""自适"，[2]则虽然有盗跖为财与伯夷为义之异，但对于本性之正而言，终究皆属"淫僻"，在"失性"一点上了无分别。[3]

最后一句"余愧乎道德，是以上不敢为仁义之操，而下不敢为淫僻之行也"，对于"不敢为淫僻之行"，人们大约是易于理解的，而对于"不敢为仁义之操"则或许会有疑惑，林希逸《庄子鬳斋口义》的阐说着重于此，可谓精当："'上不敢为仁义之操'，是'为善无近名'也；'下不敢为淫僻之行'，是'为恶无近刑'也。'道德'，自然也。余恐有愧于道德，虽不为'近刑'之事，亦不为'近名'之事，'近名'则非自然矣，故曰：'余愧乎道德，是以上不敢为仁义之操，而下不敢为淫僻之行也。'"这么说来，此语是再次强调了保守本性的立场：为保守原初的道德、性命，无论是世间人们高标的仁义还是目为下劣的淫僻行为，皆不敢为；因为它们都是丧失自我本性的，如同前面已一再提及的伯夷和盗跖的情形那样。

---

[1]林希逸《庄子鬳斋口义》以禅学映证此意，分疏得也很分明："大抵分别本心与外物耳，不得其本心而驰骛于外，则皆为淫僻矣。"

[2]"自得其得""自适其适"与"得人之得""适人之适"构成对立，其间的根本差别也就在于是向外追索，还是保守自我之性。《大宗师》亦有"适人之适，而不自适其适"之语，其所举出的许多例子中也有伯夷、叔齐，他们之不能"自适"，乃因"行名丧己""亡身不真"，郭象指出前者的反面应是"遗名而自得"，其注后句曰："自失其性而矫以从物。"

[3]郭象《注》曰："苟以失性为淫僻，则虽所失之途异，其于失之，一也。"

二、"尽物性"的"至德之世"

　　《马蹄》与上篇《骈拇》同样讲的是自然本性论。所不同的，在于本篇推溯上古的理想社会，那时人们得其"常性""常然"。严复以为这与卢梭的观点很是相近："此篇持论极似法之卢梭，所著《民约》等书，即持此义。"刘凤苞《南华雪心编》对《马蹄》与《骈拇》的区别作如是评议："《马蹄》《骈拇》皆从性命上发论。《骈拇》是尽己之性，而切指仁义之为害于身心；《马蹄》是尽物之性，而切指仁义之为害于天下。"这一分疏可说颇得要谛。

　　马，蹄可以践霜雪，毛可以御风寒，龁草饮水，翘足而陆①，此马之真性也。虽有义台路寝，无所用之。及至伯乐，曰："我善治马。"烧之，剔之，刻之，雒之，连之以羁馽，编之以皂栈，马之死者十二三矣；饥之，渴之，驰之，骤之，整之，齐之，前有橛饰之患，而后有鞭策之威，而马之死者已过半矣。陶者曰："我善治埴，圆者中规，方者中矩。"匠人曰："我善治木，曲者中钩，直者应绳。"夫埴木之性，岂欲中规矩钩绳哉？然且世世称之曰"伯乐善治马而陶匠善治埴木"，此亦治天下者之过也。

① "陆"，陆德明《经典释文》引司马彪注释为"跳"。

《秋水》篇中有"牛马四足，是谓天；落马首，穿马鼻，是谓人"之语，此节大抵就是更细致的演绎。

马有蹄可践行，有毛可御寒，食水草而生，撩蹶子跳动，这些都是自身天然的本事，故而谓之"真性"，与《骈拇》已提出的"常然"是一个意思。这就是马基本的生活状态：水草足矣，多余的便是奢侈；而"霜雪""风寒"之类也就是马的基本生存环境，如果强易以"高台大殿"[1]，既不必，也有付出惨重代价的危险——《秋水》篇中已举出了不能"曳尾于涂中"却"巾笥而藏之"的死龟，这里则形容了马受到的种种矫治，所谓"烧之""剔之""刻之""雒之""饥之""渴之""驰之""骤之""整之""齐之"，等等，后果当然是严重的，即"马之死者已过半矣"。对力主保守天性本真的《庄子》而言，还有比这更不能接受的吗？这样的伯乐之罪，陶者和匠人一样在犯，他们使用"规""矩""钩""绳"来规范埴、木，同样是对物性"常然"的摧残。《庄子》并不是一概反对曲直方圆，但应该遵循物性的"常然"，按《骈拇》篇的说法，就是："曲者不以钩，直者不以绳，圆者不以规，方者不以矩。"曲、直、方、圆，不是修治的结果，而是本来生就的形状。伯乐、陶者和匠人的所作所为，正与此相反，虽然获得的最后结

[1] 成玄英《庄子疏》释"义台路寝"语。

庄子讲义

果一样是曲、直、方、圆，但这是强行扭曲后呈现的姿态，再是妖娆，也不能说是好的。近代诗人龚自珍的名文《病梅馆记》，表达的正是这种对物性的尊重。

如同《骈拇》开篇举出的骈拇枝指不是文章所要言说的主旨，《马蹄》篇首先说马的主旨亦不在马，本节最后一句"此亦治天下者之过也"，由此而转入真正的主题。

> **吾**意善治天下者不然。彼民有常性，织而衣，耕而食，是谓同德；一而不党，命曰天放。故至德之世，其行填填[1]，其视颠颠[2]。当是时也，山无蹊隧，泽无舟梁；万物群生，连属其乡；禽兽成群，草木遂长。是故禽兽可系羁而游，鸟鹊之巢可攀援而窥。夫至德之世，同与禽兽居，族与万物并，恶乎知君子小人哉！同乎无知，其德不离；同乎无欲，是谓素朴；素朴而民性得矣。

① "填填"，陆德明《经典释文》曰："质重貌。"并引"一云：详徐貌"。成玄英《疏》释"填填"为"满足之心"。

② "颠颠"，陆德明《经典释文》引崔譔注曰："专一也。"林希逸《庄子鬳斋口义》曰："'颠颠'，直视之貌，形容其人朴拙无心之意。"

这一节文字，提出了治天下的理想境界，即所谓的"至德之世"，是一种正面立论。

"织而衣，耕而食"，满足的是人们最为基本的生存需要，"夫民之德，小异而大同。故性之不可去者，衣食也；事之不可废者，耕织也：此天下之所同而为本者也"（郭象《注》）。或许有人会觉得这样的目标未免太简单了，然而，"鹪鹩巢于深林，不过一枝；偃鼠饮河，不过满腹"（《逍遥游》），最基本的生存需要也是最关键的、最重要的，而人们往往容易遗忘这一点，将其他的种种利益作为首要的追求目标，以至于模糊甚至抛开了生命存在的最重要的条件，比如《骈拇》篇言及的"君子""殉仁义"、"小人""殉货财"等就是。最基本的生存原则，《马蹄》名之曰"常性"，即恒常之性。还有一个说法，谓"同德"。成玄英释"同德"曰："'德'者，得也。率其真常之性，物各自足，故同德。""'德'者，得也"是很正确的解说，在这个意义上，"德"即指得自于自然天道者，"织而衣，耕而食"是人类生存的一般法则，是全体人类共同的自然天性，所以称为"同德"。"一而不党"，通贯周遍而没有偏私，形容的其实也就是"同德"之"同"，即人类生存原则的一般性和基本性。

实现并且谨守人类生存基本原则的世界，就是所谓"至德之世"。其中的人们，行为稳重而舒缓，表现的是自满自足的精神状态，而眼神也直率坦荡，略无机心的样子：呈现出身心的满足和宁静。这种祥和的状态，不仅在人，而且普遍存在于整个世界。"山无蹊隧，泽无舟梁"，代表了自然界保守着没有经受人类有意改造、规划的原初形貌；换句话说，在"至德之世"，还没有人类为自身目的而改易、破坏自然秩序的痕迹。

此外，除人之外的万物也和谐相处，"无情万物，连接而共里闾；有识群生，系属而同乡县"（成玄英《疏》）。"禽兽成群"与"草木遂长"，指万物按照自己的生命规律一同生长在这个世界上；"禽兽可系羁而游，鸟鹊之巢可攀援而窥"，则主要形容不同种属的万物之间的平易和谐关系。[1]前者是相处，后者是和谐，合而言之，岂非正是和谐相处吗？"同与禽兽居，族与万物并"，这样共生共存的形态，其间没有出自人类价值系统的所谓"君子""小人"的区别划分。就宇宙存在的整体的而言，这样的高下优劣判断，呈现出站在一种特殊立场上的有限性。《老子》有"天地不仁，以万物为刍狗"之说（第五章），这种"不仁"也就是没有偏私之爱的意思，天地对存在的万物是一视同仁的，没有特定的抑扬。[2]如果有了偏爱，有了差别、有了高下，那么便会产生种种追攀奔竞，导致种种的纷扰，比如《骈拇》篇所谓"招仁义以挠天下"、本篇下文所谓"毁道德以为仁义"，即是儒家高标"仁义"以淆乱天下的例子。《老子》于此说得很清楚："不尚贤，使民不争；不贵难得之货，使民不为盗；不见可欲，使民心不乱"，所以要"常使民无知无欲"（第三章）。

如此，文中所提出的"无知""无欲"，也应当从这个角度去理解，而不能简单地认作《庄子》是要抛弃一切聪明智慧的表示。"无知""无欲"，与《大宗师》"坐忘"一节中所谓的"离形去知"是一样的，[3]它们指的是要抛弃特定的属于人的知识和欲望。

"同乎无知，其德不离；同乎无欲，是谓素朴"："德"即"同德"，是共有的本来德性，"不离""其德"即不背弃这本来的德性；"素"是未曾浸染的绢，"朴"是未曾砍凿的木材，[4]"无欲"便似这种未经扭曲做作的原初状态。郭象《庄子注》诠释这两句说："知，则离道以善也……欲，则离性以饰也。"可见，之所以

---

[1] 成玄英《疏》释此句曰："人无害物之心，物无畏人之虑。"
[2] 这不是一家的私言，《尚书》的《周书》之《蔡仲之命》里也有"皇天无亲"的说法。
[3] 参第二讲诠说《逍遥游》"至人无己"时的引述。
[4] 王充《论衡》之《量知》篇曰："无刀斧之断者谓之朴。"

"无知""无欲"，也就是为了保持原来的本性，而保持原来的本性，也就是与自然天道贯通为一。[1]

说到"素""朴"，《天道》篇中有"朴素而天下莫能与之争美"一句，往往为论说《庄子》美学观念者所引述。这里所谓的"朴素"，绝对不应当从后世朴素简淡的美学风格上去理解；如上面指出的，"朴素"是指保持了原初的性状，也就是说，保守本性是最高、最美的境界。这层意思，《天地》篇有很好的说明：

> 百年之木，破为牺尊，青黄而文之，其断在沟中。比牺尊于沟中之断，则美恶有间矣，其于失性一也。

树木被剖开，有的部分做成祭祀时的尊贵酒器牺尊[2]，并且装点得色彩青黄斑斓，有的部分则被抛弃在沟壑之中。这两者，在世俗的眼光看来，或许有美丑高下之区别，但在丧失其本性上则是一般无二的。这观点，与《骈拇》篇批评伯夷之守义、盗跖之夺财都导致伤生残性，故而不可取，是一致的。其实，在古典思想中，"美"向来不是艺术的最高范畴，《庄子》将保持自然本性置于"美"之上，而儒家则将"善"与"美"的俱有兼备视为上上之境：孔子就曾称赏"韶"乐"尽美"又"尽善"，而"武"乐则"尽美"而"未尽善"（《论语·八佾》），这道理就在于"韶"乐赞颂的"舜"是道德无瑕疵的典范，而"武"所赞颂的周武王以下犯上，多少有亏臣道。[3]

---

[1]《大宗师》论"坐忘"之"离形去知"，也是为了达到"同于大通"的境界。

[2] 陆德明《经典释文》引司马彪《马蹄》篇注曰："画牺牛象以饰樽也。"

[3] 朱熹《论语集注》释曰："美者，声容之盛；善者，美之实也。舜绍尧致治，武王伐纣救民，其功一也，故其乐皆尽美。然舜之德，性之也，又以揖逊而有天下；武王之德，反之也，又以征诛而得天下，故其实有不同者。"

及至圣人，蹩躠为仁，踶跂为义，而天下始疑矣；澶漫为乐，摘僻为礼，而天下始分矣。故纯朴不残，孰为牺尊！白玉不毁，孰为珪璋！道德不废，安取仁义！性情不离，安用礼乐！五色不乱，孰为文采！五声不乱，孰应六律！夫残朴以为器，工匠之罪也；毁道德以为仁义，圣人之过也。

"常性""无知""无欲""素朴"等，肯定的都是对自然本性的尊重和持守，那么"仁义"之类外在于自然本性，受到猛烈抨击是当然的。成玄英《庄子疏》谓"自此以下，斥圣迹之失"，回到了《骈拇》篇揭示的仁义之弊的话题。

"牺尊""珪璋"是尊贵的器物，"文采""六律"呈现了声色之美，然而，它们都是残毁原初性状——全木、白玉之类——的结果；仁义礼乐的情况与之相似，圣人竭力推重之，其实大道已然毁伤了。[1] 为什么呢？仁义体现了某种特定的价值取向，与大道无方相违背，"大道之世，不辨是非；至德之时，未论憎爱。无爱则人心自息，无非则本迹斯忘"（成玄英《庄子疏》）。至于礼乐，则是用来对众生做出区分（礼），而后又加以协调的（乐）。如此纷纭多事，自然也不属大道的境界，"礼以检迹，乐以和心。情苟不散，安用和心！性苟不离，何劳检迹！是知和心检迹，由乎道丧"（《成玄英《庄子疏》）。所以，提倡仁义礼乐，不能回返真正的道德状态，只能加剧道德的丧亡。

---

[1]《老子》第十八章："大道废，有仁义。"第三十八章："失道而后德，失德而后仁，失仁而后义，失义而后礼。"

夫马，陆居则食草饮水，喜则交颈相靡，怒则分背相踶。马知已此矣。夫加之以衡扼，齐之以月题，而马知介、倪闉、扼鸷曼、诡衔、窃辔。故马之知而态至盗者，伯乐之罪也。夫赫胥氏①之时，民居不知所为，行不知所之，含哺而熙，鼓腹而游，民能以此矣。及至圣人，屈折礼乐以匡天下之形，县跂仁义以慰天下之心，而民乃始踶跂好知，争归于利，不可止也。此亦圣人之过也。

① "赫胥氏"，陆德明《经典释文》引司马彪注云："上古帝王也。"俞樾《诸子平议》曰："'赫胥'疑即《列子》书所称'华胥氏'。'华'与'赫'一声之转耳。《广雅·释器》：'赫，赤也。'而古人名赤者多字华，羊舌赤字伯华，公西赤字子华是也。是'华'亦'赤'也。'赤'谓之'赫'，亦谓之'华'，可证赫胥之即华胥矣。"

　　此节回复到开篇有关"马"的譬喻，不过，重点略有转移，更深入到人为驯治之下"马"的内在之"知"。"陆居则食草饮水，喜则交颈相靡，怒则分背相踶"，这是自然的状态；而一旦受到伯乐们的种种束缚和驯治，哪里有压迫哪里就有反抗，则种种抵抗便层现叠出，与人形成对立关系，不复当初人与动物和谐相处的情形。人间社会与此类似。上古时代，人们安居无为，悠游自在，处"无知""无欲"之状态；[1]但自从圣人高标仁义，以礼乐加以规范之后，人们变得多智好利，追求奔竞不已，因而也就丧失了自我的本来。值得一提的是，"圣人屈折礼乐以匡天下之形，县跂仁义以慰天下之心，而民乃始踶跂好知，争归于利"一句，

[1]钟泰《庄子发微》："'居不知所为，行不知所之'，所谓'无知'也；'含哺而熙，鼓腹而游'，所谓'无欲'也。"

圣人以"仁义""礼乐"为号召，而导致的后果却是与"至德之世"的"无知""无欲"恰恰相反的"好知"与"争利"；这犹如《老子》所谓"天下皆知美之为美，斯恶已；皆知善之为善，斯不善已"（第二章），当人们知晓了正面的价值之后，因为有关世间万物的观念都是相形而成立的，[1] 所以负面的价值也就随之而来，【一】宋代的范应元释此曰："倘矜之以为美，伐之以为善，使天下皆知者，则必有恶与不善继之也。"（《老子道德经古本集注》）这也构成《庄子》批评圣人倡导仁义礼乐的一个理由。

这一节的主旨，大抵不过重申前文，比如最后的"此亦圣人之过也"，便呼应了"毁道德以为仁义，圣人之过也"，并与开篇的"此亦治天下者之过也"一句终始相联。这一重复，应该说不是无谓的，而恰恰突出了《马蹄》篇与之前《骈拇》篇不同的侧重，即注重于人类的社会性制度的问题。

所有人类的制度安排，在《庄子》看来，都是流弊无穷的，最好的政治其实是没有统制。《在宥》："君子不得已而临莅天下，莫若无为。"所谓"无为"，就是依循人们的自然本性，不加违逆，令其自然而自由地生活。《老子》中对为政者的不同境界有过描述："太上，下[2] 知有之；其次，亲而誉之；其次，畏之；其次，侮之。"（第十七章）最高的境界便是在下者对其统治无知无觉，因为种种统制措施完全合乎民意的自然要求，没有冲突格禁之处，而这也正是为政者"无为"的效果。[3]

《庄子》中颇有讲"无为"处。《在宥》篇记云将问鸿蒙一节：

---

[1]《老子》第二章之下文即举"有无相生，难易相成，长短相形，高下相倾，音声相和，前后相随"。

[2]《永乐大典》"下"作"不"。"不知有之"，即完全不知道统制秩序的存在，也就是"无为"的最好效果了。

[3] 王弼注《老子》此章曰："大人在上，居无为之事，行不言之教，万物作焉而不为始，故下知有之而已。"

云将东游，过扶摇之枝而适遭鸿蒙。鸿蒙方将拊脾雀跃而游。云将见之，倘然止，贽然立，曰："叟何人邪？叟何为此？"鸿蒙拊脾雀跃不辍，对云将曰："游！"云将曰："朕愿有问也。"鸿蒙仰而视云将曰："吁！"云将曰："天气不和，地气郁结，六气不调，四时不节。今我愿合六气之精以育群生，为之奈何？"鸿蒙拊脾雀跃掉头曰："吾弗知！吾弗知！"云将不得问。

又三年，东游，过有宋之野，而适遭鸿蒙。云将大喜，行趋而进曰："天忘朕邪？天忘朕邪？"再拜稽首，愿闻于鸿蒙。鸿蒙曰："浮游，不知所求；猖狂，不知所往；游者鞅掌，以观无妄。朕又何知！"云将曰："朕也自以为猖狂，而民随予所往；朕也不得已于民，今则民之放也。愿闻一言。"鸿蒙曰："乱天之经，逆物之情，玄天弗成；解兽之群，而鸟皆夜鸣；灾及草木，祸及止虫。意，治人之过也！"云将曰："然则吾奈何？"鸿蒙曰："意，毒哉！仙仙乎归矣！"云将曰："吾遇天难，愿闻一言。"鸿蒙曰："意！心养。汝徒处无为，而物自化。堕尔形体，吐尔聪明，伦与物忘；大同乎涬溟，解心释神，莫然无魂。万物云云，各复其根，各复其根而不知；浑浑沌沌，终身不离；若彼知之，乃是离之。无问其名，无窥其情，物固自生。"云将曰："天降朕以德，示朕以默；躬身求之，乃今也得。"再拜稽首，起辞而行。

云将意欲"合六气之精以育群生"，虽然是想调和自然，但终究属"有为"者，鸿蒙之掉头而去，按照成玄英的解释是因为"万物咸禀自然，若措意治之，必乖造化，故掉头不答"（《庄子疏》）。三年后，云将再遇鸿蒙，他表示自己确实也有意于悠闲随心，但人们还是追随、效仿自己；鸿蒙指出云将即使有意于自然，但招致人们追随、效仿，就是扰乱了天地之常然，违逆了万物的本性，弄得天下不得太平。鸿蒙提示的方式是，无知（"吐尔聪明"）、无欲（"堕尔形体"）、与物相忘（"伦与物忘"[1]）、与自然元气合一（"滓溟"[2]）；这样，依循自然，"处无为而物自化"。依循自然而无为，则万物得以自然和谐地生长，这层意思，《逍遥游》"其神凝，使物不疵疠"已经透露此中消息了。在这一理想境界中，"物自化"是达成的效果，"无为"是对为政者的要求；[3]而"无为"描述的是依循自然的外在表现，合于自然元气，"浑浑沌沌，终身不离"，则是对其内在状态的形容：或许可以这么说，如果能与自然合一，不离浑沌，则外在的表现自是"无为"（即依循万物自性而不加干扰），那么最后当然可以得到万物自化、和谐并生的结果。显然，这里最终的关键，仍在于自我与天道自然的关系，在于保守自我得自自然天道的本性。如果从这个角度来看《应帝王》篇最后的一节寓言，大抵可以说它兼涵了这样的两种意义：

> 南海之帝为倏，北海之帝为忽，中央之帝为浑沌。倏与忽时相与遇于浑沌之地，浑沌待之甚善。倏与忽谋报浑沌之德，曰："人皆有七窍以视听食息，此独无有，尝试凿之。"日凿一窍，七日而浑沌死。

---

[1]郭象以"伦"为"理"（参成玄英《疏》"伦，理也"之语），注"伦与物忘"曰："理与物皆不以存怀。"林希逸《庄子鬳斋口义》则以为："'伦'与'沦'同，'沦'，没也。泯没而与物相忘。"

[2]陆德明《经典释文》引司马彪注："自然气也。"

[3]"无为"而"自化"，大抵都是就为政者而言，观《老子》之文可知："道常无为而无不为，侯王若能守之，万物将自化。"（第三十七章）"故圣人云：'我无为，而民自化；我好静，而民自正；我无事，而民自富；我无欲，而民自朴。'"（第五十七章）

"浑沌"象征本初自然的状态，当它被凿开之时，也就丧失了它的本真，"日凿一窍，七日而浑沌死"是丧失自性的必然结局。这是保守自然本真的一层意思。其次，有关"无为"的层面，则由南方之帝倏与北方之帝忽凿中央之帝浑沌的"有为"反衬出来；晋简文帝的注说业已指出了这则寓言中包含的"有为"之义："倏、忽取神速为名，浑沌以合和为貌。神速譬有为，合和譬无为。"（陆德明《经典释文》引）倏与忽真正欲"报浑沌之德"，则莫若"无为"，也就是说尊重浑沌"无有""七窍"的本来面目，不去"不顺自然，强开耳目"（陆德明《经典释文》引崔譔注）。

然而，不开耳目就意味着一切不作为么？恐怕不能这么理解。郭象曾说过："无为者，非拱默之谓也；直各任其自为，则性命安矣。"也就是说，"无为"不一定意味着一切袖手不为，其关键意旨在于不强为以致扰乱了万物的"自为"。[1]《淮南子》于此早有清楚的诠说："所谓无为者，不先物为也；所谓无不为者，因物之所为。"（《原道训》）"不先物为"，就是不强为，如揠苗助长之类，便属违逆自然者；"因物之所物"，大抵就是郭象所谓"任其自为"了。其《修务训》中更明确说"无为""非谓其感而不应，攻而不动者"，"地势水东流，人必事焉，然后水潦得谷行；禾稼春生，人必加功焉，故五谷得遂长"，这些都是不得不从事的，因此真正的"无为"不过"循理而举事，因资而立功"罢。如果将这样的一种"无为"原则，施用于人类社会之中，简而言之，就是要求为政的统治者尊重人们的自然本性，不加违逆性的干扰，让人们根据自性的需求而自发行为，这样的社

庄子讲义

---

[1]陈荣捷在 *A Source Book in Chinese Philosophy* 书中释"无为"（non-action）言简意赅：Non-action is not meant literally 'inactivity', but rather 'taking no action that is contrary to Nature'—in other words, letting Nature takes its own course.

会会自然形成它的秩序，其中众多的成员都能够互相和谐相处，如同"至德之世"的情形一样。在某种程度上，《庄子》等道家思想传统中所呈现的"无为"理念，与西方现代如海耶克（F. A. Hayek）那样的自由主义思想家所提倡的"自发秩序"（spontaneous order），有可以比较之处，"根据道家的政治哲学所建立起来的社会、政治、道德及经济秩序，与根据自由主义所建立起来的秩序，有许多相似的地方"，"道家的政治哲学可能可以为自由主义所建立起来的社会秩序提供一些哲学上的理据"。[1]

补释

【一】关于《老子》"天下皆知美之为美，斯恶已；皆知善之为善，斯不善已"二句，解释或有不同。如奚侗《老子集解》曰："初生浑朴，纯任自然，无所谓美、恶、善、不善也。既标美、善之名，必先有恶、不善之实。"当代学人亦有如是解者："天下人都认识到美之所以为美，那一定是有了丑；都认识到善之所以为善，那一定是有了恶。如人们生活在幸福中并不一定理解幸福，一旦陷入祸殃，才理解什么是幸福。鱼游于水中并不觉得多么自由，一旦脱离了水，才会感到水中自由之可贵。"并且举《大宗师》篇中鱼"处于陆"，"相濡以沫不如相忘于江湖"作说明（黄瑞云《老子本原》，人民文学出版社，1995 年，第 3 页及第 139 页）。这样的理解以"丑""恶"在先而"美""善"随之为说，如果结合"大道废，有仁义"（第十八章）来看，似亦颇有意趣，不妨成立。不过，这里本文强调的是二元两端的相形对举，并非突出"失道而后德，失德而后仁"（第三十八章）之意；且"斯，犹乃也"（王引之《经传释词》），仍以顺语序理解为宜。安乐哲（Roger T. Ames）与

---

[1] 参石元康《自发的秩序与无为而治》，载《当代西方自由主义理论》，上海三联书店，2000 年，第 160 页。

郝大维（David L. Hall）所著 *Daodejing: "Making This Life Significant"* 译此二句，有所不同：As soon as everyone in the world knows that the beautiful are beautiful, there is already ugliness. As soon as everyone knows the able, there is ineptness. 其根据似乎是马王堆帛书本两句的句末用字不同，后一句的句末"郭店本在这个地方用的是表示结束意义的虚词'已'，而两个马王堆本用的却都是表示现在进行状态的虚词'矣'"。(《道不远人——比较哲学视域中的〈老子〉》，学苑出版社，2004 年，第 91 页）且不论"已""矣"是否可以如此判别，即以郭店本时代在前，亦当从之（王弼本两用"已"，与郭店简本甲组字同）。

三、"绝圣弃知""殚残圣法"

《庄子》外篇最初的数篇，在所欲表达的思想方面，有许多相似处，互相之间的联系是很紧密的，有些类似的文句乃至意思甚至一再重复出现。当然它们之间也还是有所区别，前面已经提及，《骈拇》侧重在揭示仁义之有害于身心，而《马蹄》则侧重于仁义之为害于天下。本篇《胠箧》与《马蹄》之不同，或许可说是《马蹄》重点阐说了上古"至德之世"的正面形象，以及这一理想世界毁于仁义的情况，本篇则从反面突出强调了圣人所推重的仁义之类不仅不能导致理想的社会状态，而且更成了盗贼们搅乱天下的工具。

将为胠箧探囊发匮之盗而为守备，则必摄缄縢，固扃鐍，此世俗之所谓知也。然而巨盗至，则负匮揭箧担囊而趋，唯恐缄縢扃鐍之不固也。然则乡之所谓知者，不乃为大盗积者也？

与《骈拇》《马蹄》以一个譬喻开篇一样，本篇亦然。要防备那些翻箱倒柜的偷盗者，人们通常就是坚固绳索、锁钮；然而没有想到，当"巨盗"或"大盗"来临，却唯恐绳锁不牢，因为他们干脆将财物和装财物的箱柜一锅端！[1]这样，人们之前所谓的防备举措，倒恰帮助了盗贼，与原初的意愿正相违背。这是一个很"奇特"（林希逸语）但确实很妙的譬喻。提出这个譬喻，固然是对平常生活经验作透彻机敏观察的结果，但更重要的是，这个譬喻指向的是"圣""知""仁义"之类。世俗当然以为它们具有正面的积极意义和价值，可以防备那些盗贼式的人物胡作非为，然而，世间真正的恶人，如同连锅端的"巨盗"一样，所有这些通常认为对其有扼制作用的东西，都不能阻挡他们，并且在一定的情形下，反而成为他们巩固自己所攫取的利益的工具。这时，那个来源于日常生活经验的譬喻便益发显示出深刻、尖锐的意味。

故尝试论之，世俗之所谓知者，有不为大盗积者乎？所谓圣者，有不为大盗守者乎？何以知其然邪？昔者齐国邻邑相望，鸡狗之音相闻，罔罟之所布，耒耨之所刺，方二千余里。阖四竟之内，所以立宗庙社稷，治邑屋州闾乡曲者，曷尝不法圣人哉？然而田成子一旦杀齐君而盗其国。所盗者岂独其国邪？并与其圣知之法而盗之。故田成子有乎盗贼之名，而身处尧舜之安；小国不敢非，大国不敢诛，十二世有齐国。则是不乃窃齐国，并与其圣知之法以守其盗贼之身乎？

---

[1]虽谓一锅端，而细言之："匮大，故负之；'负'，负于背。'揭'，举也；'揭''担'皆于肩。然箧之为物也坚，故用'揭'；囊之为物也软，故用'担'。古人文字未有随便用者，不可不知也。"（钟泰《庄子发微》）

由此节文字，可以看到，所谓"圣""知""仁义""礼法"等不过"为大盗积""为大盗守"的说法，不是前面那个譬喻的类推，它绝非仅从日常生活经验中引申出的可能而已，而是历史上曾实实在在发生的事情。当初齐国的大夫陈恒也就是田成子，杀了齐简公，至其曾孙太公和，终立为齐侯，彻底盗取了齐国。这在春秋时代是一件关乎社会基本道德、政治规范的大事，当初也经历了颇为复杂激烈的斗争，[1]然而终究还是成功了。在这样违反当时道德、政治规范的事件进行之时，齐国难道不是依法圣人的吗？宗庙社稷的制度没有破坏，日常的生活、生产秩序也大致如常。这些基本的规范和相应的制度设置，田成子等没有也不必毁弃，直接拿来为己所用便是了，直至于今。【一】这么说来，"圣知之法"对付国之盗贼，实在是无效的。

补释

【一】"十二世有齐国"句，有不同的理解乃至争执。陆德明《经典释文》与成玄英《庄子疏》的意见一致，大抵以本篇出庄子手著，故而逆数田氏世系，《庄子疏》曰："陈恒也，是敬仲七世孙。初敬仲适齐，食菜于田，故改为田氏。鲁哀公十四年，陈恒弑其君，君即简公也。割安平至于郎邪，自为封邑。至恒曾孙太公和，迁齐康公于海上，乃自立为齐侯。自敬仲至庄公，凡九世知齐政；自太公至威王，三世为齐侯，通计为十二世。庄子，宣王时人，今不数宣王，故言'十二世'也。"俞樾以下，大致以"十二世"有误，其《诸子平议》以为："此说非也。本文是说田成子，不当追从敬仲数起。

---

[1]《左传》《论语》《韩非子》《吕氏春秋》《史记》《说苑》《盐铁论》等典籍中多有记述，参周勋初《田常与宰予的斗争》，载《韩非子札记》，江苏人民出版社，1980年，第36—40页。

疑《庄子》原文本作'世世有齐国',言田成子之后世有齐国也。古书遇重字,止于字下作'二'字以识之,应作'世二有齐国'。传写者误倒之,则为'二世有齐国',于是其文不可通。而从田成子追数至敬仲,适得十二世,遂臆加'十'字于其上耳。"严灵峰《道家四子新编》则云:"上明言'田成子一旦杀齐君而盗其国',彼既于'一旦'得之,则简公被杀之日,即陈恒窃国之时,奚必待'十二世'之久邪?《列子·杨朱》篇:'田恒专有齐国。'当是此文所本。疑《庄子》原文亦作'专',因漫漶残缺分而为三,校者不察,以其形近,遂改作'十二世',驯致讹误。"钟泰《庄子发微》别有解说:"窃疑此文本作'四世有齐国',谓自恒而襄子盘、而庄子白、而太公和。和始与魏文侯斯会于浊泽,求为诸侯;文侯乃为之使使言于周天子及诸侯,以田代姜。故曰'四世有齐国'。'有齐国'云者,谓自得而有之,非复曩者盗据之名矣。'四'字传写讹作'十二',其形亦颇相近。"

　　另有学者以"十二世"文字无误为前提,进而以为本篇未必出庄子本人,《焦氏笔乘》曰:"陈成子杀其君,子孙享国十二世,即此推之,则秦末汉初之言也。"如姚鼐《庄子章义》亦列数田成子以下至齐王建之世系,多方补证其共计为十二世。高亨《诸子新笺》据《竹书纪年》证田成子至齐王建恰十二世,故本篇"作于齐亡之后"。近王葆玹《试论郭店楚简的抄写时间与庄子的撰作时代》则试图证明自田成子至齐王建计有十三世,故而所谓"十二世"乃截至齐襄王法章而言,结合其他证据,力主本篇成于齐襄王五年(公元前279年)至其末年(公元前265年)之间,文载《哲学研究》1999年第4期。

尝试论之，世俗之所谓至知者，有不为大盗积者乎？所谓至圣者，有不为大盗守者乎？何以知其然邪？昔者龙逢斩，比干剖，苌弘胣，子胥靡，故四子之贤而身不免乎戮。故跖之徒问于跖曰："盗亦有道乎？"跖曰："何适而无有道邪！夫妄意室中之藏，圣也；入先，勇也；出后，义也；知可否，知也；分均，仁也。五者不备而能成大盗者，天下未之有也。"由是观之，善人不得圣人之道不立，跖不得圣人之道不行；天下之善人少而不善人多，则圣人之利天下也少而害天下也多。故曰，唇竭则齿寒，鲁酒薄而邯郸围，圣人生而大盗起。掊击圣人，纵舍盗贼，而天下始治矣。夫川竭而谷虚，丘夷而渊实。圣人已死，则大盗不起，天下平而无故矣。

首先举出被害的四位贤人，意思是："暴乱之君，亦得据君人之威以戮贤人而莫之敢亢者，皆圣法之由也。向无圣法，则桀、纣焉得守斯位而放其毒，使天下侧目哉！"（郭象《注》）"君人之威"是一，其二则暴君亦有所据以责之，如《人间世》篇："昔者桀杀关龙逢，纣杀王子比干，是皆修其身以下伛拊人之民，以下拂其上者也，故其君因其修以挤之。是好名者也。""以下拂其上"便属违乱礼法的吧。

文中接着的"盗亦有道"之说更是惊世骇俗，令人骤听之下难以置信；然而盗跖的话，表明真正的大盗确实需要这些听来似乎与圣人所标举的一般无二的"圣""勇""义""知""仁"，"其言虽怪，而以世故观之，实有此理"（林希逸《庄子鬳斋口义》语）。

运用圣人之法，可以为善，也可以为恶；在《庄子》看来，它不是根本，而不过是"名""器"。"名"可以为人窃取，"器"

可以为人盗用。"善人不得圣人之道不立，跖不得圣人之道不行；天下之善人少而不善人多，则圣人之利天下也少而害天下也多"，这番话很有意思，似乎透露出本篇作者对人的悲观认识。其逻辑是：善人执圣人之法可以立身，不善人用圣人之法则会为害世间；要命的是，世上究竟是"善人少而不善人多"，这样以圣人之法有益天下的情形便少，而窃用圣人之法为害天下的人相比较则多。应该说，这样的情势，并非圣人当初设想所及，《庄子》亦并非一定要作诛心之论，指实这一切出自圣人的有意。"唇竭而齿寒，鲁酒薄而邯郸围"，表明的都是前后因果的关系，只是前者是直接的，一目可以了然，而后者则属间接，出乎意料之外。[1] 或许这是《庄子》对圣人的一点同情了解。[2] 但无论如何，圣人之法之为害天下是确实的，"圣人生而大盗起"，"圣人者其本源，而大盗者其末委，害必绝其本源"（钟泰《庄子发微》），所以"掊击圣人"自然也是必须的；"川竭而谷虚，丘夷而渊实。圣人已死，则大盗不起"，说的就是追溯原委、釜底抽薪的办法，"竭川非以虚谷而谷虚，夷丘非以实渊而渊实，绝圣非以止盗而盗止"（郭象《注》）。

圣人不死，大盗不止。虽重圣人而治天下，则是重利盗跖也。为之斗斛以量之，则并与斗斛而窃之；为之权衡以称之，则并与权衡而窃之；为之符玺以信之，则并与符玺而窃之；为之仁义以矫之，则并与仁义而窃之。何以知其然邪？彼窃钩者

---

[1] 成玄英《庄子疏》："楚宣王朝会诸侯，鲁恭公后至而酒薄。宣王怒，将辱之。恭公曰：'我，周公之胤，行天子礼乐，勋在周室。今送酒已失礼，方责其薄，无乃太甚乎！'遂不辞而还。宣王怒，兴兵伐鲁。梁惠王恒欲伐赵，畏鲁救之；今楚、鲁有事，梁遂伐赵而邯郸围。"从这事情来看，确乎有"城门失火，殃及池鱼"的味道。
[2] 林希逸《庄子鬳斋口义》曰："圣人之法不为盗设，而反为盗贼之资。"

诛,窃国者为诸侯,诸侯之门而仁义存焉,则是非窃仁义圣知邪？故逐于大盗,揭诸侯,窃仁义并斗斛权衡符玺之利者,虽有轩冕之赏弗能劝,斧钺之威弗能禁。此重利盗跖而使不可禁者,是乃圣人之过也。

本节文字承上文发挥,中心还是说圣知仁义之类不足以治理天下,反可提供给大盗利用。斗斛、权衡、符玺等都是一定规范、制度的体现,这些规范和制度说大了,就是礼法,它们与仁义一样,最初之设乃为防止种种不正当行为；而实际上它们防小不防大,大盗将其一并窃取之以为己用。"窃钩者诛,窃国者为诸侯,诸侯之门而仁义存焉",[1] 以这一典型的现象,精辟有力地显示出仁义礼法不足以治天下。利用仁义礼法,大盗可以稳固、保守自己所攫取的利益；这利益如此之大,无论怎样的赏罚,都无法动摇其心。试想,如果没有仁义礼法,或许大盗盗国尚未必有如此路径可以依赖。由此,作追根溯源、釜底抽薪计,自然导出下文"绝圣弃知"之说。

故曰："鱼不可脱于渊,国之利器不可以示人。"彼圣人[①]者,天下之利器也,非所以明天下也。故绝圣弃知,大盗乃止；摘玉毁珠,小盗不起；焚符破玺,而民朴鄙；掊斗折衡,而民不争；殚残天下之圣法,而民始可与论议。擢乱六律,铄绝竽瑟,塞瞽旷之耳,而天下始人含其聪矣；灭文章,散五采,胶离朱之目,

---

[1]《盗跖》篇有类似的表述："小盗者拘,大盗者为诸侯,诸侯之门,义士存焉。"

而天下始人含其明矣；毁绝钩绳而弃规矩，攦工倕之指，而天下始人有其巧矣。故曰："大巧若拙。"削曾、史之行，钳杨、墨之口，攘弃仁义，而天下之德始玄同矣。彼人含其明，则天下不铄矣；人含其聪，则天下不累矣；人含其知，则天下不惑矣；人含其德，则天下不僻矣。彼曾、史、杨、墨、师旷、工倕、离朱，皆外立其德而以爚乱天下者也，法之所无用也。

① "圣人"，或当作"圣知"："褚伯秀《南华义海纂微》所附《管见》断言'圣人'为'圣知'之误。按以文义论，此言器，非言人，自当作'圣知'。"（钟泰《庄子发微》）

以上反覆申言圣知仁义之有害天下，本节着力宣扬绝圣弃知的解脱之道。"故曰"以下，是《老子》三十六章之语，上句是喻，下句是本，谓圣知仁义不可明示天下：明示天下，则大盗将窃取之以助纣为虐，是为一；而人们因其昭明于天下汹汹然奔命于仁义从而丧失本性，是为二。这两点本篇前文及《骈拇》《马蹄》皆有阐说，而本节下文所言，也不出此两端。

首先说第一个方面。"擿玉毁珠，小盗不起；焚符破玺，而民朴鄙；掊斗折衡，而民不争"，大致是演绎《老子》第三章"不尚贤，使民不争；不贵难得之货，使民不为盗；不见可欲，使民心不乱"的意思。而"绝圣弃知"[一]，则"大盗乃止"的道理，上文已申述详尽，此处提出这个听来惊人的论断，已可谓水到渠成，势不得不然。值得注意的是，上文所谓"圣人不死，大盗不止"，着重在"人"；而其实圣人之为害天下，其要在圣人所提倡之圣知仁义礼乐，所以这里更进一层直击"圣""知"。在"绝圣弃知"也就是"殚残天下之圣法"之后，"民始可与论议，所议论者乃是仁义礼法未扰天下之前的真正道德，[1]即可以言说、申明治天下的正道了。

其次，师旷之聪、离朱之明、工倕之巧乃至曾史之行、杨墨之口，代表了诱导人们纷纷效仿的榜样，其危害前文已清楚揭示了，即所谓"小惑易方，大惑易性"（《骈拇》），也就是这里所说的"外立其德而以爚乱天下"；"外立其德"即《骈拇》篇所说的"得人之得而不自得其得"，也就是不能持守天赋之本性，而追逐外物以致丧去自我。值得强调的是，《庄子》并非要抛弃、毁灭一切聪明知巧，"人含其聪""人含其明""人含其巧""人含其知""人含其德"云云，便明确肯定了内在自我所具的"聪""明""巧""知"。郭象《注》"聪""明"二者解释得很明白："夫声色离、旷，有耳目者之所贵也。受生有分，而以所贵引之，则性命丧矣。若乃毁其所贵，弃彼任我，则聪明各全，人含其真也。"当然，关键在"攘弃仁义，而天下之德始玄同"，"玄同"出自《老子》第五十六章，而"玄同"其"德"的说法，则呼应的是《马蹄》篇之"同德"，成玄英释为"率其真常之性，物各自足"（《庄子疏》），与郭象所谓"任我""人含其真"一般无二，略无隔碍。这也就归本于《庄子》"谨守而勿失，是谓反其真"（《秋水》）所体现的保守自然本性的核心观念了。

上述两端，前者尚是对标举仁义圣知之有害后果的认识，得自历史与现实的具体经验，后者则与《庄子》主张依循自然天道的主旨密切相关，有其理论观念上的根据。换句话说，后者于本篇对"圣人""圣知"的抨击，构成了学理上的支持。

补释

【一】《老子》传世本第十九章曰："绝圣弃知，民利百倍；

---

[1] 林希逸《庄子鬳斋口义》："尽去圣人之法，民始纯一，可与言道也。"

绝仁弃义，民复孝慈；绝巧弃利，盗贼无有。"马王堆出土汉初帛
书甲、乙本皆同，《淮南子·道应训》跖论"盗亦有道"一节后引《老子》
亦作"绝圣弃知，民利百倍"。郭店出土简本《老子》甲组则作"绝
智弃辩，民利百倍；绝巧弃利，盗贼亡有；绝伪弃诈，民复孝慈"，
与诸本不同；至有学者以为"绝圣弃知"一语首出《庄子》而非《老
子》（王葆玹《试论郭店楚简的抄写时间与庄子的撰作时代》，载《哲学研究》
1999 年第 4 期）。

> **子**独不知至德之世乎？昔者容成氏、大庭氏、伯皇氏、中
> 央氏、栗陆氏、骊畜氏、轩辕氏、赫胥氏、尊卢氏、祝融氏、
> 伏牺氏、神农氏，当是时也，民结绳而用之，甘其食，美其服，
> 乐其俗，安其居，邻国相望，鸡狗之音相闻，民至老死而不相往来。
> 若此之时，则至治已。今遂至使民延颈举踵曰，"某所有贤者"，
> 赢粮而趣之，则内弃其亲而外去其主之事，足迹接乎诸侯之境，
> 车轨结乎千里之外。则是上好知之过也。

　　本节"至德之世"呼应《马蹄》篇提出的理想社会，而对此
一世界的描绘，采用了《老子》的形容，[1]称为"至治"。从
体现最根本的天赋本性而言，可以命之为"至德"；从最理想的
政治治理角度言，则称为"至治"。"至德""至治"实际是一
回事，比如《马蹄》篇称"至德之世"乃"无知""无欲"的，

---

[1]《老子》第八十章："小国寡民。使有什伯之器而不用；使民重死而不远徙。虽有舟舆，
无所乘之，虽有甲兵，无所陈之。使人复结绳而用之。甘其食，美其服，安其居，乐其俗。
邻国相望，鸡犬之声相闻，民至老死，不相往来。"

而"至治"之时"结绳而用之",体现出"足以纪要而已"（郭象《注》）、"人心淳朴"（成玄英《疏》）的一面，可谓将"知"减损到最低；"甘其食，美其服，乐其俗，安其居"云云，则显得"无求之至"（郭象《注》），正是"无欲"的表现。然而，一旦标举"贤者"之后，则世人身心骚动，内弃亲属，外去其君，跨国越境，远道奔集，与"重死而不远徙"（《老子》第八十章）截然相反，"至治"于是乎瓦解了。这一情形，属当时实况，[1]《孟子·梁惠王》篇中，梁惠王即曾问孟子说："寡人之于国也，尽心焉耳矣。河内凶，则移其民于河东，移其粟于河内；河东凶，亦然。察邻国之政，无如寡人之用心者。邻国之民不加少，寡人之民不加多，何也？"显然，梁惠王作为在上者，希冀的正是民众的"赢粮而趣之"了。

上诚好知而无道，则天下大乱矣。何以知其然邪？夫弓弩毕弋机变之知多，则鸟乱于上矣；钩饵罔罟罾笱之知多，则鱼乱于水矣；削格罗落罝罘之知多，则兽乱于泽矣；知诈渐毒、颉滑坚白、解垢同异之变多，则俗惑于辩矣。故天下每每大乱，罪在于好知。故天下皆知求其所不知而莫知求其所已知者，皆知非其所不善而莫知非其所已善者，是以大乱。故上悖日月之明，下烁山川之精，中堕四时之施；惴耎之虫、肖翘之物，莫不失其性。甚矣夫好知之乱天下也！自三代以下者是已，舍夫种种之民而悦夫役役之佞，释夫恬淡无为而悦夫啍啍之意，啍啍已乱天下矣！

---

[1] 林希逸《庄子鬳斋口义》："'某所有贤者，赢粮而趋之'，便是暗说孟子、荀子，推而上之，孔子亦在其间矣。观齐稷下与苏、张之徒，便见庄子因当时之风俗故有此论。"

上节反对"上好知之过"，批评导致民众群趋"贤者"的时势，或许可说重点在"绝圣"；本节则言用"知"之害，侧重于"弃知"。

"好知而无道"，主要是就"上"即为政者而言的。运用种种工具、方式来对付鸟、鱼、兽，将搅乱其自然生存状态，更将使得它们变得对人机警而疏离——这与《马蹄》篇形容的"同与禽兽居"，"禽兽可系羁而游，鸟鹊之巢可攀援而窥"的境界日渐远隔——俗话所谓"上有政策，下有对策"是也，"攻之愈密，避之愈巧，则虽禽兽犹不可图之以知，而况人哉！"（郭象《注》）标举圣知以治天下，大乱可想而知。如此治世，其危害的严重性，在《庚桑楚》篇中说得触目惊心：

> 举贤则民相轧，任知则民相盗。之数物者，不足以厚民。民之于利甚勤，子有杀父，臣有杀君，正昼为盗，日中穴阫。吾语女，大乱之本，必生于尧、舜之间，其末存乎千世之后。千世之后，其必有人与人相食者也！

"举贤""任知"的后果，推而极之，民众趋利无状，真会有如此情状发生。《庄子》的指斥是极为沉痛的。

透视倡导"圣知"而导致大乱的根本，其实也就是已经揭出的两点。其一，抛却自我而外求不已，"皆知求其所不知而莫知求其所已知者"："不知者，务外求异者也；已知者，晓然而易见者也，自然之理也"（林希逸《庄子鬳斋口义》），[1]"此乃舍己效

---

[1] "皆知非其所不善而莫知非其所已善者"句，郭象《注》曰："善其所善，争尚之所由生也。"与举贤、任知之患相联系来解释，固然有理，不过并非对文句的直解。林希逸《庄子鬳斋口义》云："不善，在人者也；已善，在我者也。即《齐物》所谓是其所是，而非其所非，言但知他人之非，而不知己之所是者亦非也。"在"人""我"之间作出疏解，与郭象对上句的注释相应。

人而不止其分也"（郭象《注》）。其二，"上悖日月之明，下烁山川之精，中堕四时之施"，这说的是违背自然之道，万物"莫不失其性"；而尊重、依循自然之性，使得世间万物包括人类各尽其性，则正是"至德""至治"的要义，社会应当依此组织，政治应当依此建立——此即《庄子》立基于自然人性之上的政治观。

依照《庄子》文本内在的脉络，梳理其以自然人性为基础的政治观，这并不意味它是唯一正当的。比如，"至德之世"建立在尊重、依循自然人性的基础之上，那么人性是否仅仅意谓着无知无欲、淳然素朴？

在儒家的视野中，"人之所以异于禽兽者几希"（《孟子·离娄》），而"善"作为人性的基本规定，即区别人与禽兽之所在，如恻隐之心、羞恶之心、恭敬之心、是非之心这四端本来固有，"非由外铄"（《孟子·告子》）。两者之间的尖锐对立，或许正说明人性本身是一种历史的建构，内含着张力吧？

而道家所设定的基于人性的社会，从《老子》的"小国寡民"到《庄子》的"至德之世"，指向的基本是上古时代的社会形态，其实主要还是一种理想的重构，是中国古代传统中常见的上古黄金世纪乌托邦的一种。那时人类的生存状况，在服膺《老子》而承续之，作了不少发挥的《韩非子》里面即有截然不同的描述。[1]姑且不论这种托古立论的真实性如何，假若提出人类文明是否应该及可能完全停滞的问题，则不知老、庄将如何回应？讲析《马蹄》篇开始时，曾引严复的意见，以为《庄子》之说很类似于卢梭，不妨听听另外一位启蒙思想家的感受。伏尔泰读了《论人类不平等的起源和基础》之后，致意卢梭说：尚未有人以如此大的智慧

[1] 参《韩非子》的《五蠹》篇"上古之世，人民少而禽兽众，人民不胜禽兽虫蛇"云云。

企图使我们成为牲畜；而读过你的书，真令人渴望四足行走了。作为将进化论引入近代中国的严复，对老子之推重、坚持简单质朴的原初社会状态，以中国的传统话语作出过深刻的批评：

> 老子哲学与近世哲学异道所在，不可不留意也。今夫质之趋文、纯之入杂，由乾、坤而驯至于未济，亦自然之势也。……夫物质而强之以文，老氏訾之，是也。而物文而返之使质，老氏之术非也。何则？虽前后二者之为术不同，而其违自然，拂道纪，则一而已矣。

老庄所拟构的理想社会或者可议，而其珍视、依循本性的观念，则历千年而经久不替，成为一种重要的精神传统。前面曾提及近代龚自珍《病梅馆记》表达了对物性的尊重，而魏晋之际嵇康的《与山巨源绝交书》，则是一篇维护自我的自然人性的宣言书：

> 康白：足下昔称吾于颍川，吾尝谓之知言。然经怪此意，尚未熟悉于足下，何从便得之也？前年从河东还，显宗、阿都说足下议以吾自代；事虽不行，知足下故不知之。足下傍通，多可而少怪，吾直性狭中，多所不堪，偶与足下相知耳。间闻足下迁，惕然不喜，恐足下羞庖人之独割，引尸祝以自助，手荐鸾刀，漫之膻腥。故具为足下陈其可否。
>
> 吾昔读书，得并介之人，或谓无之，今乃信其真有耳。性有所不堪，真不可强。今空语同知有达人，无所不堪，外不殊俗，而内不失正，与一世同其波流，而悔吝不生耳。老子、庄周，吾之师也，亲居贱职；柳下惠、东方朔，达人也，安乎

卑位。吾岂敢短之哉！又仲尼兼爱，不羞执鞭；子文无欲卿相，而三登令尹。是乃君子思济物之意也。所谓达能兼善而不渝，穷则自得而无闷。以此观之，故尧、舜之君世，许由之岩栖，子房之佐汉，接舆之行歌，其揆一也。仰瞻数君，可谓能遂其志者也。故君子百行，殊途而同致，循性而动，各附所安。故有处朝廷而不出，入山林而不反之论。且延陵高子臧之风，长卿慕相如之节，志气所托，不可夺也。

吾每读尚子平、台孝威传，慨然慕之，想其为人。少加孤露，母兄见骄，不涉经学。性复疏懒，筋驽肉缓，头面常一月十五日不洗；不大闷痒，不能沐也。每常小便而忍不起，令胞中略转乃起耳。又纵逸来久，情意傲散，简与礼相背，懒与慢相成，而为侪类见宽，不功其过。又读《庄》《老》，重增其放。故使荣进之心日颓，任实之情转笃。此由禽鹿，少见驯育，则服从教制；长而见羁，则狂顾顿缨，赴蹈汤火；虽饰以金镳，飨以嘉肴，逾思长林而志在丰草也。

阮嗣宗口不论人过，吾每师之，而未能及。至性过人，与物无伤，唯饮酒过差耳。至为礼法之士所绳，疾之如仇，幸赖大将军保持之耳。吾不如嗣宗之资，而有慢弛之阙；又不识人情，暗于机宜；无万石之慎，而有好尽之累，久与事接，疵衅日兴，虽欲无患，其可得乎？又人伦有礼，朝廷有法，自惟至熟，有必不堪者七，甚不可者二。卧喜晚起，而当关呼之不置，一不堪也。抱琴行吟，弋钓草野，而吏卒守之，不得妄动，二不堪也。危坐一时，痹不得摇，性复多虱，把搔无已，而当裹以章服，揖拜上官，三不堪也。素不便书，又不喜作书，而人间多事，堆案盈机，不相酬答，则犯教伤义，欲自勉强，则不能久，四不堪也。不喜吊丧，而人道以此为重，己未见恕者所怨，至欲见中伤者，虽瞿然自责，然性不可化，欲降心顺俗，则诡故不情，亦终不能获无咎无誉如此，五不堪也。不喜俗人，而当与之共事，或宾客盈坐，鸣声聒耳，嚻尘臭处，千变百伎，在人目前，六不堪也。心不耐烦，而官事鞅掌，机务缠其心，世故繁其虑，七不堪也。又每非汤、武而薄周、孔，在人间不止，此事会显，世教所不容，此甚不可一也。刚肠疾恶，轻肆直言，遇事便发，此甚不可二也。以促中小心之性，统此九患，不有外难，当有内病，宁可久处人间邪？又闻道士遗言，饵术、黄精，令人久寿，意甚信之。游山泽，观鱼鸟，心甚乐之。一行作吏，此事便废，安能舍其所乐，而从其所惧哉！

夫人之相知，贵识其天性，因而济之。禹不逼伯成子高，全其节也。仲尼不假盖于子夏，护其短也。近诸葛孔明不逼元直以入蜀，华子鱼不强幼安以卿相，此可谓能相终始，真相知者也。足下见直木必不可以为轮，曲者不可以为桷，盖不欲以枉其天才，令得其所也。故四民有业，各以得志为乐，唯达者为能通之，此足下度内耳。不可自见好章甫，强越人以文冕也；己嗜臭腐，养鸳雏以死鼠也。吾顷学养生之术，方外荣华，去滋味，游心于寂寞，以无为为贵，纵无九患，尚不顾足下所好者。又有心闷疾，顷转增笃，私意自试，不能堪其所不乐。自卜已审，若道尽途穷则已耳。足下无事冤之，令转于沟壑也。

吾新失母兄之欢，意常凄切。女年十三，男年八岁，未及成人，况复多病，顾此恨恨，如何可言。今但愿守陋巷，教养子孙；时与亲旧叙阔，陈说平生。浊酒一杯，弹琴一曲，志愿毕矣。足下若嬲之不置，不过欲为官得人，以益时用耳。足下旧知吾潦倒粗疏，不切事情，自惟亦皆不如今日之贤能也。

若以俗人皆喜荣华，独能离之，以此为快，此最近之，可得言耳。
然使长才广度，无所不淹，而能不营，乃可贵耳。若吾多病困，
欲离事自全，以保余年，此真所乏耳。岂可见黄门而称贞哉！
若趣欲共登王途，期于相致，时为欢益，一旦迫之，必发其狂疾。
自非重怨，不至于此也。

　　野人有快炙背而美芹子者，欲献之至尊，虽有区区之意，
亦已疏矣。愿足下勿似之。其意如此。既以解足下，并以为别。
嵇康白。

文中"必不堪者七，甚不可者二"云云，往往为人视作名士放达
的典型。实则当时名士确有其持守在，所作所为并非漫无涯际，
否则阮籍亦不必在"达"与"作达"之间作出区别了。[1]

　　就《与山巨源绝交书》而言，嵇康的主旨并不是要袒露自己
异乎寻常的放达行径；而其拒绝山涛之荐出仕，固然有实际的政
治上的理由，不过，这在本文中难以直陈。细绎篇章，其意脉贯
通之处乃在依循本性。试看其开篇即谓："足下傍通，多可而少怪，
吾直性狭中，多所不堪，偶与足下相知耳。"以个性之异分判彼此，
割席断谊。下文接以"性有所不堪，真不可强"，两言"不堪"，
为后面自述性情张目。在说明自我之性情前，嵇康提出了"一篇
之警策"[2]："君子百行，殊途而同致，循性而动，各附所安。
故有处朝廷而不出，入山林而不反之论。""循性而动"显然是

第六讲　《庄子》外三篇：「无为」

---

[1]《世说新语·任诞》："阮浑长成，风气韵度似父，亦欲作达。步兵曰：'仲容已预之，
卿不得复尔！'"刘孝标注引《竹林七贤论》："籍之抑浑，盖以浑未识己之所以为达也。"
[2]陆机《文赋》："立片言而居要，乃一篇之警策。"钱锺书释"警策"曰："'警策'
不可与后世常称之'警句'混为一谈。采摭以入《摘句图》或《两句集》之佳言、隽语，
可脱离篇章而逞精采；若夫'一篇警策'，则端赖'文繁理富'之'众辞'衬映辅佐，苟'片言'
子立，却往往平易无奇，语亦犹人而不足惊人。"（《管锥编》第三册，中华书局，1979 年，
第 1198 页）

核心所在，苟依循本性，则隐逸、出仕皆无不可。【一】而后剖白自己的性情，如"不堪者七""不可者二"之类，指出其与仕途、官场不合，因而也就顺理成章导出不宜出仕的结论。最后回到两人的交谊，"人之相知，贵识其天性"，既然彼此性情不一，又不能明了对方的性情，则万勿以己强人，就此诀别，各走一边了。

以循自然之性而动为主脉，是《与山巨源绝交书》关键所在，比勘前面对《骈拇》等数篇的解析，若合符契，无疑渊源于《庄子》。【二】"循性而动，各附所安"的思想，在玄学时代屡屡可见：在当时庄学兴盛的脉络中，嵇康的观念可谓导夫先路，如郭象之注《庄子》亦有"率性而动"[1]，"各安其所安"[2]之语【三】；而在文学中，如陶渊明《归园田居》之一：

> 少无适俗韵，性本爱丘山。
>
> 误落尘网中，一去三十年。
>
> 羁鸟恋旧林，池鱼思故渊。
>
> 开荒南野际，守拙归园田。
>
> 方宅十余亩，草屋八九间。
>
> 榆柳荫后檐，桃李罗堂前。
>
> 暧暧远人村，依依墟里烟。
>
> 狗吠深巷中，鸡鸣桑树巅。
>
> 户庭无尘杂，虚室有余闲。
>
> 久在樊笼里，复得返自然。

---

[1]《庄子·人间世》："福轻乎羽，莫之知载。"郭象《注》："率性而动，动不过分，天下之至易者也。……举其性内，则虽负大钧，而不觉其重也；外物寄之，虽重不盈锱铢，有不胜任者矣。"

[2]《庄子·齐物论》"昔者十日并出"郭象《注》："若乃物畅其性，各安其所安，无远迩幽深，付之自若，皆得其极，则彼无不当而我无不怡也。"

陶渊明撤身仕途，回返田园，是中国文化史上具有特殊意义的典型姿态；而以这首诗中的自述，其出于"性本爱丘山"。"性"爱"自然"，因而幡然悔悟，不正是"循性"之举吗？诗的主要篇幅形容田园生活之景之情，构成"性本爱丘山"充实的内容，是田园生活乐趣之所在。结句"复得返自然"之"自然"，不妨作两重义解，它或许可以解作田园的自然环境，然而更当视为自然之性，【四】即在"误落尘网"后多年，抛却"俗韵"，回返当初爱"自然"之"性"。[1]

此两例，足见《庄子》尊重性之本然的观念影响之大。

补释

【一】郭象《庄子注》有类似之说，他并不认为完全退隐、一无所为才是正当的。"无为者，非拱默之谓也，直各任其自为"（《在宥》"君子不得已而临莅天下"注），所作所为只要依乎自然，则也属"无为"而非"有为"："各当其能，则天理自然，非有为也。"（《天道》"古之人贵夫无为也"注）其注《逍遥游》"子治天下，天下既已治也"直接涉及山林、魏阙间的关系，说得更明白："若谓拱默乎山林之中，而后得称无为者，此庄老之谈所以见弃于当涂。"也就是说"当涂"执政者如能顺乎自然，则亦可谓"无为"。

【二】就《与山巨源绝交书》本文言，不仅有"老子、庄周，吾之师也"及"又读庄、老，重增其放"的直接表白，且多处涉及《庄子》的典实：如分辨彼此仕隐之不同时所谓"不可自见好章甫，强越人以文冕也；已嗜臭腐，养鹓雏以死鼠也"，前句出《逍遥游》，后句出《秋水》；又如谓山涛"恐足下羞庖人之独割，引尸祝以自助，

---

[1]陶渊明《归去来兮辞》序中"质性自然，非矫励所得，饥冻虽切，违己交病"云云，所强调者亦此依循本性之义。

手荐鸾刀，漫之膻腥"之语，出《逍遥游》。

【三】郭象《庄子注》之著作权归属，如《世说新语·文学》所载，或有争议；然纵使其中包含诸多向秀注语，向秀与嵇康同为竹林玄学中人，亦可谓此等雷同之处，乃当时玄学哲人之通观共识。

【四】"自然"在道家典籍中，并非自然界、大自然之谓，而是自然而然、自己如此的意思。张岱年曾分析说："'自然'二字，《老子》书中曾数用之"，"所谓'自然'，皆系自己如尔之意，非一专名"，"不得视为一名词"（《中国哲学大纲》，中国社会科学出版社，1982年，第18页）。在西方，"自然"恐怕属于最复杂的概念之一，著名的思想史家洛夫乔伊（Arthur O. Lovejoy）曾归纳过它的数十种意指。早在古希腊时代，亚里士多德《物理学》卷二里曾谓"自然是因其本性而运动、静止的那些事物"，它与所谓"诗"（在古希腊意指"制作"）相对立。在这个表述里面，包含着"自然"两个向度的意义，首先是"过程"，其次是"过程的产物"。前者涉及事物自然产生的原则（这属于亚里士多德所谓"形式"），后者则涉及可以察见的自然事物（这属于所谓"质料"）。这样的区别，在西方的思想世界之中始终延展下来。波兰学者塔塔科维兹（W. Tatarkiewicz）在 *A History of Six Ideas* 第十章第一节里面谈到，波兰文用两个不同的语词表达这两个不同的面向。在中国的语境中，"自然"一词其实也具有类似的两个面向，对应于 nature，前者的译名是"本质""本性"，后者的译名是"大自然""自然界"。

第七讲

「天—性」脉络中的「美」

一、对"天"的多重认识

《庄子》在《汉书·艺文志》中列入道家，今人论庄学及其文艺、美学观念，无不由"道"始。

"道"在古代思想史上含义甚为繁杂，在某种意义上实是一空框，是各流各家学术系统中的"虚位"而非"定名"。这一层意思，韩愈《原道》申发儒家之"道"时曾予以揭穿："博爱之谓仁，行而宜之之谓义，由是而之焉之谓道，足乎已无待于外之谓德。仁与义为定名，道与德为虚位。"就所谓"道家"而言，不能不注意到"道家"一名与"儒""墨"不同，乃是秦汉之际才逐渐流行的概念，由司马谈首先从学术上作了概括，其文献在刘氏父子到班固"考镜源流、辨章学术"的目录学著作中得到了整理。胡适《中国中古思想史长编》称"司马谈所谓道家，正是《汉书》所谓'兼儒墨，合名法'的杂家"，虽未尽周全，却是非常敏锐的看法。这些事实表明，所谓"道"有待进一步的勘探。

古时学术为天下公器，章学诚以为"言公"（《文史通义》），也即《庄子·天下》所说各家对某一学说"闻其风而说之"，承续其统绪言而申说发挥，因而方有孔子"述而不作"的观念。"道"论是《老子》的核心，《庄子》对"道"有颇多申述，但较之老学并未有真正的突破，视之为"述"，或许更为合适。《庄子》在思想史上的突出贡献是对"天"的提升。《庄子》本文中，"道""天"有时就是相关联而沟通的。《德充符》："道与之貌，天与之形"，"形""貌"同一，"道""天"相通。《天道》："天地固有常矣，日月固有明矣，星辰固有列矣，禽兽固有群矣，树木固有立矣。……循道而趋，已至矣。"此"道"即"自然"之义，也即庄学所突显的"天"义。

哲学史上的一般意见以《老子》为主要代表，肯定古代思想家将"天"作为与"地"对举的物质性、宇宙论的"天"，而并没有充分估计《庄子》阐发《老子》中隐约的"自然"内涵，将"天"提升到哲学的高度。庄学这一意义的"天"与原始宗教之"天"的区别在于，后者是具有神格性的；而它与老学之"天"的区别在于，一为状态性的，一为实体性的。实体的"天"是实在的、宇宙论的，而状态的"天"是逻辑的、哲学的。

然而复杂性在于，思想的更迭是一连续的过程，多重观念可能缠杂共存。《庄子》对于主宰性的意志之"天"并未全然抛却，庄学中许多颇具神秘性的观念亦应向其所保留的主宰性意志之"天"这一层面找寻原由。即以"天"的"自然"这一方面而言，说"天"是"自然""本然"之义，是从理性化的清晰程度说的。就像《老子》以"水"等为其"柔弱胜刚强"的"反者道之动"的象征，《庄子》亦是观念与现象兼融，其"天"为"自然"的现象象征即是"浑沌"，[1]它是不可离析的（《应帝王》）。"天""人"对立的解决，在观念形态上说，即去除"人为"、依乎"自然"；在现象象征方面而言，即与"浑沌"同一。此与"浑沌"同一的观念和向"天"这一生成本原返归的倾向是相互缠结的。也就是

---

[1]"浑沌"之意涵，参见第二讲第三节中的相关讨论。

说，庄学在某一特定向度上可达到高度的理性清晰程度，而其思想结构中古典思维模式仍是基本的制约性因素。

正是基于对《庄子》"天"的观念的重视及对它多重性的认识，这一讲试图较为切近地把握《庄子》关于"艺""文""美"之生成与本质的思想。

二、"天地有大美而不言"

远古时的观念，万物以"天"为本，"天"具有本源的地位。古人以为"精""气"构成万物，人作为万物之一，概莫能外。《管子·枢言》曰"有气则生，无气则死，生者以其气"，其《心术》曰"气者身之充也"。《孟子·公孙丑上》："气，体之充也。"《庄子》亦如是说："人之生，气之聚也，聚则为生，散则为死。"（《知北游》）"天"与"精""气"密切相关，"天地合而万物生，阴阳接而变化起"（《荀子·礼论》），在这一过程中，"天出其精，地出其形，合此以为人"（《管子·内业》）。《淮南子·精神》亦称："精神者，所受于天也，而形体者，所禀于地也。"大抵说来，"精""气"源自"天"，而万物之生存有待于"精""气"之聚构，"天"之本源性因此而突显。

《庄子》的观念与此一思路契合，《达生》篇论及"天""地""精""形"：

> 天地者，万物之父母也，合则成体，散则成始。形精不亏，是谓能移，精而又精，反以相天。

也就是说，"天"之"精"、"地"之"形"相合成"物"，散则变为他物之始，[1]处在一自然而然的生命转化过程中，可以说，古代修养精神、全真葆生的观点皆源始于这一观念。

既然《庄子》的思想结构中，"天"具有本源性的地位，而"天"是庄学之"道"的"定名"，那么可以说，庄学之"天""道"从根源上规定了"艺""文"。"艺"为"道"所规定，"道"是"艺"的根源，远非仅庄学一家独有的观念，而是中国艺术思想所共有的观念。然而具体到《庄子》由"道"至"艺"显呈的特点，即庄学如何规范"艺""文"之本源，则有待比较的阐说。

古代典籍中论"天""道"为"艺""文"本源的以《礼记·乐记》为典型："地气上齐，天气下降，阴阳相摩，天地相荡，鼓之以雷霆，奋之以风雨，动之以四时，暖之以日月，而百化兴焉，如此则乐者天地之和也。"通常以"天""道"至"艺""文"的中介为"人"，以"文"而言，"天文"与"人文"的中介即"人"。《易·系辞传》述庖牺氏之作八卦，"仰则观象于天，俯则观法于地，观鸟兽之文与地之宜，近取诸身，远取诸物"，正是讲"人"在"天文"到"人文"中的作用。[2]"天""道"经由"人"而实现于"艺""文"，最为完整的表述在刘勰《文心雕龙·原道》中：

> 夫玄黄色杂，方圆体分。日月叠璧，以垂丽天之象；山川焕绮，以铺地理之形，此盖道之文也。仰观吐曜，俯察含章，

---

[1]宣颖《南华经解》："二气合，则生物形。散于此者，为生于彼之始。"《列子·天瑞》亦有类似说法："死之与生，一往一反，故死于是者安知不生于彼？"
[2]儒学复兴，到宋明时成为思想界主流，文学的本质论中"道""文"关系是一核心。如朱熹所谓"文皆是从道中流出"，"道者，文之根本；文者，道之枝叶。惟其本乎道，所以发之于文，皆道也，三代圣贤文章，皆从此心写出"（《朱子语类》卷一三九）等思想，多遭时贤痛诋。姑不论其"道"之义蕴究竟，似皆未能推溯此一观念之关系结构的源始，予以真切的剖析。

高卑定位，故两仪既生矣。惟人参之，性灵所钟，是谓三才，为五行之秀，实天地之心。心生而言立，言立而文明。

"道之文"到"言之文"的转移实现，是以"性灵所钟"的"人"为中介的；简捷地说，即"道沿圣以垂文"。这一"天""人""文"的呈显结构成为古典文艺本质论的基本模式。

《庄子》的取向则有所不同，它固然也认为"艺""文"根源于"天""道"，但并没有执着于"人"的中介。庄学对"人"这一主体"无为"的行为规范，阻断了对"人"实现"艺""文"作用的强调，《知北游》云：

天地有大美而不言，四时有明法而不议，万物有成理而不说。圣人者，原天地之美而达万物之理。是故至人无为，大圣不作，观于天地之谓也。

《庄子》中的"圣人"同样能推源天地万物之"美""理"，但庄学在本体论上认为天地万物自然运作，"不言""不议""不说"；"圣人"拟仿自然也就只是"无为""不作"，因而并不如《文心雕龙·原道》导向"言之文"的结果。然而此"美""理"并非不可闻见，它们是自然呈现的，即所谓"日月迭璧""山川焕绮"，在《原道》的立场上属于"道之文"的范畴。也就是说，《庄子》所重在"天""道"所呈现之"大美"，而不在"人"之仿照"天""地"的"作""为"。这与庄学去人合天的主导倾向是一致的。这些"大美"的自然呈现也有其存在的基点："性"。

"性"在庄学中是一关键性的概念。"天"作为万物之本源与万物别异，而它"自然"的涵义亦是逻辑的、抽象性的，"天"

并非实体性地存在于万物之中，这也是古典思想中"道""器"结构的基本特征。庄学中，"天"在万物中的落实处即万物之"性"。《庄子·天地》：

> 泰初有无，无有无名，一之所起，有一而未形；物得以生，谓之德；未形者有分，且然无间谓之命；留动而生物，物成生理谓之形；形体保神，各有仪则，谓之性。

此节通说"无""一""德""命""形""性"诸概念，叙述生成衍发的过程。

所谓"无"，即《老子》首章"无，名天地之始"。所谓"一"即是"有"，《老子》四十章："天下万物生于有，有生于无。"冯友兰以为《老子》之"道"兼括"无""有"而言："道乃万物所生之原理，与天地万物之为事物者不同。事物可名曰有；道非事物，只可谓无。然道能生天地万物，故又可称为有。故道兼有、无而言。无言其体，有言其用。"[1]由此，《天地》首说"无""一"即所以释"道"。

"德"者，得也，"德"是万物个体所"得"于本源、本体者，它既表示从"道"这一本源到万物衍生的过程，也表示万物于本源之所得，这所得者在万物个体中即"性"；"形体保神，各有仪则，谓之性"，"性"兼括"形""神"二者，显然要高于"形""神"。结合"性修返德，德至同于初"的说法，可知"道""德""性"的根本精神一脉相承。

《天地》对"道""德""性"的说解是从生成的次第上讲的，同时也可理解为本末、本体现象的逻辑秩序："天""道"落实

---

[1] 冯友兰《中国哲学史》，商务印书馆，1947年，第220页。

于万物之"性"，才得到现实的呈现，而"性"即以"天""道"为皈依，禀承后者的精神。

"天—性"是庄学内在的重要理路，把握了它才能真切理解《庄子》对自然"大美"的推重。"天""道"是"艺""文"的本源，而"天""道"在"艺""文"中的呈现，即在其"性"，"性"体现了"艺""文"的"天""道"本源性。"大美"在于"天地"，其基点即在于"天地"之"性"，此"性"体现了"天""道"之本源性，由此"大美"所体现的"天"性就不是一种外在的非本己的要求，而是一种基本的本质。"性者生之质"，"性"是存在的原有禀赋。只有执着于此一本然，不违"性"，才真正有"大美"的实现。也就是说，对人为的造作，《庄子》执消极的看法，而注重自然生成。

《庄子·齐物论》"天籁""地籁""人籁"一节向来被认为是对"艺""文"的重要论述，三者的关系，或以为是三者迭次提升，而郭象认为，"天籁"并非一实体性的存在。[1]"地籁""人籁"皆依凭孔窍而得发生，如依其万般性状，自然发生即是"天籁"。"地籁""人籁"是实存的，而"天籁"是对"地籁""人籁"自然本性的抽象，"天籁"之实现，即落在"地籁""人籁"的自性上。"地籁""人籁"当然也是有差别的，但这一差别与它们和"天籁"的不同是不可同日而语的，前者只是程度的而后者则是性质的。"地籁""人籁"的差别在其"自性"形成的不同，"山川"的形成是天地的造作，"比竹"则是人的造作，有与天地自然本源远近之别，故此大地的声响是更为自然、本源的。从这里，正可看出庄学对作为艺术本质的"天""道""自然"的执着，"天""道""自然"是"艺""文"的根本。

---

[1]郭象《注》曰："夫天籁者，岂复别有一物哉？"

庄学以"美"的首要因素为体现"天""道""自然"的本性，甚至可以认为"天""道"之外无所谓"艺""文"，真正的"艺""文"即"天""道"；这由对"大""美"的剖析可知。

"大美"的含义在《庄子》中可大致分为两层。其一指"弘大而辟"。《秋水》中，"秋水时至，百川灌河，泾流之大，两涘诸崖之间，不辩牛马。于是焉河伯欣然自喜，以天下之美为尽在己"，待到面对海洋，才领受到一番教训："出于崖涘，观于大海，乃知尔丑，尔将可与语大理矣。"此"美"大抵意指弘大。

其二，也是更重要的，"大"即指"道"之本体。《老子》早曾将"大""道"相连："有物混成，先天地生……吾不知其名，字之曰道，强为之名曰大。"（第二十五章）《庄子》亦将"大"判定为"道"的特质："夫道，覆载万物者也，洋洋乎大哉。"（《天地》）这一点尤其突出地表现在《天道》对"大""美"的区分。文中舜以为尧的作为"美"而未"大"，将"美"与"大"作了区别。舜之所谓"大"是"天德而土宁"，以"日月照而四时行"形容之，即自然运转、有经有常的意思。比较同篇中"天地固有常矣，日月固有明矣，星辰固有列矣，禽兽固有群矣，树木固有立矣。……循道而趋，已至矣"的思想，"大"指"道""自然"无疑。尧承认舜"天之合也"，更是将"大"的行为与"天"明确连在一起。"大"高于"美"，即"天""道""自然"高于"美"。《庄子》以前者为根本，以为最高宗旨，犹如孔子以"美""善"兼合高于"美"，论"《韶》尽美矣，又尽善也"，而"《武》尽美矣，未尽善也"（《论语·八佾》），都是执着于自己思想的根本。

有学者以为"大美"所强调的是"全"这一层面，虽并非毫无根据，《庄子·齐物论》就有"大道不称"之说，但实非探本之论。"全""亏"之辨是由《齐物论》名辩立场申论的，所说的严格看来只是在主体认识范畴内展开的，而没有达及"大"即"道""天"这一本体意义，此义即是"自然""本然"，也就是《天道》所谓"日月照而四时行"之"天地"，是真正可"大"、应予"共美"的。概言之，真正的"美"在于自然、本然的呈现，真正的"美"的本质即在本然。

"美"在本然，则与人为之巧是对立的，《大宗师》所谓"覆载天地刻雕众形而不为巧"。这一观念有着深刻的延展性，《文心雕龙·原道》就显明地指出了天地万物之"文"皆出于自然，是其本性所禀有："龙凤以藻绘呈瑞，虎豹以炳蔚凝姿。云霞雕色，有逾画工之妙；草木贲华，无待锦匠之奇。夫岂外饰，盖自然耳。""外饰""自然"之别，就在"文"是万物本性所具的，而非外在的装扮，所谓"辩丽本于情性"（《文心雕龙·情采》）。这与《庄子》重自然本真的观点在精神上是一致的。要说差异，或许就是一以"雕色""贲华""藻绘""炳蔚"为自然本真，一以素朴淡漠为自然本真。庄学以"虚静恬淡寂漠无为者，天地之本[1]而道德之至"（《天道》），因而才说："澹然无极而众美从之，此天地之道，圣人之德也。"（《刻意》）郭象《注》调合素朴、辩丽曰："苟以不杂为素，则虽龙章凤姿，倩乎有非常之观，乃至素也。若不能保其自然之质而杂乎外饰，则虽犬羊之鞟，庸得谓之纯素哉？"郭注虽然有违庄学以"虚静恬淡寂寞无为"为万物之本性的观念，但抓住"自然之质"则是非常准确的，且这正是《庄子》与《原道》两种观念在思想上能沟通的关键。

---

[1] "本"，原作"平"，马叙伦《庄子义证》："《刻意篇》作'本'，当从之。下文曰：'夫虚静恬淡寂寞无为者，万物之本也。'是其证。平、本形声相近而伪。"（《马叙伦全集》本《庄子义证 庄子天下篇述义》，浙江古籍出版社，2019年，第308—309页）据改。

三、"真""朴"落实于性

"自然之质"即本性之谓。《庄子》对物性本然的规定是"朴"。"朴"亦是《老子》中最重要的概念之一，出现近十次。"朴"原义当是未曾残伤之木。《老子》中有"朴散则为器"（第二十八章）；未经残伤则保存了本真的性状，由物质实体之"朴"代称此抽象义涵，因有纯朴、朴素的意义。《老子》有"见素抱朴，少私寡欲"（第十九章）等；《老子》中还将"朴""道"相连，"道常无名，朴虽小，天下莫能臣也"（第三十二章）。《庄子》中尤其发挥了纯朴、朴素一层义，或曰"朴"，或称"朴素"（《天道》）、"素朴"（《马蹄》）、"朴鄙"（《胠箧》《渔父》）等。"朴"指向原初本真，与庄学对"天"之形象性的象征"浑沌"有相通之处。《应帝王》篇中的"浑沌"，一经凿开，其真性丧失，只有"死"路，与"朴散则为器"正相仿佛。郭象《注》曰："为者败之。"因而当"无为"。所谓"无为"即依循物性自然而不违逆它之意，《庄子·天地》"无为为之之谓天"是最好的说明。"无为"，乃可保守纯朴。

修浑沌氏之术者也；识其一，不知其二；治其内，而不治其外。夫明白入素，无为复朴，体性抱神，以游世俗之间者，

汝将固惊邪？（《天地》）

这里"素""朴""无为""浑沌"等互相关联，大致有两条线索：
"识其一，不知其二"即"素"，"治其内，而不治其外"即"朴"。
比照《刻意》"素也者，谓其无所与杂也；纯也者，谓其不亏其神也"，
"纯"为"不亏其神"即无所伤损，"素"为"无所与杂"即依
然故我。"纯""朴"相近，"不亏其神"即"体性抱神"，守
住精神性情之本然，便是"修浑沌氏之术"，以天然存在为至上。
不纯朴即有损于原本的性情，是不足取的，可以说，以秉承天然
的物性本然为尚，正体现了庄学"天""性"的内在理路，也是
庄学对包括"艺""文"在内的事物予以评价的核心观念。因而
所谓"美"，只有在尊重存在之本然，或曰不失性的前提下才存在，
也就是说"自然"高于"美"，"朴"先于"美"。

立足于"性"之"朴"而论美丑，是《庄子》立足于本然之存在、
立足于万物之本源的突出表现：

> 百年之木，破为牺尊，青黄而文之，其断在沟中。比牺
> 尊于沟中之断，则美恶有间矣，其于失性一也。

"百年之木"即"未残"之"朴"，一旦斩断，或者做成祭祀酒器，
或者抛置沟壑，一则青黄文饰，一则残伤痕迹犹在，在世间看来
是有"美""恶"之不同，而《天地》则以为皆是失性，不可取。"牺
樽""珪璋"经雕琢文饰之后的美，庄子以为不是真正的"美"，
是以失去本真为代价的。"纯朴""白玉"本身才是真正的美。也
就是在这个意义上，《庄子》以为"朴素而天下莫能与之争美"（《天
道》）。《庄子》所肯定的"文""美"当是根源自本性的"文""美"。

《庄子》中与"朴"相类似的概念有"真","真"也具本然的涵义。《天道》篇中曰:"极物之真,能守其本。""真"可说即是指存在的本然。《大宗师》中子桑户死了,孟子反、子琴张等具有共同生死观念的朋友们"或编曲,或鼓琴,相和而歌曰:'嗟来桑户乎!嗟来桑户乎!而已反其真,而我犹为人猗!'"其中,"真""人"相对举,"真"是指自然迁化的生命本然,而"人"只是这一迁变过程的某一特殊阶段,即所谓人生的这一阶段。

"真"在《庄子》中是极为重要的范畴,屡屡言及,如"葆真"(《田子方》)、"全真"(《盗跖》)、"守其真"、"贵真"(《渔父》),都是执着于本然的意思。"真"作为存在的本然,或"物"("物之真")或"人"("真人"),都在其"性"中落实。郭象《秋水注》曰:"真在性分之内。"就如"朴"用以形容"性"之本然,《庄子》亦以"真"形容后者,有"真性"的概念:"马,蹄可以践霜雪,毛可以御风寒,龁草饮水,翘足而陆,此马之真性也。"(《马蹄》)"真"在"性"中落实,也即是说"真"在存在的内部植根,"真"所呈现的就是"天"的"自然""本然"的含义。"真在内"(《渔父》),"天在内"(《秋水》),"天""真"是相互联系的,这也体现了"天""性"的思想结构。更深刻地把握"真",当在"天""人"关系中看。如《秋水》篇中:

(河伯)曰:"何谓天?何谓人?"北海若曰:"牛马四足,是谓天;落马首,穿牛鼻,是谓人。故曰:"无以人灭天,无以故灭命,无以得殉名。谨守而勿失,是谓反其真。"

此节最为透辟地阐说了"自然""人为"的观念。"牛马四足"是其本然,即"天",而对牛马加以治理笼络则违其本然,是"人"。

"天""人"的冲突即自然本性与违逆固有天理的人为之间的对立。此节中，"天""人"一句是总论；"命""故"则就人性范围立论，"得"（德）、"名"就社会范围立论，皆是分疏；末句所谓"守"，即指守住"天""命""德"，"真"即所"守"者，在"自然"和"人为"之间所倾重的是"自然"。

"真"意指"本然""自然"，《渔父》："真者，所以受于天也。"它主要禀承了天赋的本然，植根于内在的本性。值得注意的是，这一内在的禀性在《渔父》篇中被视为人这一主体所内具而又向外呈现的性情，"真在内者，神动于外"：

> 真者，精诚之至也。不精不诚，不能动人。故强哭者虽悲不哀，强怒者虽严不威，强亲者虽笑不和。真悲无声而哀，真怒未发而威，真亲未笑而和。

内在的真性发动，向外呈显，这种发自内的喜怒哀乐才是真的喜怒哀乐。"真"所反对的就是不由本真处发抒的"强"，"强"则有违自然。《天运》"里之丑人"效颦西施即是"强"，因并未真的"病心"。《秋水》"邯郸学步"，后人也做了依循外在准则而丧失本来面目的引申。这一执着于主体内在禀性不强为造作而重自然发抒的观念对后世有深切的启示，李白《古风》中的"天真"即是一例："丑女来效颦，还家惊四邻。寿陵失本步，笑杀邯郸人。一曲斐然子，雕虫丧天真。"

前面已经说到，在庄学观念中，人或物的本性是天所赋予的，值得肯定的是对性之本然的执持。这样，在艺术创造中，主体真性情的自然发抒就具有了深刻的关于艺术本质的意义。从本源上讲"艺""文"的"自然""朴""真"之类特质，与只是在技法、风格上讲这些是不同的。后代大量对诗文技巧的论述常是技法层面的，而推源到本质来规定"艺""文"的"自然""真""朴"，则将思考保持在本原高度上。庄学突出落实在"性"中的"自然""朴""真"，便决定了它们不是外在的要求，而是内在的基本性质。

庄学的"天""性"中的思路固然是对"人"有所拒斥，但在现实的艺术活动中，"人"的因素必不可少。庄学所取即以"人"合"天"的方向，让"天性"落实于"人性"，让"人性"向"天性"认同皈依。从这个角度来说，保持人性的"真""自然"，即使得"天""人"贯通，致使"人"的创造合乎"天"之精神。而保持人性之"真"的努力是生命的实践，同时也是艺术的实践。人格的自然流露是高质量文艺诞生的源本，如陶渊明"质性自然，非矫厉所得"（《归去来兮辞序》），这种高卓的人格与天地万物之属性根本上相交通，即使出之以质朴的言辞，也可造成深切感人的艺术，原非章句润饰所可追摹。《韵语阳秋》引述苏轼称扬陶诗多"知道之言"："盖摘章绘句，嘲弄风月，虽工亦何补？若睹道者，出语自然超诣，非常人能蹈其轨辙也。"此"道"当指大化自然的天地奥秘，"睹道者"[1]通达天地质性，通过天人相通，天地精神无碍地呈显于文艺。

杜维明曾援据徐复观的论说，指出"儒家和道家共有一种自我修养乃是艺术创造基础的观念"，"它提出了一条省思何为艺术而非考虑艺术功能应当如何的路径。在此意义上，艺术不仅成为需要把握的技巧，而且成了沉潜深化的主体性的展现。艺术感动、触动我们，因为它来自人类和天地万物共有的灵感之源"。【一】

---

[1] "睹道者"大抵同于《庄子·则阳》的"睹道之人"，后者所睹之"道"正是讲的天地万物的运作。

这提示我们注意庄学观念与整个古代文艺思想的联系，进而意识到：古代文论从主体内在的修养来把握艺术创作核心的思路，实不仅局限于创作论，而是就艺术本体这一中心而发。

补释

【一】杜维明原文如下：

Confucians and Taoists share the belief that self-cultivation is basic to artistic creativity. … It suggest a way of perceiving what art is rather than what its function ought to be. Art, in this sense, becomes not only a technique to be mastered but also an articulation of a deepened subjectivity. It moves and touches us because it comes from a source of inspiration which humanity shares with heaven, earth, and the myriad things.

引自 *The Idea of the Human in Mencian Thought: An Approach to Chinese Aesthetics*，载 *Confucian Thought: Selfhood as Creative Transformation*，Albany: State University of New York, 1985。该书有中文译本《儒家思想新论》（江苏人民出版社，1991 年），上及段落见该书《孟子思想中人的观念：中国美学探讨》，第 91 页。

第八讲

《庄子》之后的思想波澜

一、战国到西汉的老庄流别

饶宗颐先生曾有《战国西汉的庄学》[1]一文，条举晚周西汉时代学术史上关注庄子之学的大端，卓有贡献。此处拟以同一时段为限，对于其时老子之学与庄子之学的异同曲折做进一步分析，在讨论老庄之间的着重和路径差别的基础上，勾勒两者起伏离合的脉络。

1. 司马父子整齐学术中的老庄

司马迁著《史记》，志向宏大，希求"究天人之际，通古今之变，成一家之言"（《报任安书》），因而整齐以往学术便是不可或缺的一项工作，他自己就说过"整齐百家杂语"（《史记·太史公自序》）的话。通观《史记》中诸子百家的传记，《老子韩非列传》将老子、庄子、申子和韩非合传，以后世之眼光，似颇出人意表。要想探究其根由，首先或当分析司马迁对老、庄、申、韩各人的认识。

关于老子，司马迁评曰："老子修道德，其学以自隐无名为务。"他对老子学说的概括只是"无为自化、清静自正"八字（《太史公自序》亦此八字），此出自今本《老子》五十七章："我无为而民

---

[1]饶文载《选堂集林·史林》，中华书局香港分局，1982年，第145–156页。

自化，我好静而民自正。"《传》中还记老子答孔子问："君子得
其时则驾，不得其时则蓬累而行。"主张要去除无益于自身的"骄
气""多欲""态色""淫志"。要言之，司马迁心目中的老子有
实行清静无为统治和隐逸修身的两方面。至于其余三位，司马迁
则指明了他们各自与老子的关系：

庄子，"其学无所不窥，然其要本归于老子之言……剽剥儒、
墨"。

申子之学，"本于黄老而主刑名"。

韩非，"喜刑名法术之学，而其归本于黄老"。

值得注意的是，他将申韩之学推源于"黄老"，而庄子仅及
"老"而已。这中间暗示了很大的学术分野。申、韩重法术，干
谏诸侯，从事于实际政治；而庄子"其言洸洋自恣以适己，故自
王公大人不能器之"。从学理上说，老、庄合为一流是适当的，
老、韩也有相当的沟通，而庄、韩同传，实颇勉强。司马迁著书，
非仅一己之私言，而深受当时整理学术思潮的影响。司马迁之父
司马谈临终嘱迁："无忘吾所欲论著矣。"司马迁答："请悉论
先人所次旧闻，弗敢阙。"（《史记·太史公自序》）司马谈正是整齐
前代学术的重要人物，由他始以"某家"来划分各派思想源流，
之前的《庄子·天下》《荀子·非十二子》等都只举称各人，未
尝另立一名以统摄之。[1]司马谈论道家[2]旨要曰：

道家使人精神专一，动合无形，赡足万物。其为术也，

[1]学派称"家"，据梁启超之说，或出《荀子·解蔽》："昔宾萌（应为"孟"）之蔽者，
乱家是也。"（参王遽常《诸子学派要诠》）后梁启雄《荀子柬释》承其兄之说。但《解蔽》
下文亦仅列数墨子至庄子六人。

[2]"道家"之名，《史记》中多见，《陈丞相世家》记陈平言："我多阴谋，是道家之所禁。"
《齐悼惠王世家》记召平言："嗟乎！道家之言'当断不断，反受其乱'。"时皆在汉初。

庄
子
讲
义

因阴阳之大顺，采儒墨之善，撮名法之要，与时迁移，应物变化，立俗施事，无所不宜，指约而易操，事少而功多。（《史记·太史公自序》）

此节论道家之学，先体后用，其主体当"精神专一，动合无形"，《老》《庄》皆有相类似的论述。至于其用，则是以流溯源，从汉代兼采各家的黄老之学入手，学理上尤注重老学清静无为的侧面。司马谈提举六家纲要，述道家后特与儒家比较，以为后者"以为人主天下之仪表也，主倡而臣和，主先而臣随，如此则主劳而臣逸"，更明显是就汉代儒学与黄老之学的争执而发的政论，与庄学了无瓜葛。且司马谈说六家皆"务为治者也"，庄子实在难以厕身其间。只不过司马谈论学不具引某书言辞，不明列某家姓氏，因而令人不易明辨在道家名号下他对老、庄的倚重倚轻。

"道家"一名与"儒""墨"不同，先秦未尝见，以道家概括老庄等学术，是汉代整齐前代学术的结果。司马氏父子之前，老庄合称见诸载籍者，唯有《淮南子·要略》："《道应》者，揽掇遂事之踪，追观往古之迹，察祸福利害之反，考验乎老庄之术，而以合得失之势者也。"《淮南子·道应》大抵引述陈说故事，而总结以老子之言，尤类《韩非子·喻老》体式。其中颇涉及《庄子》，如直引《逍遥游》："小年不及大年"，"小知不及大知"，"朝菌不知晦朔，蟪蛄不知春秋"；又以《天道》中轮扁斫轮故事喻解《老子》"道可道，非常道；名可名，非常名"。但此类援引，断章取义，并非从学术总体上加以剖判，而是就个别观念各作引伸，这也是古人述而作的常例。比如太公亶父迁岐，《庄子·让王》《吕氏春秋·审为》《淮南子·道应》皆有，而其侧重各有不同：《让王》以太公"尊生"，讥诋"今世之人，居高官尊爵者，皆重失之，见利轻亡其身"；而《道应》引《老子》"贵以身为天下，若可寄天下，爱以身为天下，若可托天下"（第十三章）[1] 予以归纳（参孙德谦《古书读法略例》卷一[2]）。司马迁整齐诸子学术，受时代思潮的影响，归纳各思想潮流将老庄申韩合传，明其承启之绪，但也敏锐地表露了对各家特性的意识，此传中即注意了庄与申韩同源异流的差异。正是在这个汉代人并未给予明晰辨别的问题上，司马迁给后人留下了一个值得推究的暗示。

2. 老庄异趋的内在契机

老庄异同，历来说辞纷歧。倘能平心体会诸子各家的评议，大致可得基本的认识。

《庄子·天下》是现今可见最早的同时论及老、庄两人的学术史文献。其中，析老、庄为两流；其余诸流，《天下》皆有贬词，唯有老、庄纯是赞语。比较《天下》所论老、庄，仅老子之"澹然独与神明居"与庄子之"独与天地精神往来，而不敖倪于万物"有沟通处。于老子，《天下》突出了知雄守雌、清虚自守和有无学说；于庄子则突出了天地生死混沌无别、变化无常的观念和与之相应的超越性人生态度，以及曼渺无涯、弘大深辟的言说风貌。[3] 比照《荀子·解蔽》"庄子蔽于天而不知人，……由天谓之道，尽因矣"，《吕氏春秋·不二》"老耽贵柔"，大体是一致的。所以说《天下》体现了庄学及老学的基本面貌。如果予以不恰当的否定，那么荀子说的庄子"因"的特性也势必没

---

[1]《淮南子·道应》引作"贵以身为天下，焉可以托天下；爱以身为天下，焉可以寄天下矣"。

[2] 孙德谦《古书读法略例》引《淮南子·道应》作"贵以身为天下，则可以托天下；爱以身为天下，乃可以寄天下矣"（上海书店出版社，1983年，第3—4页）。

[3] 或许在庄子看来，老子讲白辱雄雌之别也是当破的偏执之见。

有了着落。所谓"因"无非即由天地之大处着眼，万物可齐一，因而无须泥于是非，"上与造物者游，而下与外死生无终始者为友"（《天下》），即"逍遥"之义。明确《庄子·天下》是考察庄学思想的可靠依托，则《逍遥游》《齐物论》一支思想自当是庄学的主干。

《天下》论老子之学，应该说也是把握了其主脉的。所谓"建之以常无有，主之以太一"，此即是老学"道"论。观《老子》二十五章所论：

> 有物混成，先天地生，寂兮寥兮，独立不改，周行而不殆，可以为天下母。吾不知其名，字之曰道，强为之名曰大。

此与《天下》的概括颇合，前段由生成论的角度讲"同出而异名"（第一章）的"有""无"，后"字之曰道，强为之名曰大"，即"主之以太一"。老学之"道"虽有神秘恍惚的一面，就其理性化的层面而言，"道"之本性为"自然"，所谓"人法地，地法天，天法道，道法自然"（第二十五章）。"自然"乃一自在自为的状态，"自然"之运作规律是为"反"；"反者道之动"（第四十章）。此"反"有二义，其一"逆反"之"反"，其二"返归"之"返"。"反"，故"祸兮福之所倚，福兮祸之所伏"（第五十八章）；"返"即所谓"夫物芸芸，各复归其根"（第十六章）的"周行而不殆"（第二十五章）。老子似尤注重"反"，即两分对待的相反相成和相互转化："有无相生，难易相成，长短相较，高下相倾，音声相和，前后相随"（第二章），"将欲歙之，必固张之；将欲弱之，必固强之；将欲废之，必固兴之；将欲夺之，必固与之，是谓微明。柔弱胜刚强"（第三十六章）。老子"贵柔"，施之于世，即是据事物之"自然"运作的"反"这一规律以获成功。"反者道之动"与"道法自然"既是老子本体论的命题，也是他政治理论的基石，或曰"反"与"自然"是沟通他这两部分思想的关键。老学之"自然"直接用于现实政治论述中："悠兮其贵言。功成事遂，百姓皆谓我自然。"（第十七章）《老子》中如"自然"等兼具哲学和政治含义的还有"静"等，如说万物将"复归其根，归根曰静"（第十六章）是其宇宙本体论观点，又说"不欲以静，天下将自定"（第三十七章），"清静为天下正"（第四十五章），"我好静而民自正"（第五十七章）则是其政治学观念。当然，老子政治论术语最关键且予后人影响最大的是"无为"。"自然"是说本然的状态，"无为"是就主体行为而言，[1] 但两者实互相关联："圣人欲不欲，不贵难得之货；学不学，复众人之所过，以辅万物之自然而不敢为"（第六十四章）。"不敢为"也就是要"无为"。《老子》中"无为"多就"圣人"（第二章、三章、六十四章）一方而言，是则针对执秉权力而言，由此进而发展到所谓"君人[2] 南面之术"（《汉书·艺文志》），成为统治要术，这是很自然的趋向。

反观《庄子》，作为一流派的学术汇集，诚然亦有哲学的和现实的两方面，而其间的沟通却不是如《老子》之立足于对天地万物规律的把握，而是立足于人的主体方面。

依前所述，以《庄子·天下》的观点观照《庄子》，其思想主流当是《逍遥游》《齐物论》一支。庄子以天地宇宙为广大无垠，而人世间林林总总不过各居一隅，因有感于小大之辩，以天地宇宙的弘阔视野反观人事人智，只是偏执于一己之是非而已。况且

---

[1]今本《老子》第三十七章："道常无为而无不为。"但帛书甲、乙本俱作"道恒无名"。
[2]顾实《汉书艺文志讲疏》引王念孙说，以"人君"为是。诸子书中讲"君人"甚多，《慎子》有篇名即《君人》。

世间迁变无常，"若骤若驰，无动而不变，无时而不移"（《秋水》），莫可究诘，极而言之，大约也只是"吹万不同，而使其自己也，咸其自取，怒者其谁邪？"（《齐物论》）此为反问，实无回答之意，若强为之，则"自然"而已。庄子比老子更为强烈地把"自然"作为宇宙的根本状态，"道"对于庄子更显得是一设定而非本体。在此基础之上，庄子所关注的首先是人的主体处境。庄子的思辩是为了破执，至于使主体的人"不谴是非"。庄子的人生指向是顺随自然而生活，委心任运，全生保真。独与天地精神往来，"上与造物者游，而下与外死生无终始者为友"是其生活的境界，"不敖倪于万物，不谴是非，以与世俗处"（《庄子·天下》）是其对外的处置方式。这是庄学的主体，其余种种只是获取"泯是非"之认识与"逍遥游"之生活的途径或方法。

庄学重主体之说，与古典文献中的评议是否有冲突？如《荀子·解蔽》评庄子"不知人"："蔽于天而不知人……由天谓之道，尽因矣。"分析一下，这实是讲庄子不论人世的是非曲折，不重人世的种种作为。庄学所关注的"人"和荀子所谓"人"的分歧关键在于：荀子之"人"应理会为具体的现实的人，而庄子的"人"是总体的精神的人。如果认为庄子排斥"人"，那个"因"字就没有了着落，"因"讲的正是人对于自然本性的依顺。问题是，荀子以为现实中的人当有为，而庄子以为总体上的人当服从天道自然，这差异导致了荀子对庄子的批评性评价；但就荀子对庄子"天""人"关系脉络的把握而言，与《天下》所提示的"齐物""逍遥"观念，与天地精神往来而不论是非之类，是相通的。[1]

---

[1]荀子对诸子学术主脉之把握颇为准确，如对宋钘："宋子蔽于欲而不知得"（《解蔽》）"子宋子曰：'人之情，欲寡，而皆以己之情为欲多，是过也'。故率其群徒，辨其谈说，明其譬称，将使人知情欲之寡也"（《正论》），且与《庄子·天下》所述"以禁攻寝兵为外，以情欲寡浅为内"相符合。我们对他的意见应予以重视。

明白了《庄子》思想中对"人"的关注，便可进而了解庄学政治论的立足点。

《庄子》对于现实政治和社会也有很强烈的批判，其言辞往往延用、发挥《老子》。如《胠箧》所谓"绝圣弃知，大盗乃止；摘玉毁珠，小盗不起；焚符破玺，而民朴鄙；掊斗折衡，而民不争；殚残天下之圣法，而民始可与论议"，即与《老子》"大道废，有仁义"（第十八章），"绝圣弃智，民利百倍；绝仁弃义，民复孝慈；绝巧弃利，盗贼无有"（第十九章）等相关联。但仔细分析，其间的思想路向却有不同。老子以"道"的规则统摄"天""人"即自然界和社会，他洞察天地间"反"即转化循环的规律，直接用于人世——在客体世界是"自然"的状态，于人之主体则是"无为"。而庄学在天地和社会之间，尤其突出了一个人的主体："牛马四足，是谓天；落马首，穿牛鼻，是谓人。故曰：无以人灭天，无以故灭命，无以得殉名。谨守而勿失，是谓反其真。"（《秋水》）此"天""人"之际的趋取，庄子主张"以天合天"（《庄子·达生》），即人生天地社会，首要当遵从其为人之"天"，即"自然"，而不强做矫伪。违反"人"之"自然"的东西都应予以反对。

不妨看被司马迁指为"诋訾孔子之徒"的几篇文章。《渔父》中指斥外在的"礼"未必尽真之性，说"真者，精诚之至也。……真在内者，神动于外，是所以贵真也。……真者，所以受于天也，自然不可易也。故圣人法天贵真，不拘于俗"；《盗跖》中批评黄帝以下有违"至德"，尧舜禹汤周武等"皆以利惑其真而强反其情性，其行乃甚可羞也"。所谓"法天贵真"即尊从自然，至于设计礼法、仁义一类均无与根本，因其有违人性之自然，淆乱天下，故是庄子批评的对象。

老子对仁义等也予以批评，但其出发点不同，是为"圣人"

立说的。他指责"民之饥，以其上食税之多，是以饥；民之难治，以其上之'有为'，是以难治"（第七十五章），他建议"圣人之治，虚其心，实其腹，弱其志，强其骨，常使民无知无欲。……为'无为'则无不治"（第三章）。由老学而衍出的"道家"（汉之黄老学），其着力处也正在现实君臣的作为，司马谈以之与儒家比较，以为后者主劳臣逸，故不可取，正从君主一方着眼。

庄子的路向则不同："谨修而身，慎守其真，还以物与人，则无所累矣。今不修之身而求之人，不亦外乎！"（《庄子·渔父》）可见归本在主体本真的性情上，或许如老子之"为'无为'"，在庄子也属求诸外的歧途。

上面说过，老子在司马迁看来有隐逸修身和无为治世的两方面，从《老子》看来，两者似乎并无有机联系，而庄子则将修身和处世以"贵真"相勾连，大加阐扬。这也即庄学主导在乎主体的境界达到自然、真。庄学于政治的看法是毁灭性的，并非如老学还讲乘势利导，以"天"治"人"，这也就是司马迁所说的"其言洸洋自恣以适己，故自王公大人不能器之"（《史记·老子韩非列传》）。如果不得已为政，庄子主张"无为"，但仍不忘修身保性，"君子不得已而临莅天下，莫若无为。无为也，而后安其性命之情"（《庄子·在宥》）。《应帝王》中借无根和无名人的对话，庄子表示了对"为天下"的兴趣淡漠，即从政亦当"游心于淡，合气于漠，顺物自然，而无容私焉，而天下治矣"，在位者修身与治世同一："圣人之治也，治外乎？正而后行，确乎能其事者而已矣。"

既然老庄学术中连通哲思与世务的中介，一为通彻"天""人"的规律，一为"自然"的人性，因而其后的引伸方向也就异趋。

3. 老庄流别述

老学以宇宙运作的规律移说治世之术，故主固顺自然，讲"无为"的政治，着眼于"反"之"道"，力主清静，期望"柔弱胜刚强"，并且此"无为"是针对南面者而发，在后代那里经人引伸，成为统治之纲要。

老学向统治术的进展，学界以为与稷下黄老学有关。齐之稷下，学者云集，"各著书言治乱之事，以干世主"（《史记·孟子荀卿列传》）。其中今尚可大致见其学术面貌的慎子，就主"因循"，"因也者，因人之情也"（《慎子·因循》），也就是因势利导的"无为"主张；同时，这显然乃是以君王为出发点的议论。司马迁指出慎到、田骈、接子、环渊诸人"皆学黄老道德之术"（《史记·孟子荀卿列传》），与他评申子、韩非的学术渊源相同，将他们的观念与韩非等法家相比照来看，并无本质差别，其实都是综合道、法的人物。他们重"法"、重"势"，荀子评慎到等"尚法而无法"（《荀子·非十二子》），又讲"慎子蔽于法而不知贤，申子蔽于势而不知和[1]"。实则慎子不仅重"法"，也讲"势"："贤人而诎于不肖者，则权轻位卑也；不肖而能服于贤者，则权重位尊也。"（《韩非子·难势》引）韩非承其言曰："夫有材而无势，虽贤不能制不肖。故立尺材于高山之上，下临千仞之溪，材非长也，位高也。……故短之临高也以位，不肖之制贤也以势。"（《韩非子·功名》）

就治术而言，所谓"势"即为君主而发，是"法""术"得以施展的基础。"万乘之主、千乘之君，所以治天下而制诸侯者，以其威势也。威势者，人主之筋力也"（《韩非子·人主》），"势者，胜众之资也"（《韩非子·八经》）。在慎子看来，"势""法"相须，"法"

---

[1] '和'原作"知"，从梁启超说改，见梁启雄《荀子简释》，中华书局，1983年，第290页。

极重要，"上下无事，唯法所在"（《慎子·君臣》），"法虽不善，犹愈于无法"（《慎子·威德》）。但"法"对南面者也有制约性，他曾指出舍法治而人治的劣处："君人者舍法而以身治，则诛赏予夺从君心出矣……君舍法而以心裁轻重，则同功殊赏、同罪殊罚矣。怨之所由生也。"（《慎子·君人》）这也就是说"势"不是绝对的，"势""法"应有协调。而韩非综"法""术""势"三者，尤其发挥"术"之奥义，更呈现了治术的倾向。

韩非辟"法""术"：

> 申不害言术，而公孙鞅为法。术者，因任而授官，循名而责实，操杀生之柄，课群臣之能者也。此人主之所执也。法者，宪令著于官府，刑罚必于民心，赏存乎慎法，而罚加乎奸令者也。此臣之所师也。君无术则弊于上，臣无法则乱于下。此不可一无，皆帝王之具也。（《韩非子·定法》）

这么看来，"术"专对君主治臣下而言，"藏之于胸中，以偶众端，而潜御群臣者也"（《韩非子·难三》），其关系极重大："治乱在乎贤使任职"（《慎子·知忠》）；而"法者，编著之图籍，设之于官府，而布之于百姓者也"（《韩非子·难三》），是公而无私的，"君臣上下贵贱皆从法，此谓为大治"（《管子·任法》）。

这一系思想作为治术，主要在君臣之间展开。"势"是君臣之所以区别的基础；"法"是君臣协调的共识；"术"则君上专对臣下而运用：当它们能较好结合时便能实现"无为"——当然，这是君主的"无为"。由"法"言之，"大君任法而弗躬，则事断于法矣。法之所加，各以其分"（《慎子·君人》），谓以"法"调节，则君主可清静无为。由"术"言之，"古之王者，其所为少，其所因多。因者，君术也；为者，臣道也。为则扰矣，因则静矣……君道无知无为，而贤于有知有为，则得之矣"（《吕氏春秋·任数》）。总之，任用法术，则君臣异劳，"君臣之道，臣事事而君无事，君逸乐而臣任劳，臣尽智力以善其事而君无与焉，仰成而已"（《慎子·民杂》），"是以圣人之治也，静身以待之，物至而名自治之。正名自治之，奇身名废，名正法备，则圣人无事"（《管子·白心》）。韩非也说："物者有所宜，材者有所施，各处其宜，故上下无为。使鸡司夜，令狸执鼠，皆用其能，上乃无事。"（《韩非子·扬权》）这样，此一系思想便实现了老学清静无为的政治设想，可归本于老学。后者成为诸现实统治术的总要，所谓"事督乎法，法出乎权，权出乎道"（《管子·心术上》）。

老学倡导由"无为"达到治世之目标，即"为'无为'则无不治"（第三章），而上述一系思想实是对此主张的具体化、现实化，由"法""术"诸"有为"达到"无为"之安治。老子依据自然人事运作规律的"无为"是主体的行为，即任由人群的自然活动，较为纯粹也较为虚涵，故只是一总原则；而兼摄"道""法"者希由因循现实中"法""术"之类获取"无为"之结果，达到治世之目标。两者"无为"与"因循"之操作策略一脉相承，而其所因循之对象，即所操作之内涵不同——后者是建立、运用"法""术"的"有为"补充、改造老子所谓的"为'无为'"。韩非等实是有意引发老学以就己说的。由《解老》《喻老》可知其于老学尝用心钻治，将老学带有宇宙本体论特性的"道"牵合于治国之道。他以"道""术"相混："所谓'有国之母'，母者，道也。道也者，生于所以有国之术。所以有国之术，故谓之有国之母。夫道以与世周旋者，其建生也长，持禄也久。"（《韩非子·解老》）又《主道》曰："道者，万物之始，是非之纪也。是以明君守始以知万物之源，治纪以知善败之端，故虚静以待令，令名自命也，令事自定也。"亦是从统治术角度发扬老子所谓"不欲以静，天下将自定"（第三十七章）。此类兼摄道、法的思想传衍至汉，即成为盛行一时的思潮。

今《庄子》中有两节文字。与此类思想甚接近："何谓道？有天道，有人道。无为而尊者，天道也；有为而累者，人道也。主者，天道也；臣者，人道也。"（《在宥》）"上无为也，下亦无为也，是下与上同德，下与上同德则不臣；下有为也，上亦有为也，是上与下同道，上与下同道则不主。上必无为而用天下，下必有为而为天下用，此不易之道也……本在于上，末在于下；要在于主，详在于臣。"（《天道》）有为无为、臣下君上、人道天道，剖判如此明晰，[1]王夫之《庄子解》以为"有与庄子之旨迥不相侔者……盖秦汉间学黄老之术以干人主者之所作也"，是较为适宜的估计。

秦汉之际，黄老之学盛行，此人所共知之事实。黄帝原属莫须有人物，今本《庄子》屡及之，内、外、杂篇皆可见，但形象差异颇大。至于《盗跖》中痛斥"黄帝不能致德，与蚩尤战于涿鹿之野，流血百里"，其后尧、舜更以强凌弱，以众暴寡，是为"大乱之本"，"其末存乎千世之后。千世之后，其必有人与人相食者也"（《庄子·庚桑楚》）。显然在《庄子》看来，黄帝并非可尊法的先王。其后秦汉时依托黄帝之言者甚多，《汉书·艺文志》之诸子、兵书、数术、方技各略有簿录。其中有指明是混杂老学的："《黄帝君臣》十篇，起六国时，与老子相似也。"（《诸子略·道》）今所见书中《吕氏春秋》引述黄帝语为多，《序意》

---

[1] 参较《荀子·王霸》："明主好要而暗主好详。主好要则百事详，主好详则百事荒。"《淮南子·主术训》："是故君臣异道则治，同道则乱。"

篇云："尝得学黄帝之所以诲颛顼矣。爰有大圜在上，大矩在下，汝能法之，为民父母。"此即所谓"圜道"，《圜道》篇云："天道圜，地道方。圣人法之，所以立上下。何以说天道之圜也？精气一上一下，圜周复杂，无所稽留，故曰天道圜。何以说地道之方也？万物殊类殊形，皆有分职，不能相为，故曰地道方。主执圜，臣处方。方圜不易，其国乃昌。"所论即君臣上下的政治原则，与稷下以来主张一脉相承。

武帝独尊儒术以前，儒、道、法、阴阳、纵横各有势力，而现实中的主要冲突在前三家，司马迁概括为："曹参荐盖公言黄老，而贾生、晁错明申商，公孙弘以儒显。"（《史记·太史公自序》）而黄老兼刑名法术，因此根本性矛盾遂集中于儒、道两家，司马迁归纳为"世之学老子者则绌儒学，儒学亦绌老子，'道不同不相为谋'，岂谓是邪？"（《史记·老子韩非列传》）。

汉代黄老思想的政治源流，史籍载记明晰，曹参作为汉初实行黄老政治的重要人物，是在齐开始其实践的："参尽召长老诸生，问所以安集百姓。如齐故诸儒以百数，言人人殊，参未知所定。闻胶西有盖公，善治黄老言，使人厚币请之。既见盖公，盖公为言治道贵清静而民自定，推此类具言之。参于是避正堂，舍盖公焉。其治要用黄老术，故相齐九年，齐国安集，大称贤相。"（《史记·曹相国世家》）从学术师承上来说，盖公所师承之乐臣公，"善修黄帝、老子之言，显闻于齐，称贤师"（《史记·乐毅列传》）。乐臣公、盖公皆受学、讲习黄老之术于齐，而曹参亦首先于齐地实践之，结合前述稷下学人之综合法术的尝试，可知老学衍为治术之始末。从学术内涵来说，盖公所言"治道贵清静而民自定"的宗旨，正是老子讲"不欲以静，天下将自定"（第三十七章）、慎子讲"因循"、韩非讲"虚静以待……令事自定"（《主道》）、《吕

庄子讲义

氏春秋》讲"因则静矣"(《任数》)等的意思，一脉相承。

以此为背景，则司马谈所论之道家(见《史记·太史公自序》)，颇易理会：

> 道家无为，又曰无不为……其术以虚无为本，以因循为用。

此其学术之总要，为老学之发挥。

> 无成势，无常行，故能究万物之情。不为物先，不为物后，故能为万物主。有法无法，因时为业，有度无度，因物与合。故曰"圣人不朽，时变是守。虚者道之常也，因者君之纲"也。群臣并至，使各自明也。

此说明执虚、因循；末特标明君臣之职守有异，群臣当明于职守，而"因者君术也"，兼含法、术观念，在司马谈看来"尊主卑臣，明分职不得相逾越"(《太史公自序》)，原就是法家确切不可移之处。

> 其实中其声者谓之端，实不中其声者谓之窾。窾言不听，奸乃不生，贤不肖自分，白黑乃形。在所欲用耳，何事不成。

此谓控名责实，属刑名之学。谓统治之法，名实不可废，"术者，因任而授官，循名而责实"(《韩非子·定法》)，"用一之道，以名为首，名正物定，名倚物徙"(《韩非子·扬权》)。一旦"名实当则治"(《管子·九守》)、"名正法备，则圣人无事"(《管子·白心》)，因而司马谈接着响应首端论及的"无为"：

> 乃合大道，混混冥冥。光耀天下，复反无名。

再后，述神形劳竭，不能治天下：

> 凡人所生者神也，所托者形也。神大用则竭，形大劳则敝，
> 形神离则死……不先定其神形，而曰我有以治天下，何繇哉？

实是对儒学的批评，从政治实践上说是重申慎子、韩非等主逸臣劳的原则；从学理上讲则体现道家养神贵生的倾向。"形神离则死"一句遵从着老子"载营魄抱一"（第十章）的观念。

就上析司马谈所论道家，可知其实是以老学思想为根本而引发的兼摄名、法的黄老学术，至少它绝不以庄学为其思想主脉。后来班固《汉书》据刘向、刘歆之书成《艺文志》，论道家曰：

> 道家者流，盖出于史官，[1]历记成败存亡祸福古今之道，
> 然后知秉要执本，清虚以自守，卑弱以自持，此君人南面之
> 术也。

显然更明确了汉人所谓之"道家之学"为老子以后发展起来的黄老之术。

在这个老学传统的道家旁边，庄学在当时的传承远没有那么显赫。不妨从具体材料来考察庄学彼时之形象。《庄子》中记录庄子与惠子的争议甚多，其中以关于"情"者较关庄学的中心：

> 惠子谓庄子曰："人故无情乎？"庄子曰："然。"惠子曰：

---

[1] 老子为"周守藏室之史也"（《史记·老子韩非列传》）。

"人而无情，何以谓之人？"庄子曰："道与之貌，天与之形，恶得不谓之人？"惠子曰："既谓之人，恶得无情？"庄子曰："是非吾所谓情也。吾所谓无情者，言人之不以好恶内伤其身，常因自然而不益生也。"（《德充符》）

庄子之意，以为"得者时也，失者顺也，安时而处顺，哀乐不能入也"（《大宗师》），即人应以理化情，依乎自然，并非说人全然无哀乐喜怒，如惠子所理解者；而是不以情"内伤其身"，至不得自解于倒悬，即王弼所言："圣人之情，应物而无累于物者也。"[1]此论及的是人的情性问题。

　　《吕氏春秋》向来以为杂家，其中引录《庄子》者甚多，但语境有别，情况殊异，大抵如前所述之《淮南子》，实际并不能传庄学之要本，不过借以诠说自己的想法。今日所见西汉涉猎庄学者如贾谊、枚乘、刘安、司马相如、东方朔、刘向、严遵、扬雄、班嗣诸人，[2]其主流实是以庄学之人生侧重为关注点。如贾谊《鹏鸟赋》据其序是"谪居长沙……自悼伤，以为寿不得长，乃为赋以自广"，其中多化用《庄子》语，如谓"天地为炉""万物变化"，"化为异物兮，又何足患，小智自私兮，贱彼贵我，达人大观兮，物无不可"，"真人恬漠兮，独与道息"，归结"其生兮若浮，其死兮若休"，确乎是自解之辞。刘安《庄子略要》今佚，李善《文选》注有引，如"江海之士，山谷之人，轻天下，细万物，而独往者也"（《文选》卷二十六谢灵运诗《入华子岗是麻源第三谷》注）之类，仍是《庄子·天下》等描写的形象。东方朔《诫子》："圣

[1]《三国志·钟会传》裴松之注所引何劭《王弼传》。
[2]参饶宗颐《战国西汉的庄学》所列举，文载《选堂集林·史林》，中华书局香港分局，1982年，第145—156页。

人之道，一龙一蛇，形见神藏，与物变化，随时之宜，无有常家"，脱胎自《庄子·山木》，岂非"独与天地精神往来，而不敖倪于万物，不谴是非，以与世俗处"（《庄子·天下》）？扬雄《法言·问道》称有取于庄子之"少欲"，而非难他"罔君臣之义，徇无知于天地之间"，并将庄子、杨朱并举，以为"庄、杨荡而不法"（《法言·五百》），从反面不也证明了他对庄子专注于人性方面的把握？

但这里有一点应予以注意，即汉武独尊儒术之后，黄老刑名百家被黜，老学因而也不再被视为治世之学，从儒学角度的批判变得严厉起来，如扬雄就讲"捶提仁义，绝灭礼学，吾无取焉耳"（《法言·问道》），决然与其少时从游之严遵相违。而严遵则"卜筮于成都市……得百钱足自养，则闭肆下帘而授《老子》。博览亡不通，依老子、严周之指，著书十余万言"（《汉书·王吉传》），也恬然不预世务了。正是在此背景下，老庄似又汇合，成为修生养性、弃世自适的一流，而与儒学对抗。

此时的儒道之别，已经非汉初的道儒之别。这一点，班嗣表述得最为清楚：

> 嗣虽修儒学，然贵老、严之术。桓生欲借其书，嗣报曰："若夫严子者，绝圣弃智，修生保真，清虚澹泊，归之自然，独师友造化，而不为世俗所役者也。渔钓于一壑，则万物不奸其志；栖迟于一丘，则天下不易其乐。不绁圣人之罔，不嗅骄君之饵，荡然肆志，谈者不得而名焉，故可贵也。今吾子已贯仁谊之羁绊，系名声之缰锁，伏周、孔之轨躅，驰颜、闵之极挚，既系挛于世教矣，何用大道为自眩曜？昔有学步于邯郸者，曾未得其仿佛，又复失其故步，遂匍匐而归耳。恐似此类，故不进。"嗣之行己持论如此。（《汉书·叙传》）

班嗣修习儒学，兼明老庄之术，虽似以老庄合并与周孔之世教对峙，但《报桓谭书》中实申述庄学之要旨，最是分明。

庄老合流，后人所重者在老子之"隐逸无名"和庄子之全身保生、自然无拘的结合上。看后世老庄并举的数例。《后汉书·马融传》记其言："古人有言：'左手据天下之图，右手刎其喉，愚夫不为。'所以然者，生贵于天下也。今以曲俗咫尺之羞，灭无赀之躯，殆非老庄所谓也。"嵇康《与山巨源绝交书》："又读《庄》《老》，重增其放。"《幽愤诗》："托好老庄，贱物贵身。"嵇喜《嵇康传》："长而好老庄之业，恬静无欲。"（《三国志·王粲传》裴注引）

然而老、庄之间，未必没有分别。即就脱身世务的恬退者言，如周燮"常隐处窜身，慕老聃清静，杜绝人事，巷生荆棘，十有余岁"《后汉书·周燮传》），而向栩"少为书生，性卓诡不伦，恒读《老子》，状如学道。又似狂生，好被发，着绛绡头。常于灶北坐板床上，如是积久，板乃有膝踝足指之处。不好语言而喜长啸。宾客从就，辄伏而不视。……或骑驴入市，乞匄于人。或悉要诸乞儿俱归止宿，为设酒食"（《后汉书·向栩传》）。或许前者依老，后者近庄。嵇康《卜疑》："宁如老聃之清静微妙，守玄抱一乎？将如庄周之齐物变化，洞达而放逸乎？"正道出其间的分野。

就学理而言，魏晋之际，正始玄士如何晏、王弼专究《论语》《易》《老》，[1] 而竹林名士则尤倾心于《庄》，其时玄学思潮之展开，以所专研之典籍论，实呈由《易》而《老》而《庄》之趋向，[2] 殊可从中探索其间老、庄之同异始末。而汉末刑名法术之学重兴，所谓"魏之初霸，术兼名法（《文心雕龙·论说》），

---

[1]何晏有《论语集解》，又曾注《老子》，后转而成《道》《德》二论（《世说新语·文学》）；王弼有《论语释疑》《老子注》《老子指略》《周易注》《周易略例》《周易大演论》。
[2]详见下节《阮籍与汉魏间思潮说略》。

"魏武好法术而天下贵刑名"（《晋书·傅玄传》），"学者师商、韩而上法术，竟以儒家为迂阔，不周世用"（《三国志·杜恕传》）。这一潮流在实际政治意义之外，其辨名析理与玄学颇有关系，犹如汉初道、法、儒思想的互为激荡，汉末魏初的诸家学术与前代首尾相应，可堪玩味。

二、阮籍与汉魏间思潮说略

　　《世说新语·德行》刘注引李秉《家诫》记司马昭言："天下之至慎者，其唯阮嗣宗乎？每与之言，言及玄远，而未尝评论时事，臧否人物，可谓至慎乎！"《世说新语·简傲》刘注引《晋百官名》："嵇喜字公穆，历扬州刺史，康兄也。阮籍遭丧，往吊之。籍能为青白眼，见凡俗之士，以白眼对之。及喜往，籍不哭，见其白眼，喜不怿而退。"《晋书》据以写入本传。案《名义考》卷六："人平视睛圆则青，上视睛藏则白。上视，怒目而视也。"宋陈郁《藏一话腴》一语言破："口不臧否，然待人以青白眼，岂无意于人物哉！"至于不评论时事，证以《晋书·阮籍传》"钟会数以时事问之，欲因其可否而致之罪，皆以酣醉获免"，可知确凿不虚，且出于有意；其意义，陈寅恪先生《陶渊明之思想与清谈之关系》指明："不独用此免杀身之祸，并且将东汉末年党锢诸名士具体指斥政治表示天下是非之言论，一变而为完全抽象玄理之研究，遂开两晋以降清谈之风派。"[1]本节即试循陈先生之提示，探讨阮籍在汉魏思想流变中的地位及其与庄学复兴之关系，以明时贤未彰之一侧面。

---

[1]陈寅恪《金明馆丛稿初编》，上海古籍出版社，2020年，第186页。

1. 清议到清谈中的阮嗣宗

陈寅恪先生《陶渊明之思想与清谈之关系》中有一判断："世之所谓清谈，实始于郭林宗而成于阮嗣宗也。"[1]郭林宗即郭泰，阮嗣宗即阮籍。"清谈""清议"，原可互用。[2]

汉之清议力量甚大，"乡举里选，必先考其生平，一玷清议，终身不齿。君子有怀刑之惧，小人存耻格之风"（顾炎武《日知录》卷十三）；于是人人以求取令誉为务："荐举征辟，必采名誉，故凡可以得名者，必全力赴之，好为苟难，遂成风俗。"（赵翼《二十二史札记》卷五"东汉尚名节"条）可知当时清议于个人有安身立命的意义，于国家则涉及人才选拔、政治组织的问题。

考查史迹，当时政论昌盛，与人伦清议互为呼应，酿成社会风潮，实具有共同的背景。政论之兴，盖由于儒学之衰，一如西汉诸子敛声由于独尊儒术。《春秋》决狱，学以致用，"学也，禄在其中矣"（《论语·卫灵公》），儒学一时称盛，泛滥之下，如《汉书·艺文志》所言："经、传既已乖离，博学者又不思多闻阙疑之义，而务碎义逃难，便辞巧说，破坏形体，说五字之文，至于二三万言。后进弥以驰逐，故幼童而守一艺，白首而后能言，安其所习，毁所不见，终以自蔽。"其结果便是"以博涉为贵，不肯专儒"（《颜氏家训·勉学》）的反动。由专守一经、祖述师说转向博通则必弃章句。[3]

庄子讲义

---

[1]陈寅恪，载《金明馆丛稿初编》，上海古籍出版社，2020年，第186页。

[2]见唐长孺《清谈与清议》，载《魏晋南北朝史论丛》，商务印书馆，2010年。

[3]章句、训诂有别，马瑞辰曾论曰："汉儒说经，莫不先通训诂。《汉书·扬雄传》言：'雄少而好学，不为章句，训诂通而已。'《儒林传》言：'丁宽作《易说》二万言，训故举大义而已。'而《后汉书·桓谭传》亦言：'谭遍通五经，皆训诂大义，不为章句。'则知训诂与章句有辨：章句者，离章辨句，委曲支派，而语多傅会，繁而不杀，蔡邕所谓'前儒特为章句者，皆用其意傅，非其本旨'，刘勰所谓'秦延君之注《尧典》十余万字，朱普之解《尚书》三十万言，所以通人恶烦，羞学章句'也。训诂则博习古文，通其转注假借，不烦章解句释，而奥义自辟。"（《毛诗传笺通释》，中华书局，1989年，第4页）

如王充，《后汉书》本传说他：“好博览而不守章句……遂博通众流百家之言”；班固则是“博贯载籍，九流百家之言，无不穷究，所学无常师，不为章句，举大义而已”（《后汉书》本传）；马融“少而好问，学无常师”（《世说新语·文学》刘注引《自叙》）；到了郑玄，“括囊大典，网罗众家，删裁繁诬，刊改漏失”（《后汉书·郑玄传》），摧折经学家法殆尽，致有“郑学虽盛，而汉学终衰”之叹（皮锡瑞《经学历史·经学中衰时代》）。

学术史之进程如是，与当时非议朝政、指斥天下的风潮正相合拍。本初元年，梁太后诏下后，士子游学结交大盛，更兼以政治秩序中各势力之矛盾冲突加剧，遂酿成太学生不满朝纲之运动。在“激扬名声，互相题拂”之后，自然是“品核公卿，裁量执政”（《后汉书·党锢传序》）。袁宏《后汉纪》卷二十二：“是时太学生三万余人，皆推先陈蕃、李膺，被服其行，由是学生同声，竞为高论，上议执政，下讥卿士，范滂、岑晊之徒，仰其风而扇之。”陈、李既受天下标榜，一为三君之冠，一为八俊之首，所谓“不畏强御陈仲举”“天下楷模李元礼”；又品鉴人物，拔取士人，郭泰就是到洛阳见了李膺，“膺大奇之，遂相友善，于是名震京师”（《后汉书·郭泰传》）。

郭泰的品题人物，与许劭兄弟之汝南月旦评一样，承继了前代传统，史称其“有人伦鉴识。题品海内之士，或在幼童，或在里肆，后皆成英彦，六十余人”（《世说新语·政事》刘注引《泰别传》）。由里肆而为英彦，知林宗之品鉴有实际之政治作用，参以许劭评曹操“清平之奸贼，乱世之英雄”（《后汉书·许劭传》）的故事，益可明了他们的评议有政治内涵。“魏初清谈，上接汉代之清议，其性质相差不远”（汤用彤《魏晋玄学论稿·读人物志》），如正始中何晏任选举之职，“内外之众职，各得其才”（《晋书·傅玄传》）。但清议品第原亦具有关于人物品性、风度的内容，如"李元礼尝叹荀淑、钟皓曰：'荀君清识难尚，钟君至德可师。'"又"林宗曰：'叔度汪汪如万顷之陂，澄之不清，扰之不浊，其器深广，难测量也'"（均见《世说新语·德行》）。这两种倾向在郭泰那里具有了两面性之典型意义，既承继前代风习，又启发后来之清谈。清议之风自此趋向玄虚。

当时政治风潮动荡，士人身处其间的危险，世非无知晓者，《后汉纪》卷二十二："申屠蟠尝游太学，退而告人曰：'昔战国之世，处士横议，列国之王，争为拥彗先驱，率有坑儒之祸，今之谓矣。'乃绝迹于梁砀之间。"郭泰在建宁二年（二次党锢之年）答劝其出仕者道："吾夜观干象，昼察人事，天之所废，不可支也……犹恐沧海横流，吾其鱼也。吾将岩栖归神，咀嚼元气，以修伯阳、彭祖之术，为优哉游哉，聊以卒岁者。"（《后汉纪》卷二十三）可见其于天下大势自有观测，处事慎谨，因而免祸。《后汉书》本传指明："林宗虽善人伦，而不为危言核论，故宦官擅政而不能伤也。及党事起，知名之士多被其害，唯林宗及汝南袁闳得免焉。"案袁闳，"延熹末，党事将作，闳遂散发绝世，欲投迹深林，以母老不宜远遁，乃筑土室，四周于庭，不为户，自牖纳饮食而已"（《后汉书》本传）。他们都对风雨飘摇之时势有所预感，遂执远祸态度而不举。

郭泰于清议言谈中趋于玄虚，当是迫于时势出于自觉地疏离于实际政治。葛洪曰："林宗周旋清谈闾阎，无救于世道之陵迟。"（《抱朴子·正郭》）正就其清议言谈无补于实际政治之结果立论。由此直达阮籍之行迹。阮籍于当时曹爽、司马懿间的冲突亦早有预感："曹爽辅政，召为参军，籍因以疾辞，屏于田里。岁余而爽诛，时人服其远识。"（《晋书》本传）高平陵之变后，阮籍应辟，虽放佚不羁，也敢予礼法之士以白眼，却始终不干预实际政事，为东平相，拆毁府舍壁障，使内外相望；为步兵校尉，则是为饮

庄子讲义

酒。《魏氏春秋》的话可算知言："籍以世多故，禄仕而已。"（《三国志·魏志·王粲传》裴注引）这不仅相较何晏、夏侯玄等正始间秉执朝柄者的行为大异，且与名士出仕者评议鉴人的行动也不同。山涛举荐嵇康而引来《与山巨源绝交书》的故事人所熟知，他还曾"举阮咸为吏部郎"（《世说新语·赏誉》）。钟会则力主杀嵇康，"帝既昵听信会，遂并（吕安）害之"（《晋书·嵇康传》），他还推荐吏部郎，以为"裴楷清通，王戎简要，皆其选也"（《世说新语·赏誉》）。考察史籍，可知阮氏宗族中也颇有人伦鉴识之风，《世说》刘注引《陈留志》："族子籍，年总角，未知名，武见而伟之，以为胜己，知人多此类。"又《世说新语·赏誉》："王戎目阮文业：'清伦有鉴识，汉元以来，未有此人。'"在这样的背景下来看阮籍的言语谨慎，尤显突出。这一点不仅司马昭作为统治者有体会，且是士林公论，嵇康即曾言："阮嗣宗口不论人过。"（《与山巨源绝交书》）《晋书·阮籍传》亦称其"发言玄远，口不臧否人物"。这一突出的表现只有从他对现实政治的感受和态度才能得到解释。

阮籍始终对时政持疏离的自觉态度，不置可否以远祸，即与嵇康之"危言核论"不同，而继承了郭泰行世处事的方式。他在政治上最大的举措即代郑冲等劝进撰文，时在景元四年十月，正当嵇康被杀前后，阮以酒醉拒之，终不可免，如坚不属辞，后果殊难逆料，心境之苦楚不堪言表。酒徒形象不过是其象征，酒对他似无解脱安慰可言："临觞多哀楚，思我故时人。对酒不能言，凄怆怀酸辛"，"终身履薄冰，谁知我心焦"（俱见《咏怀》），盖实录也。

以此观之，阮嗣宗"未尝评论时事，臧否人物"而趋于"言皆玄远"之谈，诚出于不得已，迫于时政而出于自觉。请再比较其他谈玄者的讨论，益可明了。当时除衍自具体人物品评的抽象原则如"才性四本"之类辩难外，往往有关于后代清谈玄理者，其中最集中的当是何晏，据说他曾与人论《易》《老》《庄》，[1]"晏能清言，而当时权势，天下谈士多宗尚之"（《世说新语·文学》刘注引《文章叙录》）。溯其源始，由政治争议至于经学争论更进于玄谈，其来久长，廷争如秦始皇时淳于越、周青臣之争，经学如东汉白虎观会议五经。比较郑玄在袁绍那里"依方辩对，咸出问表，皆得所未闻，莫不嗟服"（《后汉书·郑玄传》），而王弼"作难，一坐人便以为屈，于是弼自为客主数番，皆一坐所不及"（《世说新语·文学》），其间转承，灼然可见。两相以较，阮嗣宗之趋于清玄之谈与何晏、王弼等由经学辩难进至《易》《老》诸玄论而来者殆出殊途。论者每好以学术进展之自身要求论清议至清谈之转变，此固有理，然犹有未尽。阮籍之走向，于其时社会思潮之走向更具有象征性。汤用彤《读人物志》以为此转变"乃学问演进之必然趋势"，"亦时势所造成也"，[2]最为折衷近实。

2. 阮籍与庄学复兴

我们已经说了阮籍之言谈玄远而不落实际，但其内容究竟，则诸书无载，参稽阮氏著作，始可知其中亦包含中古思想史一大转折，与清议至清谈之转变适相契合。

今阮集中有一事实，不可不加注意：《通易论》《通老论》《达庄论》恰为南朝所谓"三玄"并论之先驱。[3]汤用彤《读人物志》：

---

[1] 见《三国志·方技传·管辂传》裴注引《辂别传》。裴使君（裴徽）曰："诚如来论。吾数与平叔共说《老》《庄》及《易》，常觉其辞妙于理，不能折之。"

[2] 汤用彤《魏晋玄学论稿》，上海人民出版社，2015年，第11页、第13页。

[3] "三玄"之名，始出自《颜氏家训·勉学》："洎于梁世，兹风复阐，《庄》《老》《周易》，总谓三玄。"其于魏晋但曰："皆以农、黄之化，在乎己身，周、孔之业，弃之度外。"梁时儒、道、释一时俱兴，与人主之倡导极有关，武帝撰《周易讲疏》《老子讲疏》，简文帝有《老子义》《庄子义》。

"依史观之，有正始名士（老学较盛）、元康名士（庄学最盛）、东晋名士（佛学较盛）之别。"[1]阮氏《达庄论》《大人先生传》阐庄生之说，为后代学风启其端始，谓之庄学发扬之先导，殆非虚谈。更请论其源流，以明阮氏在思想史中之意义。

请先述"老""庄"之并称。

老庄之学，原非一体，后人以为两者并名始于汉魏之际，如洪亮吉说："汉末祖尚玄虚，于是始变'黄老'而称'老庄'。"（《东塾读书记》卷十二引），其实考诸载籍，汉代"老庄"并举已非鲜见。[2]汉魏之际，"庄老"并重，但所谓"何晏、王弼等祖述老庄"云云（《晋书·王衍传》），实不可信。

今考何晏有《论语集解》及《道》《德》二论，后二论主旨论老子，参《世说新语·文学》记何晏弃《老子注》转以所注为《道》《德》二论以让王弼可知。《三国志》裴注引《管辂别传》记裴徽之言："吾数与平叔共说《老》《庄》及《易》"，知何晏亦从事于"三玄"。但管辂以为何论《易》"差次老庄而参爻、象，爱微辞而兴浮藻"；裴徽也认为何说"辞妙于理"，参以时人论王弼"论道傅会文辞，不如何晏"（《魏志·钟会传》裴注引何劭《王弼传》）、"弼论道约、美不如晏"（《世说新语·文学》刘注引《魏氏春秋》），则何晏之学似浮华而不深入。

至于王弼，论者常凭《世说新语·文学》"圣人体无，无又不可以训，故言必及有；老庄未免于有，恒训其所不足"论其思想，其中有"老庄"并举一辞；但察其上文，裴徽但问"老子"如何，王弼答以"老庄"未免节外生枝。考《魏志·钟会传》裴注引《王

---

[1]汤用彤《魏晋玄学论稿》，上海人民出版社，2015年，第11页。
[2]参见饶宗颐《选堂集林·史林·战国西汉的庄学》，中华书局香港分局，1982年，第149—155页。

弼传》作："圣人体无，无又不可训，故不说也。老子是有者也，故恒言无所不足。"《世说新语》殆本之何劭此传，当从后者。又《世说新语·文学》刘注引《弼别传》："少而察惠，十余岁，便好庄老，通辩能言"，此亦"庄老"并称。刘孝标注于原书每有删减改易，其例甚多，按裴注引曰："弼幼而察慧，年十余，好老氏，通辩能言。"当从裴注所引。弼书今见《周易注》《周易略例》《周易大演论》均为"易"学书，《老子注》《老子指略》为"老"学书，参《魏志·钟会传》："弼好论儒道，辞才逸辩，注《易》及《老子》。"《魏志·荀彧传》裴注引《荀氏家传》称荀融"与弼、会论《易》《老》义，传于世"，恰相契合，可知弼未尝专习《庄子》。[1]

何晏、王弼之于《庄子》，远不足推动一时学风；而后人既混言老、庄，称其肇始亦含混推及正始，不复细察诸人，如《文心雕龙·论说》："迄至正始，务欲守文，何晏之徒，始盛玄论。于是聃、周当路，与尼父争涂矣。"其后乃有《晋书·王衍传》牵涉之误。

分辨正始庄老，非无谓事，进而可明晓为何、王之流所不逮的竹林之贡献。竹林名士，阮籍而外，嵇康亦屡称"庄老"，如《与山巨源绝交书》："老子、庄周，吾之师也。""又读《庄》《老》，重增其放。"《幽愤诗》："托好老庄，贱物贵身。"他于《庄子》亦有评议，如陆德明《经典释文》于《庄子》首篇《逍遥游》篇首"北冥有鱼"句即引嵇康云："取其溟漠无涯也。"向秀注《庄》极为有名，致"大畅玄风"（《世说新语·文学》），吕安赞曰："庄周不死矣！"（刘注引《秀别传》）阮籍等竹林名士之发扬庄学，

---

[1]《三国志·魏志·钟会传》："会弱冠与山阴王弼并知名。"裴注引钟会为其母传："雅好书籍，涉历众书，特好《易》《老子》。"亦不及《庄》，或可为一旁证。

与王弼等精研《老子》，实有老、庄本旨之不同的内在根据，因之可了解阮籍之发扬庄学于玄学及中古思想之历史意义。

老、庄后代并归于道家，而《庄子·天下》明分为两流，其间差异甚明。迄于汉代，诸子学混和而变质，黄老学兴，为一时主潮，庄周则流衍于一隅。蒙文通谓黄老之道中，庄周之谈非其主流，甚谛。[1]

司马谈论六家要旨，始有"道家"名目，牵合老、庄。司马迁承父志，明确指出庄子"其学无所不窥，然其要本归于老子之言"（《史记·老子韩非列传》）。汉初黄老并举，为君主治国之术，于是所谓"道家"名目下，庄学真精神遂暧昧不清。《汉书·艺文志》论道家："盖出于史官，历记成败存亡祸福古今之道，然后知秉要执本，清虚以自守，卑弱以自持，此君人南面之术也。"显然是申述老子而无涉于庄周。武帝独尊儒术，黄老术沉沦下流，于是转与庄子之处世有混同之趋势。《后汉书·耿弇传》李贤注引嵇康《高士传》："安丘望之字仲都，京兆长陵人。少持《老子经》，恬净不求进宦，号曰安丘丈人。成帝闻，欲见之，望之辞不肯见。为巫医于人间。"可知老学与巫医相合，修养身命与庄子趋同。

东汉隐逸多依据老庄，虽谓旨同，亦可别异。如遵老子之义隐者，《后汉书·周燮传》："常隐处窜身，慕老聃清静，杜绝人事，巷生荆棘，十有余岁"；有虽称老氏而行同庄生放达者如向栩："恒读《老子》，状如学道。又似狂生"，常披头散发，喜长啸，偶或还要骑驴乞食（《后汉书·向栩传》）。由庄或由老之举止行为实有不同，证以嵇康《卜疑》可知："宁如老聃之清净微妙，守玄抱一乎？将如庄周之齐物变化，洞达而放逸乎？"明乎老、

---

[1]蒙文通《杨朱学派考》："道家要以北人为多……庄周南方之学，翻为支派也。"见《佛道散论》，商务印书馆，2017年，第52页。

庄之同异衍化，然后可知阮嗣宗之启导庄学与王辅嗣之开拓老学，实为当时思想界并立之殊途。

徐复观谓"庄子主要的思想，将老子客观的道，内在化而为人生的境界"[1]，此言就哲学意义大致剖判老庄之分野。王弼以经学之辨析至于老学，其理论化程度甚深，有本体论之建立，恰适于老学特质。而阮籍实由政治之压力而趋于庄学，行为上作为政治压力之反应有放达违礼、愤世嫉俗的一面，而理论上则主要张扬庄学的精神境界。

阮籍并非没有玄理上的见解，然其文章源自其父，文采华妙而少染名理，故此不彰。如其《通老论》："道者，法自然而为化，侯王能守之，万物将自化。"此即申《老子》而内蕴新义者。细按阮文，"侯王之守"为"道"，"道"即"法自然而为化"，此即老子所谓"道法自然"，王弼注曰："道不违自然，乃得其性。法自然者，在方而法方，在圆而法圆，于自然无所违也。"阮籍与之相同。下句谓能守"道"，则"万物将自化"，则通向郭象之说："天地以万物为体，而万物必以自然为正；自然者，不为而自然者也"（《庄子·逍遥游》注），"造物者无主，而物各自造，物各自造而无所待焉，此天地之正也"（《庄子·齐物论》注）。

但这些终究不是阮籍的主要成绩。甚至嵇康在东渡后的玄学谈论中还有影响，如东晋王导还谈论其《声无哀乐论》与《养生论》；[2]而阮籍则主要在发扬庄子的精神以处世，建立处身乱世的生活方式，抒解苦闷上为后人立则，如日本学者吉川幸次郎所说：

---

[1] 徐复观《中国人性论史·先秦篇》，上海三联书店，2001年，第73页。

[2]《世说新语·文学》："王丞相过江左，止道声无哀乐、养生、言尽意三理而已。"刘孝标注中引用了嵇康《声无哀乐论》与《养生论》。

庄子讲义

386

阮籍的一生显示了一个榜样，那就是：忠实于应循道理的人，恰恰生在道理不怎么行得通的社会中时，应当如何生活。[1]

暂且放开实践上的意义，阮籍《达庄论》大抵是对庄子关于世界之认识和态度的阐扬，其《大人先生传》则为处世的法式，一为向外观照，一为自处，于庄学实具振兴之功。其尤为可贵者，是突破了当时及前此对庄子仅局于全身、养生，与"黄老之术"没落后之老学含混为一的狭隘理解，突出了宇宙之悠长广大的宏阔视野，由此俯察人生。以天地为家，与造化为友，变化迁易，魁然独有的大人先生就是一个精神象征。那段有名的"裈中虱"的认识即由小大之辨而来，点化《庄子·徐无鬼》和《论衡·本性》而成篇，[2]庄子的宇宙人生的宏大视野在阮籍这里才得到了真正的响应。

以上置阮籍于汉魏学术思想演变之背景中，由勾勒清议至清谈的转折，老、庄之分合及重兴之异趋，论定阮嗣宗在其中的地位及其意义，冀以明其未为时贤彰示的一个侧面。

3. 余论：哲理在诗中消散

阮籍不仅是哲人，更是一位诗人。有悲则有情，无情亦无悲，阮籍不是无情的圣人（何晏说），也不是感于物而不动心的圣人（王弼说），他徘徊在不能寐的夜晚，"忧思独伤心"（《咏怀》），这个月夜独行的影子是他一生的象征。阔大的宇宙观下的哲学观照

[1] 吉川幸次郎《中国诗史》，复旦大学出版社，2001 年，第 140 页。
[2] 参见钱锺书《管锥编》第三册，中华书局，1979 年，第 1084 页。王充作为汉代学术一大异端，对后代有极深刻的影响，王充之书在魏晋甚为流行，《论衡》几成为阮氏家学，参见余英时《士与中国文化》，上海人民出版社，1988 年，第 410 页注一。

与人生具体经验中萌生的哲理思索之间的矛盾，往往是由解脱哲学让位于现实情思。庄子思想在《咏怀》中实并非一种解脱之道，作为精神漫游者的阮籍并没有因之获得解救：

> 夸谈快愤懑，情慵发烦心。
> 西北登不周，东南望邓林。
> 旷野弥九州，崇山抗高岑。
> 一餐度万世，千岁再浮沉。
> 谁云玉石同，泪下不可禁。

诗人在情绪的起伏之后面对开阔的世界，胸际涌起哲人的启悟，万世如同一餐之短暂，千载不过浮沉之瞬间，等同大小、长短，泯绝是非曲直，还有怎样的事物能动其心境呢？"谁云玉石同，泪下不可禁！""玉石同"用《楚辞·九章·怀沙》："同糅玉石兮，一概而相量。"屈原的哀痛是世人不解其心中抱负，等同玉石；阮籍袭用之，一变一餐万世、千岁浮沉之齐物哲学，遽然表露其慷慨愤懑之心迹，终而泪下涟涟，哀悼不已，此正为思想冲突之证也。

阮诗中用屈原事并非偶见，也正是阮籍心迹之真流露。龚自珍《最录李白集》："庄、屈实二，不可以并，并之以为心，自白始。"实则嗣宗已先得之。作为思想家的阮籍的哲思，在诗的植根于现实的情思面前消散，它并不像大诗人的哲学文字中那样具有自我抒释、解脱的意味，如上举诗中，反而加强了内在的紧张，增添了一重焦灼苦闷的色彩。

三、言意之辨：玄学及文论

1. "言不尽意"向"言外"观念的导发

"言意之辨"在玄学时代的主要论题就是言尽意与言不尽意间的歧争，[1]它肇始自《易·系辞传》，案察何劭《荀粲传》、王弼《周易略例·明象》，可知荀粲、王弼都是由其中这段文字为起始的：

> 子曰："书不尽言，言不尽意。"然则圣人之意其不可见乎？
> 子曰："圣人立象以尽意，设卦以尽情伪，系辞焉以尽其言。"

"书不尽言，言不尽意"，构成了"书""言""意"的连贯关系。对于三者间的差异，或者以为是出乎同一原因，如《三国志·魏志·管辂传》裴松之注引《别传》记管辂之言："书不尽言，言之细也；言不尽意，意之微也。"而孔颖达《周易正义》似乎有所区别："书不尽言"，因为"言有烦碎，或楚夏不同，有言无字，

---

[1]参看两条最基本的材料，欧阳建《言尽意论》及《世说新语·文学》"旧云王丞相过江"条，可证。

虽欲书录，不可尽竭于其言"，这是技术性的原因，出于广度上的困难；"言不尽意"，因为"意有深邃委曲，非言可写"，则是一深度上的困难。尤其值得注意的是孔颖达将"言不尽意"的原因明确归于传达方面的困难——"非言可写"，而就《系辞传》本文而言，并非如此明晰，"书不尽言，言不尽意"只是对事实的已然的判断。当然，孔颖达将问题明确归属于传达方面，也是受到了《系辞传》下文"圣人立象以尽意"这一思路的导引。仔细体会《系辞传》两"子曰"以下的文字，可以说，"立象以尽意"已转换了原来的命题，此"尽"字在传达的角度上是表示一种动态的趋向，实为未然性的，与"言不尽意"的"尽"表一已然状态不同。"言不尽意"与"立象以尽意"之间并无直接的对立，毋宁说，"立象以尽意"是以"言不尽意"为前提的权变策略，对后者并未构成否定，而是一种消弭言、意之间疏离的努力。孔颖达以传达问题定位"言不尽意"的原因与以"言不尽意"为前提试图用传达方式克服之，虽然思考方向上一致，逻辑上则是不同的。

经学传统中"言不尽意"向传达方向的移动呈现了古典语言符号论的一大关键，由此而不同于西方沿着释义方向的深化。这种转化型态在《庄子》中也有表现。

《庄子》"言不尽意"之说，历来论者众多，《天道》轮扁斫轮的故事耳熟能详：

> 桓公读书于堂上。轮扁斫轮于堂下，释椎凿而上，问桓公曰："敢问，公之所读者何言邪？"公曰："圣人之言也。"曰："圣人在乎？"公曰："已死矣。"曰："然则君之所读者，古人之糟魄已夫！"

其中有"书""言"及未明见于文字的圣人之意旨这三个层次。轮扁以为书、言具在，但所录仅是"糟魄"，圣人之意不可得。

《庄子》行文往往立说与譬喻，妙合一体，不妨连看上节说理之辞：

> 世之所贵[1]者书也，书不过语，语有贵也。语之所贵者意也，意有所随。意之所随者，不可以言传也。

其中有"书""语""意"及"意之所随者"四层，此正蕴含庄学思想一大关节。"意"为"语"之"意"，"意之所随者"即"意"所指向的内容。这层在《易·系辞传》中未见区别。有"语"内之"意"与"语"不可"言传"的"意"之所指的区别，轮扁对桓公的一番话表示了这一点，他以为斫轮的"不徐不疾，得之于手而应于心，口不能言，有数存焉于其间。臣不能以喻臣之子，臣之子亦不能受之于臣"，由此概括桓公的读书："古人之糟魄已夫！""圣人之言"既已载见书册，此"意"是可传且已传者，然只是"糟魄"；至于与之相对的精华，是"不可以言传"的，与已死之古人共逝。

《庄子》"言不尽意"之"意"，当析为两层：其一如此处所谓"语"之"意"，《庄子》未必以为"语""意"间有不可传达的困难；其二即"不可传"的"语"外之"意之所随者"，此为语、言所不可达致者。两者间的界限即在知性活动的能力所及处。《庄子·齐物论》一再申论知性的限制，指出知性活动借语辞而导致的纷歧淆乱，呼吁："知止其所不知，至矣。孰知不言

---

[1]传世本《庄子》"贵"后有"道"字，据敦煌 S1603《天道》写本删，参顾易生先生注说，《先秦两汉文学批评史》，上海古籍出版社，1990 年，第 21 页。

之辩，不道之道？"[1]知性能力所及处即言语所止之限："言休乎知之所不知，至矣。……知之所不能知者，辩不能举也。"（《徐无鬼》）也即"言之所尽，知之所至，极物而已。睹道之人，不随其所废，不原其所起，此议之所止"（《则阳》）。其中"极物"的释说有分歧，实则"物"即"实存"的代称，在此界限内，《庄子》并不否定名、实间的相符："名止于实，义设于适。"（《至乐》）以此来看《秋水》：

> 可以言论者，物之粗也；可以意致者，物之精也；言之所不能论，意之所不能察致者，不期精粗焉。

"言论""意致"，皆诉诸理性，或粗或精，都是"期于有形者也"，皆"极物而已"，是名实所可概括的。至于超乎精、粗之别的"物"的界限的"道"，则是"言""意"不能有预的了。[2]

《庄子》所谓"不可传"者实即"道"。"道"不可形诸言辞名号，《老子》中已先言之："道可道，非常道；名可名，非常名"（第一章），"有物混成，先天地生……吾不知其名，字之曰道，强为之名曰大"（第二十五章）。"道"之不可形诸言辞名号的根本原因，据《老子》在于"道之为物，惟恍惟惚"（第二十一章）。《老子》之"道"不可"名"，实为具有神秘性的命题。张岱年先生指出此为"直觉与理智之对立的问题"[3]，至为精辟。《庄子》继承了这一观念，将"道"视为超乎人类知性的本体："视之无形，听之无声，于人之论者，谓之冥冥，所以论道，而非道也。"（《知

---

[1]《庚桑楚》所谓"知止乎其所不能知，至矣"，《胠箧》之"天下皆知求其所不知而莫知求其所已知者"，与此义同。

[2]参见第三讲第一节中的相关论述。

[3]张岱年《中国哲学大纲》，中国社会科学出版社，1982年，第584页。

《北游》)

　　《庄子》的独到之处，即将"意"做了更细致的析分，从而形成两种与"言"的关系：一则是知性范围内的"言""意"问题，一则是超乎知性的"意之所以随者"与"言"的关系。前者可以论契合与否的问题，我以为基本可以名、实关系概括；后者则无所谓契合与否的问题，因为语言文辞根本没有传达出圣人之精华所在。这包含着两点极富启示性的意见。首先，这一观念以为圣人的精华要义无法在语言文辞中得到体现，非常有力地确定"言不尽意"是出于传达方面的困难，较之《易·系辞传》系统的转型更为充分，"意之所随者，不可以言传也"，"臣不能以喻臣之子……古之人与其不可传也死矣"，其中"传"字尤突出了"传达"的角度。其次，这一观念以为圣人之糟魄见于语言文辞中，即暗示着圣人的精华要义在书册文辞之外；可以说这孕育了"意在言外"的萌始，对文学，这一点具有重大意义，我们可以看到在思辨的线索上，它也得到了申扬和明确。

　　荀粲便突出了"言外"的问题。《三国志·魏志·荀粲传》裴松之注引何劭《荀粲传》：

　　　　粲诸兄并以儒术论议，而粲独好言道，常以为子贡称夫子之言性与天道，不可得而闻，然则六籍虽存，固圣人之糠秕。粲兄俣难曰："《易》亦云圣人立象以尽意，系辞焉以尽言，则微言胡为不可得而闻见哉？"粲答曰："盖理之微者，非物象之所举也。今称立象以尽意，此非通于意[1]外者也。系辞焉以尽言，此非言乎系表者也；斯则象外之意，系表之言，

[1]比照下文，当是"象"字，明《丹铅杂录》卷十载《晋阳秋》所引正作"象"，参王葆玹著《正始玄学》，齐鲁书社，1987年，第325页。

固蕴而不出矣。"

荀氏兄弟所论难的是一儒学系统内的问题，即"夫子之言性与天道，不可得而闻"，《论语》此语历来有议论。[1]荀粲转引庄学论《论语》，"六籍虽存，固圣人之糠秕"，正是《天道》所谓"君之所读者，古人之糟魄已夫"，以为"性与天道"在书册文辞之外。荀俣引《系辞传》"立象尽意""系辞尽言"来论难，以为圣人之道理见于典籍中。两人分歧在粲注重文辞之"外"，而俣以为可现于文辞之"中"。

前面已经分析过，荀俣所引述之"立象以尽意"的"尽"只是表一趋向，是未然的情况，对说明圣人的要义就在文辞之中是并不够充分的。荀粲的答辞"理之微者，非物象之所举"，就是针对此点而发的，即固然可以"象"尽（表一趋向）"意"，但实际"象"并不能尽（表已然的结果）"意"：意之精华微处，象不能尽。这或许是荀粲对《系辞传》观念的一种理解，那他所指出的言、象之不能尽悉传达者在于"象外之意，系表之言"这一"外"向的思路，则明显受到庄学的启发。荀粲所谓"象外之意"的"意"与荀俣所谓"立象以尽意"所得之"意"在内涵的差别，犹如《天道》"意有所随者"与"语之所贵者意"的差别，犹如《庄子·天道》中的轮扁承认书中所载确是"圣人之言"，但并非对立于"糟魄"的精华。荀粲也可以承认言、象自有它们能传达的意谓，但它们无法传达的"象外之意、系表之言"才是真正重要的。简言之，荀粲对"言外""象外"的突出是其申扬庄学观念、推进言意之辨向艺术论进展的主要贡献。

---

[1]参汤用彤《言意之辨》引《史记·天官书》及《后汉书·桓谭传》，载《魏晋玄学论稿》，上海人民出版社，2015年，第28—29页。

2. "得意忘言"中"言"之媒介性的辩证突出

"言意之辨"之"言不尽意"的命题由向传达方向的转化，导引出"言外""象外"的问题，而对"言外""象外"所含有的意蕴的传达，出乎意料地是由释义传统中的命题所导出、得到解答，这便是"得意忘言"。玄学思辨的天才王弼对言意问题做了综合考虑，将言意契合与否和"得意忘言"结合起来，突出了媒介的作用。先还要从《庄子》说起。

如果说"言""意"间契合与否的问题是《庄子》与《易传》共同讨论的，那"得意忘言"则完全是《庄子》的卓见。《外物》结合说理与譬喻，说道：

> 荃者所以在鱼，得鱼而忘荃；蹄者所以在兔，得兔而忘蹄；言者所以在意，得意而忘言。吾安得忘言之人而与之言哉？

以"言"为"荃""蹄"，是"得意"的工具，"言者所以在意"即"语之所贵者意也"同样的结构，但两"意"不尽同。如前述，"语之所贵者意也"之"意"，为知性范围之"意"，更有"意有所随"在；"言者所以在意"兼两者而言，成玄英《庄子疏》："意，妙理也。"以"妙理"释"意"，"意"当超乎知性言诠之外。"忘言"正是说"言"不能诠"道"，当随说随扫，不可拘执，从而有"至言去言"（《知北游》）之说，这一观念，《吕氏春秋》中亦有反映：

> 言者，谓之属也。求鱼者濡，争兽者趋，非乐之也。故至言去言，至为无为。（《精谕》）
>
> 夫辞者，意之表也。鉴其表而弃其意，悖，故古之人得其意则舍其言矣。听言者，以言观意也，听言而意不可知，

其与桥言无择。（《离谓》）

"谓"即"意"（陶鸿庆说），《列子·说符》张湛注："谓者所以发言之旨趣。"第一节以鱼、兽与求鱼、争兽比拟"意""言"，显与《庄子·外物》荃、蹄与鱼、兔譬喻相类同。第二节更是明显发挥"得意忘言"之旨，略有两层：其一，辞为意之表达，不可执辞而弃意；其二，得意则可舍言。应该指出，《吕氏春秋》的言、意基本是我所谓可以名、实概括的层面，在《离谓》作者看来，"言"似乎是必须达"意"的，"听言而意不可知，其与桥言无择"，和废话差不多了。

王弼承继了前人的思想成果，将《庄子》《吕氏春秋》视言辞为媒介的观念作了系统的阐发和深广，而这一工作同样是在侧重理解的方向上，也就是在释义范围内展开的。

王弼著《周易略例》无疑是置身于"释义"领域的，《明象》一篇"得意忘言"说据汤用彤先生的意见，与其"崇本息末"（《老子指略》）的本体论是相对应的，汤先生概括前者的意义："不滞于名言，忘言忘象，体会其所蕴之义，则圣人之意乃昭然可见。"[1]看《明象》末节批评易学"互体""卦变"之说，以为"存象忘言"是失却根本，而应当"忘象以求其意，义斯见矣"，可知"求其意"即释义学是全篇的主导倾向。

夫象者，出意者也；言者，明象者也。尽意莫若象，尽象莫若言。言生于象，故可寻言以观象；象生于意，故可寻象以观意。意以象尽，象以言著。

此《明象》之首节，诠说言、象、意三者关系，揭出三者的联贯

[1] 汤用彤《魏晋玄学论稿·言意之辨》，上海人民出版社，2015年，第23页。

性，明确以"象"为"言""意"中介，此点《系辞传》所不及。"象""出意"，"言""明象"。对"意""象"而言，"象""言"是传达媒介。以下数句承此义而来。细加分析，是将《系辞传》"立象以尽意"转向传达的思路逆回释义的路向。"言生于象""象生于意"是传达方向的，由所欲传达的本体走向传达媒介；"寻言以观象""寻象以观意"是诠释方向，由传达媒介达致所欲传达的本体。既然"象""意"为所欲传达者，而"言""象"为传达其所欲传达者之媒介，它们之间是否完全契合，即是否"尽"？王弼并未直言，但隐然以"尽"为是，"尽意莫若象""尽象莫若言"尚是表未然的趋向性，"意以象尽，象以言著"则似表已然状态的了。首节确立言、象、意三者媒介与主体的关系，以下申明"得意"的主题及对待媒介的原则：

> 故言者所以明象，得象而忘言；象者所以存意，得意而忘象。犹蹄者所以在兔，得兔而忘蹄；筌者所以在鱼，得鱼而忘筌也。

承上"言""象"为"象""意"的媒介，援引《庄子·外物》的观点，提出"得意忘象""得象忘言"的中心论题。

> 然则言者，象之蹄也；象者，意之筌也。是故存言者，非得象者也；存象者，非得意者也。象生于意而存象焉，则所存者乃非其象也；言生于象而存言焉，则所存者乃非其言也。

此为中心论题论证的第一部分，再申"言""象"为"象""意"之媒介，两者间作为媒介与本体是不同的，而执于媒介并非把握主体。

> 然则忘象者，乃得意者也；忘言者，乃得象者也。得意
> 在忘象，得象在忘言。故立象以尽意，而象可忘也；重画以尽情，
> 而画可忘也。

此论证之第二部分，指出只有通过媒介达到本体而又非执于媒介才真正可"得意"。

《明象》对古典语言符号观最大的贡献即对传达媒介的分析。通过对"得意忘象""得象忘言"主题的论证，指出一方面本体与媒介不同一，执于媒介无法达致本体，另一方面不依凭媒介也无由达到本体，正确的当是通过媒介而不拘执于媒介以获致本体。王弼指出了媒介的作用和局限，由此导出"寄言""假象"的自觉意识。

分析《明象》首节时说王弼似乎是主张"言尽意"的，而以后他分别本体与媒介时又肯定了两者间的差异。时下某些论者以为王弼的观点介于"尽"与"不尽"之间，这实是混淆了两个层次的问题。王弼对"言尽意"与否的问题并没有直截了当地予以阐说，就《明象》而言，因它是一篇诠释学论作，其中心论题是"得意"及其方式，所以不必直接面对"言""意"间是否契合的问题。王弼略略透露的言、意相契的意思实际是未能如《庄子》明确区别两种言意关系的结果，〔一〕在言辞这一媒介能否尽悉传达本体的关键问题上，王弼的回答是非常明确的，《三国志·魏志·钟会传》裴松之注引何劭《别传》："圣人体无，无又不可训，故不说也。"本体无名无形的特性，王弼一再申述，《老子指略》曰："夫物之所以生，功之所以成，必生乎无形，由乎无名。无形无名者，万物之宗也。……其为物也则混成，为象也则无形，为音也则希声，为味也则无呈。故能为品物之宗主。""名""称"

之类不能形容本体："道、玄、深、大、微、远之言，各有其义，未尽其极者也"，"名之不能当，称之不能既"。"名""称"之类"言"无法尽悉地表达"道"，但并不能因此完全抛却"名""言"的媒介，这一观念与《明象》可以互相印证：

> 形必有所分，声必有所属。故象而形者，非大象也；音而声者，非大音也。然则四象不形，则大象无以畅；五音不声，则大音无以至。

"然则"之前，说"形""声"媒介不可形容"大象""大音"之本体；"然则"之后，说必由此等媒介，乃可达致本体。北齐刘昼撰《刘子·崇学》表示了同样的观念："至道无言，非立言无以明其理，大象无形，非立形无以测其奥。道象之妙，非言不传。"

"得意忘言"的命题在王弼这里通过对"言""象"媒介的局限及作用的完整分析，恰好对于"言外""象外"的传达提供了逻辑的出路：媒介虽与本体是不同一的，但也只有通过媒介、透过媒介才能对本体有所体认，从"释义"的范围转回到"传达"方面，对媒介的利用便成为一大主题，"寄言""假像"的思想便呼之欲出了。这是对于《易·系辞传》"立象以尽意"的观念在新的更高层面上的自觉的呼应。文章开始就分析了，"立象以尽意"是以"言不尽意"为前提的权变策略，王弼同样在"无又不可训"的前提下，重申"四象不形，则大象无以畅；五音不声，则大音无以至"，只是这有《明象》对本体与媒介的关系作的系统分析为逻辑基础。

补释

【一】名实与言意混同，是历来多见的现象，西晋欧阳建《言尽意论》即以"名""实"相符来说"言尽意"。他的基本思路是"实"为"名"先，"名"当符"实"，属意与言意之辨的精神并不相同。在庄学立场上看来，"名""实"可予概括的只是知性范围内的言意关系，至于超乎此范围，所"言"非所"意"，虽有"言"也只是"糟魄"，于此欧阳建并没有析论。他所谓"欲辩其实，则殊其名；欲宣其志，则立其称；名逐物而迁，言因理而变，此犹声发响应，形存影附，不得相与为二"，在当时形名重兴的背景下，了无新义。徐幹《中论·考伪》就说："名者，所以名实也，实立而名从之。"王弼《老子指略》也说："夫不能辩名，则不可与言理；不能定名，则不可与论实也。凡名生于形，未有形生于名者也。"但这不影响他以媒介与本体不同一，这正是"道之与形反也"，"形""名"相合，而言则不及"道"。玄学精义，欧阳建并未参透，所论实与言意之辨宏旨相隔有间。

3. 文学中言意与思辨传统的类同

古典文论家对言意关系的认识得到思辨传统的深刻启迪，他们对言、意之间不同的体会，及对语言作为媒介之功能的开掘，与思想家有着一致性。当然文论家有特殊的思考对象，因而有其特点。简言之，文论家对言意问题的思考主要在创作的传达阶段。陆机《文赋·序》："恒患意不称物，文不逮意。"此"物""意""文"三者的不协调是"属文"过程中出现的，以创作者"属文"为核心，上窥所感之外"物"，下及传达"心""物"交感之"意"的"文"辞，是"受""授"两个阶段。文学创作中，以"言"传"意"

即在陆机的"意"至"文"的传达过程。

刘勰"本陆机氏说而昌论文心"(《文史通义·文德》),对创作过程中主体传达"言不尽意"现象也多有涉及,如《神思》谓:"方其搦翰,气倍辞前;暨乎篇成,半折心始","思表纤旨,文外曲致,言所不追,笔固知止"等,明白表示,创作过程之前所欲达之"意"与创作过程所表达的"言""文"之间有距离。然而有论者指出刘勰是主张言可尽意的,如《物色》论《诗》:"皎日嘒星,一言穷理,参差沃若,两字穷形。"细绎《文心雕龙》,刘勰确实对语言的表现能力给予了较充分的肯定。比如他以为创作者的情志经由文辞的中介,接受者可以有所见知,这就是"心声之献酬"(《书记》):

> 夫缀文者情动而辞发,观文者披文以入情。沿波讨源,虽幽必显……夫志在山水,琴表其情,况形之笔端,理将焉匿?(《知音》)

究竟如何估计刘勰的言意观?刘勰并没有特别着意讨论"言尽意"与否的问题,但"言不尽意,圣人所难"(《序志》),实是一个现实的问题,刘勰的态度是一个文论家自然的立场:注意到"言""意"间的复杂关系,又表现出对语言的传达作用的信心。《夸饰》篇中直接阐说了言辞所能表达和无法表达的分野:"形而上者谓之道,形而下者谓之器。神道难摹,精言不能追其极;形器易写,壮辞可得喻其真。"即"道"不可"追""摹","形"可"喻""写"。这是庄学、玄学思想的精义,即前文论及的《庄子》以为"言"辞"极物而已",王弼既说"无不可训",又说"意以象尽"。《物色》篇中言及的"皎日"之类,皆是实存于视听之域的对象，属"形而下者"，自属可以尽悉描写的范围。至于"一言穷理""两字穷形"是玄学"以少总多"的反映，与"言尽意"与否并无关联。从学理上，刘勰与王弼一样是有自圆其说的统绪的，而在创作实践上他注重以"言"达"意"的可能方面，这正是文论家的本色。如同陆机《文赋》虽叹"文不逮意"，但仍作赋以述"先士之盛藻"，希冀能有所言，刘勰也是一方面慨叹"伊挚不能言鼎，轮扁不能语斤，其微矣乎"，但又以为"至精而后阐其妙，至变而后通其数"（《神思》）。从这里或许也可一窥文论家与思辨传统既同构又微妙的不同。

《庄子》"言不尽意"的观念内含"意在言外"的萌芽，经荀粲引发，明确了"言外""象外"的方向，在文学中，即意谓着深致的意趣在文字之外，在文字构成的文学景致情境之外，这成为后代诗学努力追求的超越性境界。然而这一超越性境界的实现，并不能脱离语辞及语辞所构成的诗学之象。后一思想，在《庄子》到王弼"得意忘言"的传统中，由《易·系辞传》以下"立象""系辞"及《庄子》视"言"为工具媒介的观念导出，对传达媒介及其与所欲传达之本体关系的新理解反呈在传达理论中，寄言、假象的结论自然获致。在古典文论中，"寄言出意"与"意在言外""意在象外"综合为一体：前者为不可或缺之手段，而后者为最终追求之目标。归结古典文论中言意之困难在表达过程中的克服，就是语言功能的发挥，虽然语言本身并非目的。姜夔说得极透辟："文以文而工，不以文而妙，然舍文无妙。"（《白石道人诗说》）"妙"为绝诣，但不因"文"而成。但又不能舍"文"，且正要由"文"的营构方能达到"妙"。

文学中最好地表述了言、象、意复杂关系的当推陶渊明《饮酒》诗如下数句：

山气日夕佳，飞鸟相与还。

此中有真意，欲辨已忘言。

"真意"得于心，难形诸言语，是言难尽意；但既指明"此中有真意"，"此"即"山气日夕佳，飞鸟相与还"之"象"，"意"在"象"中，则"象"及构"象"之"言"自不可废。细析之，此中含两个阶段：由此所见之飞鸟夕归的景象，领悟其中"真意"，此当是本体世界一端，"欲辨"之"真意"已非全同于物象所具的"真意"，此即"受"的一方面；而"忘言"，于诗人一是得"意"而忘"言"的领会，一是不可直接以"言"传此"真意"的暗示，后一点即表示"授"的困难。对此"言不尽意"的解决乃是以"言"构"象"，直写从中有所领悟的物象，待接受者的共参：此正所谓文学传达"言不尽意"，诗人"立象（以言）尽意"。

这部书，最初是作为在复旦大学授课的讲义，在三个半月内写就的。

自从 1993 年秋天开始任教，我讲《庄子》的次数多到记不太清了。但课程的性质和重点各有不同：起初完全是综合研究式的述论格局，到 2002 年初开始作为原典精读课，才完全以《庄子》文本为中心，至今差不多二十年了。

回想最初认真读《庄》，用的是国学基本丛书本的《庄子集解》，上面有不少先父早年读书时的批注文字，蓝、红两色，殊为醒目——据父亲说，有些意见是由听钟泰先生讲学而来。父亲授"中国文学史"和"中国文学批评史"课，也涉及《庄子》，在认真写就的活页讲义夹里面，我注意到哪些是最生动、最有意思，也最重要的篇章段落。再次专心习《庄》是在从顾易生先生攻读博士学位期间，顾先生当时正在研撰《先秦两汉文学批评史》的诸子部分，我们两周见面一次，常常听他纵横随意地聊各种意见。这时我花了一年多工夫，经由通读《诸子集成》，比较周全地重读或补读了诸子书，其中《庄子》尤其用心些，大致形成了自己的想法，而且其中大部分似乎至今没有什么变化。开始教书后，因为父亲和母亲的榜样，在最初的三数年中，凡任教的课程都努力写出详细的讲稿，《庄子》自非例外，这也就是本书最初的来源。

第一版书稿形成于2005年初。秉承着经典细读的原则，书稿主要聚焦《庄子》的文本。授课的过程中，也确实以选定的文本为中心，逐句讲来。当然，侧重并不完全在词语、文句的通释，虽然这些属于首先要通过的。大致来说，所选定的篇章，大抵有其前后连贯的脉络，所以稍稍注意的便也就在这些篇章的意旨是如何逐渐展开的；而有时为厘清此篇的意脉，往往需要考虑其他篇章中提示的线索，乃至别的相关典籍的材料，从较为整体的视野对眼下的文本作出疏理、解析。如此，这两个方面似乎自然而然成为了讲课的重点所在。

不过，书稿所呈现的必然与讲授的原貌有所不同。对于《庄子》文本的意旨，虽自觉了然于胸，但"胸中之竹"不同于"笔下之竹"，在三个半月的有限时间里记写出来，如果能"半折心始"，已算差强人意了。为讲课准备的各种材料和意见，原先录写在数种不同的《庄子》书页上，待到撰写时，费的是疏理安排的功夫，但也往往禁不住浮想联翩，一气写去，于是难免野马尘埃，往而难返；较之讲课，书中更多引述了前人的注说，其实这是经典文本非常重要的一个特征，真正的经典是处在始终不断的诠释之中的。

初版面世时，有同事说："你这哪里是讲义？！"果然，好多年之后，早先听讲的学生胆子大了些，终于敢告诉我，他们当时在课堂上听着半懂不懂，觉得最好玩的其实是看我有时讲到开心处，自顾自乐不可支起来。

不过，认真地说，书虽是依据《庄子》篇什结撰的，但经"选文定篇"之后形成的格局，颇可以代表我对庄学的系统理解，其间草蛇灰线，自己是明白的。读者诸君倘能看出端倪，是我的幸运；如果否，那就不妨看看在下对《庄子》文字的了解认识吧。

书稿五年前经过一次修订，自己读改了一遍，门下孙梦依又校核一过，较大的补订数十处，其他亦以百计。当时遗憾的是，原拟撰《天下：古代的思想世界》一篇而无缘成就；这次尽管增补修订更多，于此却还是未能如愿。

然而，幸运的是，此次在编辑郭时羽女史提议下，书稿将我之前发表的若干文字一并收纳，形成通贯的格局，内容增益丰富了不少，个人有关庄学的意见也得到更充分的显示；她还花费了很大的心力，检核文献材料，构想、完成新的书册形式，使这部书成为了真正意义上的新版。为此，我得郑重表达我的谢意。

后记

2021 年 7 月 12 日晨